Batterien 28

Georges Bataille
Das theoretische Werk
in Einzelbänden

Herausgegeben von
Gerd Bergfleth

Matthes & Seitz

im 10. Jahr

Louis Aragon mit anderen *Wege zu Giacometti*

Mit einem Essay von André Gide. Herausgegeben von Axel Matthes. Aus dem Französischen übersetzt von Reinhard Tiffert. Batterien, 30. 400 Seiten, Großformat, 50 zum Teil farbige Abbildungen. Englische Broschur.
DM 78.– (ISBN 3-88221-234-9)

Die Autoren: Der Band enthält teils lang vergriffene, teils überhaupt zum ersten Mal in Deutsch zugänglich gemachte Beiträge von Aragon, Char, Gottfried Boehm, Genet, Bonnefoy, Eduard Hüttinger, Tardieu, Paulhan, Waldberg, Pleynet, Leiris, Starobinski, Bucarelli, Stoichita, Wyss u.a. – authentische Texte und literarische Spiegelungen, die den Blick auf ein geheimnisvolles Werk eröffnen. »Wege zu Giacometti« erscheint zum zehnjährigen Jubiläum des Matthes & Seitz Verlages und der Galerie Klewan in München, die im Frühjahr 1987 Bilder, Zeichnungen und Grafiken des Künstlers zeigte.

Alberto Giacometti
starb am 11. Januar 1966 im Krankenhaus von Chur. Er zählt zu den großen Künstlerpersönlichkeiten des 20. Jahrhunderts. Während dem Bildhauer schon die Bewunderung der Zeitgenossen galt, sind wir heute Zeugen einer zunehmenden Wertschätzung seines malerischen Werks.
Mit einer kleinen Rodin-Plastik fing alles an. Sie gab dem 1901 in dem Bergdorf Borgonovo, im Schweizer Kanton Graubünden geborenen Giacometti »augenblickliche Lust, das gleiche zu machen«. Jahre des künstlerischen Aufbruchs folgten. 1930 machten seine Skulpturen aus beweglichen Objekten in Paris Furore und besiegelten sein Entrée im Kreis der Surrealisten. Giacometti porträtierte Sartre und Genet, debattierte mit Picasso und Bataille, bildhauerte gemeinsam mit Max Ernst und entwarf ein Bühnenbild für Samuel Beckett. In den 40er Jahren schon war er zur legendären Figur geworden. Da hatte er seinen großartigen Nachkriegs-Stil noch nicht entwickelt: eben jene rätselhaft entrückten Menschenbilder – Figuren, Büsten und Porträts –, die ihm den Ruf eines Magiers und Zauberkünstlers eintrugen und die freilich in

ihrer wie halluzinierten Gestalt das Ergebnis eines geradezu besessenen Modellstudiums und einer selten radikalen Wirklichkeitssuche sind.

»Die Wirklichkeit zog sich immer weiter zurück, hinter immer neue Schleier ...« *Giacometti*

»An der Schönheit ist nur die Wunde ursprünglich, die jeder Mensch in sich hütet, für jeden verschieden, sichtbar oder versteckt – die er war und zu der er sich zurückzieht, wenn er die Welt für eine vorübergehende, aber tiefe Einsamkeit verlassen will.«
Jean Genet

DER PFAHL

Jahrbuch aus dem Niemandsland zwischen Kunst und Wissenschaft

500 Seiten, Abbildungen, Broschur, (Format der Reihe Batterien) DM 48.–
(ISBN 3-88221-235-7)

Den Kalenderanlaß »10 Jahre Verlag Matthes & Seitz« als Vorwand, beginne ich ein Periodikum. Mit welchen Perspektiven?

Das Wissen der Kinder erscheint den Erwachsenen unvollkommen, ja sogar spaßig und auf jeden Fall nutzlos. Die Kinder haben sich der Umgebung noch nicht anpassen können. Sie urteilen, indem sie weder die physischen noch die sozialen Voraussetzungen des Lebens berücksichtigen. Jedes Kind ist in gewissem Sinn ein »enfant terrible«. Wenn wir »absolutes Wissen« wollen, wenn wir »unmittelbar« sehen wollen, wie das lebendige und vernünftige Wesen sieht, das durch keine »Voraussetzungen« gebunden ist, das sich noch vor nichts zu fürchten vermag und sich nicht einmal scheut, »furchtbar«–terrible–zu sein, so muß unser erstes Gebot lauten: Seid wie die Kinder. Aber das ist den meisten Erwachsenen nicht gegeben. Die Erwachsenen »bahnen« sich ihren Weg ins Leben. Wer hätte noch Lust, sich in ein enfant terrible zu verwandeln! Nur Greise und Menschen, die »keine Zukunft« haben, die »überflüssigen« Menschen, die nicht nur ein Wirtschaftssubjekt sind, die noch menschliche Leidenschaften haben, also solche, die in einer Marktwirtschaft unbehaust bleiben.

Herbst '87

Es geht nicht darum, daß ein neues Zauberwort gesprochen wird, es gibt keine überzeugenden »griffigen« Formeln mehr (in der Art wie einst die Marxisten und die Antimarxisten sich gebärdeten). Man hat keine Kategorien (außer im normal oberflächlichen Quatsch der Feuilletons) für das, was heute »abläuft«. (Siehe die strahlende Wolke »Postmoderne«, auch die Sottise »Neofaschismus« gegen Dissidenten.)
Jede Auffassung ist provisorisch und wird sich ›von selber‹ oder weil ich darüber nachdenken werde, also ebenfalls ›von selber‹, verändern. **Axel Matthes**

Das erste Jahrbuch enthält **Originalbeiträge** oder deutsche **Erstveröffentlichungen** von **Giorgio de Santillana, Oswald Wiener, F.W. Korff, Jean Baudrillard, Ulrich Holbaum, Pierre Gripari, Mosco Carner, Julien Green, Marguerite Duras, Jürgen von der Wense, Gerd Bergfleth, Georges Bataille, Bernd Mattheus, Antonin Artaud, Michel Leiris, Léon Bloy, Rita Bischof, Albert Caraco, Elisabeth Lenk, Lew Schestow, Fleur Jaeggy, Roberto Calasso, Jean-Jacques Langendorf, Pierre Klossowski, Georg Simmel, Lászlo F. Földényi, André Masson, Hannes Böhringer u.a.**

»**Der Pfahl**« – kein bloßer Verlagsalmanach, keine gelehrten oder doktrinären Verallgemeinerungen, eher eine Ideensauna – ein Periodikum für die, denen interne Bewegungen noch etwas sagen.

Herbst '87

Georges Bataille *Die Literatur und das Böse*

Aus dem Französischen übersetzt von Cornelia Langendorf. Mit einer Studie von Gerd Bergfleth und mit einem Beitrag von Daniel Leuwers. Batterien, 28. 200 Seiten, Pappband mit Schutzumschlag. DM 46.– ISBN 3-88221-230-6

Der Autor: Georges Bataille (1897–1962) zählt zu den herausragendsten Gestalten des geistigen Lebens in Frankreich. Er wurde unterschiedlich etikettiert: als Surrealist, als ein Hegelianer, ein Existentialist, ein Marxist oder auch ein Nietzscheaner. Oft wird Bataille zuerst als der Verfasser erotischer Erzählungen identifiziert. Der Bibliothekar-Philosoph erwarb sich auch den Titel eines **écrivain maudit,** weil er die Literatur mit dem Bösen in Verbindung brachte. Doch die Vielfalt seines Werks sprengt alle üblichen Schubladen. Bataille steht allein.
Mit dem hier angebotenen Band wird die deutsche Edition des Theoretischen Werks von Georges Bataille, herausgegeben von Gerd Bergfleth, fortgeführt. Der Band ist eine **deutsche Erstausgabe.**

Das Buch: »Die Literatur und das Böse« erschien zuerst 1957 in Paris noch zu Batailles Lebzeiten. Das Werk enthält Essays über **Emily Brontë, Baudelaire, Michelet, Blake, Sade, Proust, Kafka und Genet.**

Bataille besteht darauf, daß Literatur, wie er sie verstand, einer der Wege ist, um zu einer gemeinhin unmöglichen Erfahrung zu gelangen. In Batailles Denken steckt keine Theologie, obgleich manche seiner Schriften den Zugang der negativen Theologen parodieren. Wer Bataille für »areligiös« hält, verkennt ihn freilich. Zwischen Bataille und den meisten anderen Kritikern (ausgenommen solche Außenseiter wie Blanchot, Cioran, Klossowski und Walter Benjamin) liegt eine jähe Kluft.

Batailles Schlachtfeld ist die Sprache. Der Widersacher ist der Logos, nachdem der Machtanspruch des positivistischen Verstands und die Forderungen des rationalen Diskurses zusammentrafen in ihrem fortdauernden Angriff auf das, was da ist, aber

jenseits ihrer Fassungskraft ist. Poesie überschreitet das Gesetz (der Sprache). Das Gesetz brechen ist **böse.** Das Gesetz zu brechen ist aber der einzige Weg für den Menschen, um aus dem Zirkel **dessen, was das Realitätsprinzip befiehlt,** herauszukommen. Das sog. Böse ist also die Bezeichnung, die man oft der Anstrengung des Menschen gibt, die gerade die Unterwerfung unterminiert. Die Überschreitung trägt stets ein kapitales Risiko in sich: Der Tod ist allgegenwärtig in Batailles Essays, durch eine lebhafte Imagination des »höchsten Augenblicks« nämlich, da alles schließlich verausgabt wird. Dieser Augenblick, von dem die Poesie uns nur eine metaphorische Nähe geben kann, läßt sich kaum in Sprache bannen. So läuft die Erfüllung der Literatur letztlich auf die Zerstörung ihres eigenen Mediums hinaus. Aber dies mache man mal einem unserer renommierten Literaturkritiker begreiflich!
Sich mit Voltaire, Longfellow oder mit Böll zu identifizieren, das ist gefahrlos und bewegt sich im Rahmen der Erfordernisse einer Doktorarbeit; Bataille oder Hölderlin oder Emily Brontë oder Kafka zu folgen, erheischt eine andere Wahrnehmung.
In seinen Essays hüpft und tanzt Bataille unmerklich, wie ein ganz stiller Wahnsinniger, über die Verstandesgrenzen hinaus. Bataille gebraucht und unterhöhlt in einem Begriffe, die so von ihrem gewohnten Sinn freikommen, indem sie aus dem ganzen Zirkel der dialektischen Vernunft herausgenommen werden. Aber Batailles Sprache ist in diesen Essays ohne deutliche Verrenkungen. Er nimmt sich seine Freiheiten des Verstehens insgeheim.
Georges Bataille – nach Sade, Nietzsche, Strindberg, Artaud und vielleicht auch Pound – bezeugt die Zwiespältigkeit, die Literatur bildet gegen den common sense.

François Fejtö *Joseph II.*

Porträt eines aufgeklärten Despoten

Aus dem Französischen übersetzt von Ursula Rohden. Mit einem Essay von Jean-Jacques Langendorf. Im Anhang: Aus den Tagebüchern des Grafen Zinzendorf. 528 Seiten, Bildteil. Gebunden mit Schutzumschlag. Großband in der Reihe Liebhaber-Bibliothek 11. DM 56.– (ISBN 3-88221-512-7)

Der Autor: François Fejtö, geboren 1906 in Budapest von ungarischen Eltern jüdischer Herkunft, konvertierte früh zum Katholizismus, dann vorübergehend zum Marxismus. In den 30er Jahren siedelte er nach Paris über, wo er heute lebt als engagierter Beobachter jenseits aller Ideologien. Er ist ein angesehener Spezialist für Ostblockfragen, sogar das heutige Ungarn versagt ihm nicht die Achtung: Das ungarische Fernsehen kam nach Paris, um Fejtö für eine Dreistundensendung über seinen Lebensweg zu interviewen. Soeben sind Fejtös »Memoiren« in Paris erschienen.

Das Buch: Aufgewachsen in Kakanien unter Franz Joseph hat François Fejtö eine besondere Beziehung zur Geschichte Österreichs. Aus der Schulzeit ist uns hierzulande das Wort »Josephinismus« nicht sonderlich gefüllt; wer weiß genaueres über Maria Theresias Sohn Joseph II., den römisch deutschen Kaiser, geboren in Wien 1741, gestorben in Wien 1790? Daß Joseph II. **Mozarts Kaiser** ist, hat ein Publikum vielleicht durch den »Amadeus«-Film mitgekriegt. Joseph II. ist **der Aufklärer, der Gleichmacher auf dem Thron.** Ein politischer Mathematiker, der dem Volk in Wien den Prater öffnete, in den Städten anordnete, daß Hunde an Leinen geführt werden müssen, der den Gebrauch von Särgen für Begräbnisse einstellte. Das Toleranzpatent Joseph II. bildet den Anfang für die Gleichberechtigung der Konfessionen in Österreich, die Juden mußten sich einen Namen kaufen. Der Mann, der aus Vernunft verbietet, eine höhere Zahl von Messen zu lesen, als ihm, dem Kaiser, genehm ist. In der Hofburgpfarrkirche dürfen nicht mehr als sechs Kerzen auf dem Hochaltar brennen, außer bei der Wandlung. Joseph möchte alles in das Prokrustesbett des Rationalismus spannen. Noch auf den Friedhöfen will er jene égalité erpressen, die Gleichheit, das Phantom seiner Existenz. Zugleich ist Joseph II. von einem Gebietsimperialismus besessen, dem Maria Theresia die Flügel beschnitt, soweit sie konnte, und als der Sohn allein regiert, regte sich sein Machiavellismus schrankenlos. Will man die Grundfehler von Joseph des Zweiten Politik verstehen, so genügt keineswegs der Vorwurf Friedrichs des Großen, nämlich, daß Joseph schon immer mit dem zweiten Schritt beginne

statt mit dem ersten. Man könnte eher sagen, seine Aktionen litten unter einem Mangel an Vorbereitung und unter der Schwäche und Zittrigkeit des Durchführens. Und was dem aufgeklärten Despotismus im Stile Friedrichs des Großen oder Joseph II. völlig fehlt, ist jede Art von »Empfindsamkeit« in den Beziehungen zwischen dem Herrscher und seinen Untertanen. Daß den Volksmassen viel mehr an einer patriarchalischen als an einer aufgeklärten Regierung lag, sollte Joseph II. zu seinem Leidwesen erfahren. Aber diese Tatsache änderte grundsätzlich nichts an der Meinung der gekrönten Philosophen des 18. Jahrhunderts, daß sie berechtigt seien, den »dummen Bauern« auch wider seinen Willen zu seinem »Glück« zu zwingen.
François Fejtö schildert aufs spannendste, wie Joseph der Zweite in dem beschränkten Raum der Monarchia Austriaca versucht, die Völker aus der Einsicht und aus der Vollmacht des gekrönten Philosophen heraus, ohne Rücksicht auf historische Überlieferungen, unter einen rationalen Ordnungsgedanken zu beugen, ähnlich wie später Napoleon im europäischen Raum. Der Korse mußte vor denselben Mächten kapitulieren, an denen das Reformwerk des Maria-Theresia-Sohnes scheiterte.

Gonzalo Fernández de la Mora *Der gleichmacherische Neid*

Aus dem Spanischen übersetzt von Peter Matthes. 312 Seiten. Gebunden mit Schutzumschlag. DM 48.– (ISBN 3-88221-750-2)

Der Autor: Gonzalo Fernández de la Mora, 1924 in Barcelona geboren, leitete die spanische Diplomatenschule in Madrid. Verfasser zahlreicher Sachbücher. Das vorliegende Buch erschien zuerst 1984 in Barcelona.

Das Buch: Man kennt jene Neid-Einstellung einer bürgerlichen Mittelmäßigkeit gegen die Großen, denen man ihre Größe nicht absprechen kann, aber gerade darum gerne etwas anhängt. Der »schlechte Charakter« von Richard Wagner, die »krankhafte Ver-

bitterung« von Beethoven, die »Philistrosität« von Brahms, die »intellektuelle Minderwertigkeit« von Bruckner – alles das ist auf demselben Baume gewachsen.
Gleichseinwollen – Besondersseinwollen – Gleichseinwollen–Besondersseinwollen – sie sind wie Ebbe und Flut. Sie haben kein Ende. Gleichseinwollen ist nur so lange attraktiv, als Besondersseinwollen attraktiv ist. Der eine will gleicher, der andere verschiedener sein. Beide wollen von dem verschieden sein, was sie mit sich selbst gleich macht. Des Neids muß man sich nur schämen, wenn man ihn nicht zugibt und ihn mit einer Aureole bekränzt und als Heiligen verehren läßt.
Der Neid muß auch seine Grenzen haben. Es ist selbst für einen Megalomanen keine Schande, nicht eine Milchstraße zu sein. Schlimm ist es nur, wenn ich nur über mich selbst staunen möchte, nicht über die Welt, über die Welt, die über mich lächelt und mich ewig überleben wird. Schlimm ist es, wenn ich als Theoretiker des Kommunen meine eigene Exzeptionalität als Theoretiker für die Kommunen als zentralen Lebensinhalt genieße ... und es nicht eingestehe. **Der Neid** sieht das nicht, er **ist zerstörerisch gegenüber den Beneideten wie gegen den Neider selbst. Neid ist ein Affekt, der nur durch »Bekanntes« fundiert ist. Der Antisemitismus ist ein Beispiel für den Mottenfraß des Neides.**
Der Verfasser dieses sehr anschaulich geschriebenen Buches schält den Irrtum heraus, der wähnt, daß der Motor der Soziologie, gar des »Fortschritts«, der Neid sei.
Die Vorstellung, daß entweder alles gleich oder alles verschieden sei, ist eine, die wir Gott sei Dank (oder leider) sehr selten haben. Es ist eine nützliche Erfahrung, die Extremitäten der Existenzmöglichkeiten zu sehen. Es ist der Tod der Lebenslust, NUR in Gleich- oder Fremdheiten schwelgen zu wollen.
Im ersten, historischen Teil untersucht der Autor akkreditierte Syllogismen von der Antike bis zu Helmut Schoeck, im zweiten Teil verliert er nicht das Nachdenken und hat Einsichten in die Grundlagen des Lebens und des Glücks. Muß es nicht den gesunden Zweiäugigen ungeheuer beschämen, wenn der Einäugige ihn durch den nokturnen Nebel seiner Gedankenlosigkeit zu einer kleinen Anhöhe führt?

Jean Baudrillard *Amerika*

Aus dem Französischen übersetzt von Michaela Ott. Debatte, 28. 192 Seiten. Broschur. DM 25.– (ISBN 3-88221-371-X)

Der Autor: Jean Baudrillard hat Feinde. Baudrillard kritisiert brisant jene, die mit »kritischen« Meinungen übertünchen, wie angepaßt man lebt. Der Kritiker hierzulande hat dann »politische« Schwierigkeiten. Die Feinde setzen schlimmstenfalls eine alte Erfahrung in die Tat um, sie lautet: »Es ist jedem erlaubt zu sagen, was er will, aber es steht der Presse frei, davon Kenntnis zu nehmen . . . An Stelle der Scheiterhaufen tritt das große Schweigen. Hier erfahren die Leserscharen nur noch, was sie wissen sollen. Das ist das Ende der Demokratie.« Lieferbar sind bei Matthes & Seitz folgende Bücher von Jean Baudrillard: **Der symbolische Tausch und der Tod;Die fatalen Strategien; Die göttliche Linke.**

Das Buch: Ein Philosoph, den Amerika überwältigt hat? Nein, aber eine bissige Huldigung an die Vereinigten Staaten. Amerika wird hier nicht als Volk, als Geschichte oder Territorium präsentiert, sondern als System. Baudrillard spielt mit den symbolischen Welten, klinkt sich ein in den Reigen der Bilder und Repräsentationen. Er begibt sich in die Fiktion. Und wird damit dem Helden von Bioy Casares ähnlich, der in **Morels Erfindung** zuletzt von dem Hologramm und dem gelebten Mythos eines verrückten Gelehrten geschluckt wird. Amerika klebt an seinem Look. Es ist das perfekte Simulakrum seiner selbst. In diesem primitiven, das heißt unmittelbaren Sinn ist es unteilbar, ist es die Heimat »der totalen, metasozialen Tatsache«. Es ist, im Ganzen gesehen und mit einem modischen Begriff bezeichnet, hyperreal. Baudrillard entdeckt Amerika eher, als daß er es denkt. Die Puritanerin Salt Lake City der Prostituierten Las Vegas gegenüberzustellen oder die Vertikalität New Yorks mit der Horizontalität von Los Angeles in Zusammenhang zu bringen ist nicht neu. Alle Amerikagläubigen rapportieren die gleichen Klischees wie Baudrillard. Und dennoch bekehrt er sich nicht zu Amerika, er bekennt sich dazu. **Wie k.o. im Stehen.** Der Film, den Baudrillard dort zu sehen bekam, war schön, gerade weil er häßlich war. Das neue Buch von Baudrillard enthält einige Soli von seltener Schönheit. **Baudrillard:** »Amerika ist die Originalversion der Moderne, wir sind seine Kopie oder die Version mit Untertiteln ... Neu an Amerika ist der Schock der ersten (primitiven und wilden) Ebene und der dritten Art (absolutes Simulakrum). Keine zweite Stufe ... Amerika ist weder Traum noch Realität, es ist Hyperrealität, eine Utopie, die von Anfang an als verwirklichte gelebt wurde. Es ist die einzig große primitive Gesellschaft unserer Zeit.«

Die Wüste dient Baudrillard als Leitmotiv, denn **die amerikanische Kultur hat die Wüsten beerbt.**

Wenn man ein Gegenstück zu Baudrillards **Amerika** finden wollte, einen Verwandtschaftstitel, der ihm Echo gäbe, dann wäre es nicht Kafkas **Amerika**, schon eher das von Mark Twain. Denn **Amerika** ruft eine längst vergessene Wundergeschichte der Kindheit wach: »A Connecticut Yankee in King Arthur's Court«. Nur ist das mittlerweile erwachsene und Professor gewordene Kind den umgekehrten Weg gegangen. Es hat Mark Twain von hinten nach vorn gelesen und hat seinen Schelmenstreich unter einem universitären Ton versteckt. Eine einfache Hypothese. Im übrigen hätte »Amerika oder König Baudrillard im Yankeeland« nicht seriös geklungen.

Jürgen von der Wense *Epidot*

Herausgegeben und mit einem Vorwort von Dieter Heim. Debatte, 19. 192 Seiten. Broschur, DM 29.80 (ISBN 3-88221-363-9)

Der Autor: Jürgen von der Wense, geb. 1894 in Ostpreußen – die Familie von der Wense stammt aus Niedersachsen –, gehörte in einem bestimmten Sinn zu den radikalsten »Aussteigern« der 20er Jahre; er starb 1966, einen Tag vor seinem vollendeten 72. Lebensjahr, in einer Göttinger Dachkammer, angefüllt mit 10000 Manuskriptseiten, Tagebüchern, Notenblättern, Heften und Notizblökken, aus denen nur selten einige Splitter in Form von kleinen Publikationen an die Öffentlichkeit gelangten. Die Inhalte sind gewöhnlich irgendwo zwischen Wissenschaft, Poesie, Philosophie und

Musik angesiedelt. Für dieses Werk hat Wense fern von allen bürgerlichen, wissenschaftlichen oder künstlerischen Existenz- und Erfolgslaufbahnen in steter Armut, äußerer Beschränkung und Abhängigkeit von treuen Freunden gelebt. Trotz aller Einsamkeit sind Wenses Niederschriften Zeugnisse eines doch fast überfüllten und durchaus nicht unglücklichen Lebens. Sie sind weiterhin Zeugnisse etwa 45 Jahre währenden, ungemein emsigen forschenden, wissenschaftlichen und künstlerischen produktiven Tätigkeit.
Wense entzog sich, und alles von ihm und an ihm entzieht sich mit.

Die frühesten Spuren seines Wirkens finden sich im 1. Weltkrieg, und zwar in Franz Pfemferts Wochenschrift »Die Aktion«. Nach dem Kriegsende galt er als einer der extremen Vertreter der jungen Neutöner, später als Schöpfer eines musikalischen Neo-Primitivismus. Zu seinen Bekannten gehörten Klara Zetkin, Erich Heckel, Georg Kaiser, Eduard Erdmann, Ernst Krenek, Hermann Scherchen. Er bricht mit der eigenen hoffnungsreichen Zukunft, wird aber nicht ein »Privatgelehrter« à la Spitzweg, eher ein Wanderer. Etwa 10 Jahre war Wense ohne eigenen Wohnsitz. Er betrachtete die größeren wissenschaftlichen Bibliotheken wie Bergwerke, in denen er – in möglichst tief vergrabenen, abseitigen und vergessenen Stollen – nach »Schätzen« grub. Wenses Wanderleben schlug sich nieder in einer kaum ausschöpfbaren Stoffsammlung an Meßtischblättern, Essays, Aphorismen und selbstverständlich auch in vielen Briefen. **Wense empfand sich keineswegs als Ethnologe oder Linguist, als Philosoph und Denker oder gar als Heimatforscher, sondern viel eher als Dichter. Aber jede Definition muß zu Mißverständnissen führen.** Während Wense einerseits eine ungewöhnliche Welt- und Menschenoffenheit wie auch Hilfs-, Verantwortungs- und Kontaktbereitschaft bis zu leidenschaftlichen Freundschaften besaß, lebte andererseits in ihm irgendein nur dem Werk verpflichteter Einsiedler, der ihn immer wieder in Gegensatz zu allem brachte, was ihn von diesem ablenken, ihn absorbieren, bedrängen oder gar anderweitig festlegen wollte.

Der Verlag beginnt hiermit in Zusammenarbeit mit dem Nachlaß-Verwalter und Herausgeber Dieter Heim die Veröffentlichung heute wichtiger Texte Jürgen von der Wenses.

Das Buch: »Epidot« enthält Texte von enormer Leuchtkraft. Der Epidot ist ein Mineral, ist schwarz mit einem kleinen Stich ins Grüne, wenn man es aufhebt, wird es plötzlich durchscheinend. Der erste Band mit Wense-Texten hat eine hohe Poetik, extreme Hellsichtigkeit, er enthält bestürzende Wahrheiten. Natur, Kunst und Religion waren Wense auf höchster Ebene durchaus äquivalente Erscheinungen. Der eigentliche und niemals verpuffende Zündstoff liegt in der Jugend Wenses, seinem inneren Leben. Der Band wird gerade unter den jungen Lesern oder solchen, die sich immer noch nicht »etablieren« konnten, Aufmerksamkeit auf sich lenken können.

Max Jacob/Claude Valence *Spiegel der Astrologie*

Aus dem Französischen übersetzt von Reinhard Tiffert. Debatte, 29.
276 Seiten mit Abbildungen. Broschur, DM 32.– (ISBN 3-88221-372-8)

Die Autoren: Max Jacob, 1876 in Quimper in der Bretagne als Sohn eines jüdischen Antiquitätenhändlers geboren. Seine frühen Werke gewinnen bemerkenswerten Einfluß auf den Pariser Dada und Surrealismus. Freund von Picasso und Apollinaire, Clown und Mystiker. 1915 Übertritt zum Katholizismus. Er wird von der Gestapo verhaftet und stirbt 1944 im Lager von Drancy. Eine Auswahl aus seinem Werk deutsch in der Bibliothek Suhrkamp. Dieses Buch schrieb Max Jacob in Zusammenarbeit mit dem Astrologen Claude Valence. **Deutsche Erstausgabe.**

Das Buch: »Ich habe in den Büschen der Erde gewühlt, und es sind die Bestien des Tierkreisese hervorgekommen, also hab ich diese Bestien verfolgt wie auf einer Jagd« – schreibt Max Jacob im Motto zu diesem Buch. Sein wunderlicher und scharfer Geist bringt von dieser Jagd eine reiche Beute mit: ein kleines Handbuch der Astrologie, sehr handlich und präzise, in dem für jedes Zeichen, nach der Aufzählung der verschiedenen Eigenschaften und Charakterfehler (und neben Entsprechungen des Zeichens in jedem Bereich der Wirklichkeit, von den Gerüchen und Düften bis zu den

Edelsteinen) wie lebendige Beispiele die Bildnisse der einzelnen Damen des Zeichens folgen. Und jedesmal sind es leichte und eindringliche Geschichten, liebevoll und scharfsinnig. Jede der Erzählungen überträgt den Eindruck des Tierkreises auf Personen, die Jacob mit solcher Vertrautheit schildert, daß sie uns nicht nur wie seine, sondern auch wie unsere alten Bekannten erscheinen. Und es gibt dann auch keinen Zweifel, daß dieses Buch einen der Hauptfehler so vieler astrologischer Handbücher vermeidet: so viele Eigenschaften auf die im jeweiligen Tierkreiszeichen Geborenen zu sammeln, daß die Unterschiede schließlich verschwinden. Im Gegenteil treibt ein unüberwindlicher Hauch von Frauenfeindlichkeit (vielleicht aus übergroßem Verständnis?) Jacob dazu, wenn überhaupt, eher die Laster als die Tugenden seiner Damen zu unterstreichen. **Mit ausgefeilter Frivolität** und einer gewissen unterschwelligen Bosheit schenkt uns Jacob so nicht nur einen bunten weiblichen Tierkreis, sondern ein indirektes Selbstbildnis von Max Jacob unter den Frauen.
Im Gegensatz zu der Flut von astrologischer Literatur , die auf uns zukommt, ist dieses Buch ironisch und schmeichelt niemandem.

Ibn Tufail *Der Ur-Robinson*

Herausgegeben, übersetzt und eingeleitet von Otto F. Best. 232 Seiten, Bildteil. Debatte, 24. Broschur, DM 32.– (ISBN 3-88221-367-1)

Der Herausgeber: Otto F. Best beschäftigt sich seit Jahrzehnten mit der Geistesgeschichte des maurischen Spanien. Seine Lehrtätigkeit in germanistischer Philologie und Jiddistik übt er an einer amerikanischen Universität aus. Sie wird begleitet von zahlreichen Veröffentlichungen.

Der Autor: Zu jener Gruppe islamischer Denker, die modernste Perspektiven des europäischen Geistes vorwegnahmen, gehört der Dichterphilosoph Ibn Tufail, geboren vor 1110 in Andalusien. Als er 1185 starb, war er Wesir und Leibarzt am Hofe eines der ersten Almohadenkalifen. **Diderot, Leibniz, Ernst Bloch** waren mit seinem Werk vertraut. Ibn Tufails Hauptwerk ist der philosophische Roman: der von sich selbst gelehrte Weltweise; das ist, eine angenehme und sinnreiche Erzählung der wunderbaren Begebenheiten des Hai Ebn Yockdahn; darinnen vorgestellt wird, wie derselbe durch das Licht der Natur zur Erkenntnis natürlicher und übernatürlicher Dinge, absonderlich Gottes, der Unsterblichkeit der Seele und des andern Lebens gelanget sey: Anfänglich im Arabischen geschrieben von Abu Jaafar Ebn Tophail.

Das Buch: Waren Robinsons Vorfahren Araber? Daniel Defoes **Robinson Crusoe** ist nur Glied in einer Kette. 500 Jahre früher hat Ibn Tufail das arabische Original geschrieben. Robinson kann der auf eine Insel verschlagene isolierte Einzelmensch sein, der jeden Zusammenhang mit anderen menschlichen Wesen verloren hat; er kann indessen auch der **homo faber** sein, der Naturmensch, der die Entwicklung der Menschheit von ihren Anfängen bis zur Spätzeit noch einmal, für sich allein, wiederholen muß. **Karlheinz Bohrer** fügt hinzu: »Rousseaus ›Emile‹ hat die emblematische Bedeutung des Robinson begründet, nämlich die Vorstellung, hier würden die typischen Möglichkeiten menschlicher Existenz stufenweise dargestellt.« Von **Robinson Crusoe** bis zu Goldings **Lord of the Flies,** alle Robinsonaden gehen zurück auf den arabischen **philosophus autodidactus** des Ibn Tufail. Dieser Ur-Robinson wird hier in einer Fassung, **die Originaltreue mit zeitgemäßer Lesbarkeit verbindet,** dem deutschen Leser Robinson, der erste Mensch, der alles aus sich selber schöpft. Prophet und Entsager der menschlichen Gesellschaft, wird er zu ihrem schärfsten Widersacher. Durch Ibn Tufail erfahren wir, daß Adam und Moses Teil der Robinson-Legende sind. Robinson stammt wie Aladin aus Arabien. Eine Entdeckung in der europäischen Geistesgeschichte.

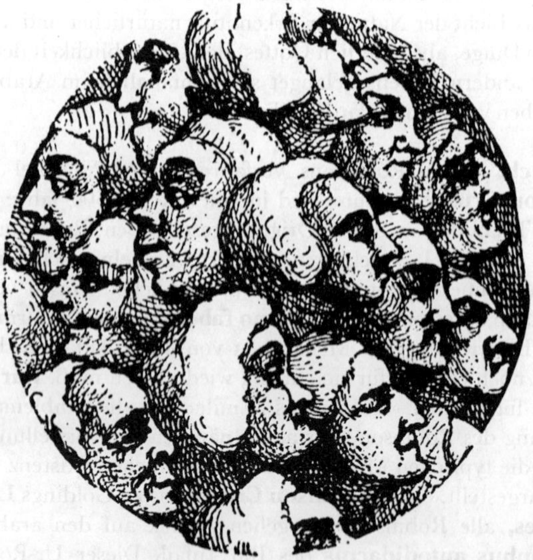

REIHE DEBATTE

1. Gerd Bergfleth et al. *Zur Kritik der palavernden Aufklärung*

192 Seiten, Broschur, DM 19,80 (ISBN 3-88221-344-2)

2. Gustav Theodor Fechner *Das unendliche Leben*

Mit Zeichnungen von Leonardo da Vinci. Nachwort von Gert Mattenklott. 192 Seiten, Broschur, DM 12,80 (ISBN 3-88221-345-0)

3. Bernd Nitzschke *Von der Kälte des Gedankens und der Wärme des Leibes. Reflexionen über Gefühle*

192 Seiten, mit Illustrationen von Richard Lindner. Broschur, DM 19,80 (ISBN 3-88221-346-9)

4. Bernd Nitzschke *Männerängste, Männerwünsche*

Neue, durchgesehene Auflage, 240 Seiten, Broschur, DM 16,80 (ISBN 3-88221-309-4)

5. Theodor Lessing *Der jüdische Selbsthaß*

Mit einem Essay von Boris Groys. 288 Seiten, Abbildungen, Broschur, DM 29,80 (ISBN 3-88221-347-7)

6. Thomas de Quincey *Die letzten Tage des Immanuel Kant*

Mit Beiträgen von Fleur Jaeggy, Giorgio Manganelli und Albert Caraco. Aus dem Englischen übersetzt und herausgegeben von Cornelia Langendorf. 144 Seiten, Abbildungen, Broschur, DM 19,80 (ISBN 3-88221-348-5)

7. Fleur Jaeggy *Wasserstatuen*

Aus dem Italienischen von Anna Wheill. 132 Seiten, Broschur, DM 19,80 (ISBN 3-88221-349-3)

8. Celsus *Gegen die Christen*

Aus dem Griechischen von Th. Keim. Mit einem Essay von F. W. Korff und einer Hypothese von Ernst Fuhrmann. 240 Seiten, mit Illustrationen von Carl Apfelschnitt, Broschur, DM 22,– (ISBN 3-88221-350-7)

9. Ernst Fuhrmann *Was die Erde will. Eine Biosophie*

Mit einem Nachwort von Gert Mattenklott und einer Bibliographie von Detlev Zabkar. 288 Seiten, Broschur, DM 29,80 (ISBN 3-88221-352-3)

10. Gerd Bergfleth *Theorie der Verschwendung*

Einführung in Georges Bataille's Antiökonomie. 146 Seiten, Broschur, DM 19,80 (ISBN 3-88221-359-0)

11. Jean Baudrillard *Die fatalen Strategien*

Aus dem Französischen von Ulrike Bockskopf und Ronald Voullié. Mit einem Appendix von Oswald Wiener. 256 Seiten, Broschur, DM 22,– (ISBN 3-88221-354-X)

12. Gustave Flaubert *Wörterbuch der Gemeinplätze*

Die Albumblätter der Marquise. Katalog der schicken Ideen. Aus dem Französischen von Monika Petzenhauser. Mit einem Vorwort von J. Rodolfo Wilcock. 192 Seiten, Broschur, DM 19,80 (ISBN 3-88221-355-8)

13. Marina Zwetajewa *Mein weiblicher Bruder. Brief an die Amazone*

Übertragen aus dem Französischen und Nachwort von Ralph Dutli. 96 Seiten, mit einem Bildteil, Broschur, DM 14,80 (ISBN 3-88221-356-6)

14. Beat Wyss *Trauer der Vollendung*

Von der Ästhetik des Deutschen Idealismus zur Kulturkritik an der Moderne. 336 Seiten mit 42 Abbildungen, Broschur, DM 19,80 (ISBN 3-88221-357-4)

15. Theodor Lessing *Nietzsche*

Mit einem Nachwort von Rita Bischof. 160 Seiten, Broschur, DM 16,80 (ISBN 3-88221-358-2)

16. Albert Caraco *Das Reich der Sinne*

Supplement zur Psychopathia sexualis. Aus dem Französischen von Isabel Matthes. 288 Seiten, Broschur, DM 22,– (ISBN 3-88221-360-4)

17. Bernd Mattheus / Axel Matthes (Hrsg.) *Ich gestatte mir die Revolte*

400 Seiten mit Abbildungen, Broschur, DM 29.80 (ISBN 3-88221-361-2)

18. Jean Baudrillard *Die göttliche Linke*

Aus dem Französischen von Ronald Voullié. Mit einem Supplement für die BRD. 200 Seiten, Broschur, DM 22,– (ISBN 3-88221-362-0)

19. Jürgen von der Wense *Epidot*

Herausgegeben und mit einem Nachwort von Dieter Heim. 192 Seiten, Broschur, DM 29,80 (ISBN 3-88221-363-9)

20. Gerd Bergfleth *Aufstand der Natur*

In Vorbereitung

21. Oskar Panizza *Psychopathia criminalis*

Mit Vorworten von Bernd Mattheus und einem Beitrag von Oswald Wiener. 2., erweiterte Auflage. 264 Seiten, Broschur, DM 22,– (ISBN 3-88221-364-7)

23. Bernd Mattheus *Heftige Stille*

Andere Notizen. 350 Seiten, Broschur, DM 24,– (ISBN 3-88221-366-3)

25. Elisabeth Lenk *Kritische Phantasie. Gesammelte Essays.*

240 Seiten, Broschur, DM 26,– (ISBN 3-88221-368-X)

26. Arthur Rimbaud *Seiten-Sprünge*

Aus dem Französischen von Hans Therre und R. G. Schmidt. Mit Essays von René Char, Maurice Blanchot, Hans Therre. Ca. 110 Seiten, Broschur, DM 10,– (ISBN 3-88221-369-8)

27. John Keats *Briefe eines Liebenden*

Aus dem Englischen von Adolf Girschick, Christa Schuenke und Wulf Teichmann. Mit einer physiognomischen Biographie von Fleur Jaeggy. 204 Seiten, Bildteil. Broschur, DM 26,–.
(ISBN 3-88221-370-1)

28. Jean Baudrillard *Amerika*

Aus dem Französischen übersetzt von Michaela Ott. Ca. 180 Seiten. Broschur, DM 25,–
(ISBN 3-88221-371-X)

29. Max Jacob/Claude Valence *Spiegel der Astrologie*

Aus dem Französischen übersetzt von Reinhard Tiffert. 276 Seiten, Broschur, DM 32,–
(ISBN 3-88221-372-8)

33. Oswald Wiener *Poetik im Zeitalter wissenschaftlicher Erkenntnistheorien.*

Erscheint im Frühjahr 1988.

LIEBHABER-BIBLIOTHEK

1. Verena von der Heyden-Rynsch (Herausgeberin)
Riten der Selbstauflösung

328 Seiten, 15 Abbildungen, Pappband mit Schutzumschlag, DM 32,– (ISBN 3-88221-500-3)

2. P. J. Möbius *Über das Pathologische bei Goethe*

Mit einem Essay von Bernd Nitzschke. 256 Seiten, 8 Abbildungen, Pappband mit Schutzumschlag, DM 22,80 (ISBN 3-88221-501-1)

3. William Warren Bartley III *Wittgenstein, ein Leben*

Aus dem Amerikanischen von Ruedi Lüscher. 224 Seiten, 8 Bildseiten, Pappband mit Schutzumschlag, DM 32,– (ISBN 3-88221-503-8)

4. Elisabeth von Österreich *Tagebuchblätter von Constantin Christomanos*

Mit Beiträgen von E. M. Cioran u.a., herausgegeben von Verena von der Heyden-Rynsch, 208 Seiten und 6 Bildseiten, Pappband mit Schutzumschlag, DM 29,80 (ISBN 3-88221-504-6)

5. Franz Blei *Talleyrand oder der Zynismus*

Mit einer Dokumentation von Axel Matthes. 392 Seiten, 12 Bildseiten, gebunden mit Schutzumschlag, DM 34,– (ISBN 3-88221-505-4)

6. Robert de Traz *Die Familie Brontë*

Aus dem Französischen von Maria Arnold. Mit einem Beitrag von Mario Praz. 312 Seiten, mit Abbildungen, gebunden mit Schutzumschlag, DM 32,– (ISBN 3-88221-506-2)

7. Fürst Felix Jussupoff *Rasputins Ende*

Erinnerungen. Aus dem Russischen von D. Chasin. Mit einer Studie von Boris Groys. 288 Seiten, Bildteil. Gebunden mit Schutzumschlag. DM 34,– (ISBN 3-88221-507-0)

8. Adele Schopenhauer *Tagebuch einer Einsamen*

Herausgegeben und eingeleitet von H. H. Houben. Mit 60 Scherenschnitten und einem Anhang von Rahel E. Feilchenfeldt-Steiner. 528 Seiten, Bildteil. Gebunden mit Schutzumschlag.
DM 48,–. (ISBN 3-88221-508-9)

9. Guillaume Apollinaire *Die elftausend Ruten*

Aus dem Französischen von Rudolf Wittkopf. Mit Vorworten von Elisabeth Lenk und Louis Aragon. Nachwort Pascal Pia. Mit Zeichnungen von Michael Wyss. 268 Seiten.
Broschur DM 36,– (ISBN 3-88221-509-7)

10. Pierre Drieu La Rochelle *Geheimer Bericht*

und andere autobiographische Aufzeichnungen. Herausgegeben, aus dem Französischen übersetzt und mit einem Essay von Joachim Sartorius. 364 Seiten, Bildteil. Gebunden mit Schutzumschlag, DM 46,– (ISBN 3-88221-510-0)

11. Henri-Frédéric Amiel *Intimes Tagebuch*

Ausgewählt, übersetzt und eingeleitet von Ernst Merian-Genast. Mit Essays von Georges Poulet, Luc Boltanski und Emmanuel Le Roy Ladurie. Bildteil. 432 Seiten, gebunden mit Schutzumschlag, DM 48,– (ISBN 3-88221-511-9)

13. C. F. von Schlichtegroll *Die Hexe von Klewan*

Im Anhang: »Die Lust am Bösen« von Albert Caraco. 356 Seiten mit farbigen Abbildungen von Clovis Trouille. Gebunden mit Schutzumschlag, DM 36,– (ISBN 3-88221-510-5)

KULTURKURIOSA

Maxie Freimann *Über den physiologischen Stumpfsinn des Mannes*

Mit einem Kapitel von Nike Wagner (KuKu 13). 280 Seiten mit vielen Illustrationen. Broschur, DM 16,80 (ISBN 3-88221-013-3)

Dr. Paul Möbius *Über den physiologischen Schwachsinn des Weibes*

Als Kontrapunkt hinzugefügt: Die Freundinnen. Eine Szene von Lemercier de Neuville sowie drei Gedichte von Helmut Maria Soik (KuKu 3). 252 Seiten mit 21 Abbildungen der Zeit. Broschur DM 16,80 (ISBN 3-88221-003-6)

Oskar Panizza *Aus dem Tagebuch eines Hundes*

Mit Zeichnungen und Fotos sowie einem Vorspann von Martin Langbein (KuKu 5). Broschur DM 12,80 (ISBN 3-88221-005-2)

Ignacio de Loyola *Die Exerzitien*

Aus dem Spanischen von Ferdinand Weinhandl (KuKu 14). 256 Seiten mit vielen Abbildungen. Broschur. DM 12,80 (ISBN 3-88221-014-1)

REIHE BATTERIEN

1. Antonin Artaud *Van Gogh, der Selbstmörder durch die Gesellschaft*

und Texte über Baudelaire, Coleridge, Lautréamont und Nerval. Aus dem Französischen von Franz Loechler. Nachwort Elena Kapralik. 151 Seiten Englische Broschur. DM 26,–
(ISBN 3-88221-200-4)

2. Bernd Mattheus *Jede wahre Sprache ist unverständlich*

Über Antonin Artaud und andere Texte zur Sprache veränderten Bewußtseins. 175 Seiten. Englische Broschur. DM 26,– (ISBN 3-88221-201-2)

Zur Zeit vergriffen.

3. Elena Kapralik *Antonin Artaud (1896–1948)*

Leben und Werk des Schauspielers, Dichters und Regisseurs. 500 Seiten mit 58 Abbildungen, gebunden mit Schutzumschlag. DM 68,– (ISBN 88221-202-0)

5. Karl Kollmann/Bernd Mattheus *Briefe über die Sprache*

212 Seiten. Englische Broschur. DM 29,80 (ISBN 3-88221-204-7)

7. Roland Barthes *Über mich selbst*

Aus dem Französischen von Jürgen Hoch. 208 Seiten mit zahlreichen Fotos. Englische Broschur. DM 32.– (ISBN 3-88221-206-3)

8. Georges Bataille *Die psychologische Struktur des Faschismus – Die Souveränität*

Aus dem Französischen von Rita Bischof, Elisabeth Lenk, Xenia Rajewsky. Herausgegeben von Elisabeth Lenk. Nachwort Rita Bischof. 120 Seiten. Englische Broschur. DM 22,–
(ISBN 3-88221-207-1)

9. Antonin Artaud *Briefe aus Rodez – Postsurrealistische Schriften*

Aus dem Französischen von Franz Loechler und mit einer Marginalie von Bernd Mattheus. 204 Seiten, 5 Bildseiten. Englische Broschur. DM 26,– (ISBN 3-88221-208-X)

11. Michel Leiris *Aurora*

Roman. Aus dem Französischen von Rudolf Wittkopf. Im Anhang: 1. Vorwort des Autors zur Erstausgabe. 2. Über Aurora: Ein Brief von Michel Leiris. 3. Briefwechsel zwischen Übersetzer und Autor. 184 Seiten. Englische Broschur. DM 29,80 (ISBN 3-88221-210-1)

12. Antonin Artaud *Schluß mit dem Gottesgericht – Das Theater der Grausamkeit. Letzte Schriften zum Theater*

Aus dem Französischen übersetzt von Elena Kapralik. 152 Seiten. Englische Broschur. DM 26,– (ISBN 3-88221-211-X)

13. Raymond Roussel *Eindrücke aus Afrika*

Roman. Aus dem Französischen von Cajetan Freund. Mit 21 Radierungen von Markus Raetz und einem Nachwort von Bernd Mattheus. 304 Seiten. Englische Broschur. DM 46,–
ISBN 3-88221-213-6)
Limitierte Vorzugsausgabe. Ca. 30 Exemplare. Numeriert, signiert, mit 2 Originalradierungen von Markus Raetz, in bibliophiler Ausstattung. DM 360,– (ISBN 3-88221-214-8)

14. Jean Baudrillard *Der symbolische Tausch und der Tod*

Aus dem Französischen von Gerd Bergfleth, Gabriele Ricke und Roland Voullíe. Mit einem Kommentar von Gerd Bergfleth. 400 Seiten, 15 Abbildungen. Englische Broschur. DM 58,–
(ISBN 3-88221-215-2)

Neuauflage in Vorbereitung

15. Georges Bataille *Die Tränen des Eros*

Aus dem Französischen übersetzt und herausgegeben von Gerd Bergfleth. Mit bisher unveröffentlichten Briefen Batailles. 260 Seiten mit 240 Abbildungen. Englische Broschur. DM 68,–
(ISBN 3-88221-261-0)

16. Michel Leiris *Spiegel der Tauromachie – Eingeleitet durch Tauromachien*

Mit Zeichnungen von André Masson. Zweisprachig. Aus dem Französischen von Verena von der Heyden-Rynsch. 148 Seiten mit 9 Zeichnungen. Englische Broschur. DM 32,–
(ISBN 3-88221-217-9)

17. Theodor Lessing *Geschichte als Sinngebung des Sinnlosen*

Mit einem Nachwort von Rita Bischof. 292 Seiten mit 15 Abbildungen. Englische Broschur. DM 48,– (ISBN 3-88221-219-5)

18. Antonin Artaud *Frühe Schriften*

Herausgegeben und übersetzt von Bernd Mattheus. 188 Seiten, 12 Bildseiten, Englische Broschur. DM 29,80 (ISBN 3-88221-220-9)

19. Elisabeth Lenk *Die unbewußte Gesellschaft*

Über die mimetische Grundstuktur in der Literatur und im Traum. 405 Seiten. Englische Broschur. DM 48,– (ISBN 3-88221-221-7)

20. Bernd Mattheus *Georges Bataille. Eine Thanatographie. Band 1: Chronik 1897–1939*

464 Seiten. 120 Abbildungen. Englische Broschur. DM 62,– (ISBN 3-88221-222-4)

21. Rita Bischof *Souveränität und Subversion*

Georges Batailles Theorie der Moderne. Mit einem Vorwort von Elisabeth Lenk. 352 Seiten, Englische Broschur, DM 58,– (ISBN 3-88221-223-3)

22. Georges Bataille *Die Aufhebung der Ökonomie*

Der Begriff der Verausgabung. Der verfemte Teil. Kommunismus und Stalinismus. Die Ökonomie im Rahmen des Universums. Aus dem Französischen von Traugott König, Heinz Abosch und Gerd Bergfleth. 412 Seiten , Englische Broschur, DM 48,– (ISBN 3-88221-225-X)

23. Georg Simmel *Rembrandt*

Ein kunstphilosophischer Versuch. Eingeleitet von Beat Wyss. 312 Seiten, mit 64 Seiten Abbildungen. Gebunden mit Schutzumschlag, DM 52,– (ISBN 3-88221-226-8)

25. Antonin Artaud *Surrealistische Texte*

Herausgegeben und übersetzt von Bernd Mattheus. 168 Seiten, Bildteil. Englische Broschur. DM 28,– (ISBN 3-88221-227-6)

27. Wolfgang Schultz *Dokumente der Gnosis*

Mit Essays von Georges Bataille, Henri-Charles Puech und Wolfgang Schultz. 426 Seiten, Bildteil, Pappband mit Schutzumschlag, DM 56,– (ISBN 3-88221-229-2)

29. Pierre Klossowski *Nietzsche und der Circulus vitiosus deus*

Aus dem Französischen übersetzt von Ronald Voullié. Mit einem Nachwort von Gerd Bergfleth und einem Supplement. 432 Seiten. Gebunden mit Schutzumschlag, DM 98,–
(ISBN 3-88221-231-4)

30. Albert Caraco *Brevier des Chaos*

Mit Auszügen aus dem Tagebuch des Verfassers. Aus dem Französischen übersetzt von Isabel Matthes. 200 Seiten. Gebunden mit Schutzumschlag, DM 32,– (ISBN 3-88221-232-2)

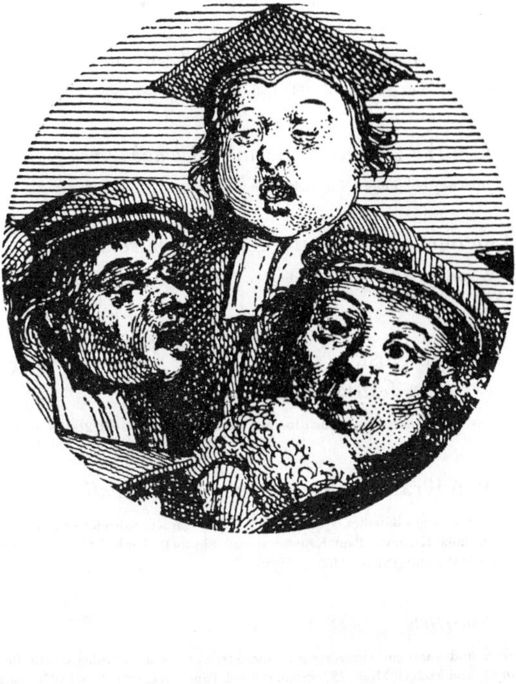

ALLGEMEINES PROGRAMM

Lou Andreas-Salomé *Die Erotik*

Herausgegeben von Ernst Pfeiffer, 192 Seiten. Kartoniert. DM 22,– (ISBN 3-88221-302-7)

Bettina von Armin *Die Günderode*

Herausgegeben und mit Materialien versehen von Elisabeth Bronfen. 404 Seiten mit 8 Abbildungen. Paperback. DM 16,80 (ISBN 3-88221-331-0)

Bettina Best (Herausgeberin) *Ich lebe alleine*

300 Seiten, zahlreiche Fotos. Paperback. DM 24,80 (ISBN 3-88221-301-9)

Claudia Gehrke (Herausgeberin) *Ich habe einen Körper*

304 Seiten, zahlreiche Abbildungen. Englische Broschur. DM 28,– (ISBN 3-88221-327-2)

Ruth Hagengruber (Herausgeberin) *Inseln im Ich*

Ein Buch der Wünsche. 340 Seiten, 35 Abbildungen. Englische Broschur. DM 16,80 (ISBN 3-88221-318-3)

Hans Christian Kosler (Herausgeber) *Peter Altenberg. Leben und Werk in Texten und Bildern*

260 Seiten mit 70 Abbildungen. Englische Broschur. DM 29,80 (ISBN 3-88221-329-9)

Richard von Krafft-Ebing *Psychopathia sexualis*

Mit Beiträgen von Georges Batailles, Werner Brede, Albert Caraco, Salvador Dalí, Ernst Fuhrmann, Maurice Heine, Julia Kristeva, Paul Kruntorad und Elisabeth Lenk. 512 Seiten, gebunden mit Schutzumschlag DM 29,80 (ISBN 3-88221-351-5)

Laure *Schriften*

Herausgegeben und aus dem Französischen übersetzt von Bernd Mattheus. Mit Beiträgen von Georges Bataille und Marcell Moré. 252 Seiten, Bildteil. Paperback. DM 32,– (ISBN 3-88221-310-8)

Theodor Lessing *Die verfluchte Kultur*

Gedanken über den Gegensatz von Leben und Geist. Mit einem Essay von Elisabeth Lenk. 86 Seiten. Broschur. DM 12,80 (ISBN 3-88221-325-6)

Michel Leiris *Die Spielregel. Band 1: Streichungen*

Aus dem Französischen von Hans Therre. Mit einem Essay von Maurice Blanchot, 404 Seiten. Leinen mit Schutzumschlag. DM 46,– (ISBN 3-88221-336-1)

Michel Leiris *Die Spielregel. Band 2: Krempel*

Aus dem Französischen von Hans Therre. Mit einem Interview, geführt mit dem Autor. 360 Seiten, Leinen mit Schutzumschlag. DM 48,– (ISBN 3-88221-103-2)

Band 3 und 4 erscheinen 1988.

Victor Margueritte *Die Aussteigerin*

Roman. Aus dem Französischen von Joseph Chapiro. Mit einem Nachwort von Ursula Krienes. 262 Seiten, Englische Broschur. DM 12,80 (ISBN 3-88221-332-9)

Bernd Mattheus *Die Augen öffnen sich im Unklaren und schließen sich im Verdunkelten*

Notizen. 100 Seiten. Kartoniert. DM 9,80 (ISBN 3-88221-319-1)

Florence May *Johannes Brahms*

Die Geschichte des Lebens. Aus dem Englischen von Ludmille Kirschbaum. 725 Seiten, 10 Bildseiten. Gebunden mit Schutzumschlag. DM 46,– (ISBN 3-88221-343-4)

Bernd Nitzschke *Die Zerstörung der Sinnlichkeit*

216 Seiten. Kartoniert. DM 12,80 (ISBN 3-88221-326-4)

Vincenzo Orlando (Herausgeber) *Mit den Waffen eines Mannes. Die Verführung*

312 Seiten, Abbildungen, Englische Broschur. DM 14,80 (ISBN 3-88221-335-3)

Oskar Panizza *Der Korsettenfritz*

Gesammelte Geschichten. Mit einer Selbstbiographie des Autors und einem Beitrag von Bernd Mattheus. 390 Seiten. Leinen mit Schutzumschlag. DM 39,80 (ISBN 3-88221-323-X)

Oskar Panizza *Dialoge im Geiste Huttens*

Mit einer Einleitung von Heiner Müller und Beiträgen im Geiste Panizzas von Karl Günther Hufnagel und Peter Erlach. 200 Seiten. Kart. DM 19,80 (ISBN 3-88221-306-X). Zur Zeit vergriffen.

Rahel-Bibliothek *Rahel Varnhagen. Gesammelte Werke*

Herausgegeben von Konrad Feilchenfeldt, Uwe Schweikert und Rahel E. Steiner. 10 Pappbände im Schuber, insgesamt 6500 Seiten mit 44 Bildern, komplett DM 148,– (ISBN 3-88221-342-6)

Arthur Rimbaud *Eine Zeit in der Hölle. Lichtspuren*

Aus dem Französischen übersetzt und begleitet von Hans Therre und Rainer G. Schmidt. (Band 1), 268 Seiten mit 100 Abbildungen. Paperback. DM 22,– (ISBN 3-88221-304-3)

Arthur Rimbaud *Das trunkene Schiff. Gedichte*

Aus dem Französischen übersetzt und kommentiert von Rainer G. Schmidt und Hans Therre. (Band 2), 304 Seiten mit 100 Abbildungen. Kartoniert. DM 22,– (ISBN 3-88221-311-6)

George Sand *Lélia*

Roman. Aus dem Französischen von Anna Wheill. Mit einem Essay von Nike Wagner. 272 Seiten. Englische Broschur. DM 24,– (ISBN 3-88221-324-8)

Rudyard Kipling/Heiri Steiner *Die Katze geht ihre eigenen Wege*

Eine Bilder- und Lesegeschichte für Menschen- und Katzenfreunde. 88 Seiten vierfarbig. Gebunden mit Schutzumschlag. DM 19,80 (ISBN 3-88221-344-5)

Annegret Stopczyk (Hrsg.) *Was Philosophen über Frauen denken*

368 Seiten, 20 Abbildungen. Kartoniert. DM 26,– (ISBN 3-88221-314-0)

W. B. Seabrook *Geheimnisvolles Haiti. Rätsel und Symbolik des Wodu-Kultes*

Aus dem Amerikanischen von A. M. Nuese. Mit Beiträgen von Georges Bataille, Michel Leiris, W. B. Cannon, Alfons Paquet und Rainer G. Schmidt. 256 Seiten, 24 Bildtafeln und 13 Zeichnungen im Text. Englische Broschur. DM 32,– (ISBN 3-88221-333-7)

Otto Weininger *Geschlecht und Charakter*

Eine prinzipielle Untersuchung. Mit einem Nachwort von Roberto Calasso. 667 Seiten. Paperback. DM 39,80 (ISBN 3-88221-312-4)

Otto Weininger *Über die letzten Dinge*

Mit einem Anhang von Theodor Lessing. 212 Seiten. Kartoniert. DM 29,80 (ISBN 3-88221-320-5)

Anna Wheill *Die Kunst, mit Männern glücklich zu sein*

240 Seiten, 13 Bildseiten, Broschur. DM 22,– (ISBN 3-88221-341-8)

Oswald Wiener *Wir möchten auch vom Arno-Schmidt-Jahr profitieren*

72 Seiten. Broschur. DM 12,80 (ISBN 3-88221-305-1)

Reinhard Wilk *Lebendiges Wasser. Religion heute*

186 Seiten. Leinen mit Schutzumschlag. DM 19,– (ISBN 3-88221-102-4)

J.-P. Manchette *Nada. Roman*

Aus dem Französischen von Cornelia Langendorf, mit zwei Beiträgen von Jean-Jacques Langendorf. Ca. 260 Seiten, Broschur, DM 19,80 (ISBN 3-88221-365-5)

Rahel

»Es gibt ein Farbenspiel – ich will es so nennen – in unserer Brust, das so zart ist, daß, sobald wir es aussprechen wollen, es zur Lüge wird; ich sehe die Worte, wenn sie sich aus meinem Herzen gearbeitet haben, wie in der Luft vor mir schweben; und sie bilden eine Lüge. . .«

Stand: Herbst 1987

Matthes & Seitz Verlag GmbH

Mauerkircherstraße 10 · Postfach 86 05 28 · 8000 München 86

Georges Bataille
Die Literatur und das Böse

Emily Brontë
Baudelaire – Michelet
Blake – Sade – Proust
Kafka – Genet

Mit einem Nachwort von
Gerd Bergfleth
und einem Essay von
Daniel Leuwers

Matthes & Seitz

Aus dem Französischen übersetzt
von Cornelia Langendorf.
Den Michelet-Essay hat Gerd Bergfleth
dem Deutschen angeeignet.

 Titel der Originalausgabe *La littérature et le mal,* Editions Gallimard, Paris 1957. Herstellung und Umschlaggestaltung: Bettina Best, München, unter Verwendung des Bildes *Le jardin de la France* von Max Ernst. Satz, Druck und Bindung: Auer GmbH, Donauwörth. ISBN 3-88221-230-6

INHALT

Pierre Klossowski: Georges Bataille.

Georges Bataille: «Ich fürchte mich nicht davor zu sagen, daß mein Gesicht ein Skandal ist.»

VORWORT

Die Generation, der ich angehöre, ist tumultuarisch.

Sie erwachte zum literarischen Leben in den Tumulten des Surrealismus. Die Jahre nach dem Ersten Weltkrieg waren von einem überschwenglichen Gefühl beherrscht. Die Literatur erstickte in ihren Grenzen. Sie trug, so schien es, eine Revolution in sich.

Vorliegende Studien, die für mich ein Ganzes darstellen, wurden von einem Mann reifen Alters verfaßt.

Dennoch geht ihr tieferer Sinn auf den Tumult einer Jugend zurück, dessen fernes Echo sie sind.

In meinen Augen ist es bedeutsam, daß sie (zumindest in ihrer ersten Fassung) zum Teil in «Critique» erschienen sind, jener Zeitschrift, der ihre Seriosität zum Erfolg verhalf.

Ich muß hier jedoch festhalten, daß, wenn ich sie manchmal neu schreiben mußte, dies deshalb geschah, weil ich meinen Gedanken in den anhaltenden Tumulten meines Geistes zunächst nur verschwommen Ausdruck verleihen konnte. Der Tumult ist grundlegend, er ist Sinn dieses Buches. Aber es ist Zeit, zur Klarheit des Bewußtseins zu gelangen.

Es ist Zeit... Manchmal könnte es scheinen, daß es fast zu spät sei. Zumindest ist es höchste Zeit.

Diese Studien sind das Ergebnis meiner fortgesetzten Bemühungen, den Sinn der Literatur herauszuarbeiten... Die Literatur ist das Wesentliche, oder sie ist gar nichts. Das Böse – eine akute Form des Bösen –, dessen Ausdruck sie ist, stellt für uns meiner Ansicht nach den souveränen Wert dar. Aber diese Auffassung erfordert nicht das Fehlen von Moral, sie verlangt eine «Hypermoral».

Literatur ist Kommunikation. *Kommunikation erfordert Loyalität: die strenge Moral ist in dieser Hinsicht aufgrund einer Komplicenschaft in der Kenntnis des Bösen gegeben, welche die intensive Kommunikation hervorbringt.*

Die Literatur ist nicht unschuldig, und schuldig mußte sie sich letzten Endes bekennen. Das Handeln allein hat alle Rechte. Die Literatur ist, wie ich nach und nach aufzeigen wollte, die endlich wiedergefundene Kindheit. Hätte die Kindheit jedoch eine Wahrheit, wenn sie regierte? Vor der Notwendigkeit des Handelns *ist die Redlichkeit eines Kafka geboten, der sich selbst keinerlei Rechte zugestand. Welche Lehren auch immer in den Büchern Genets enthalten sein mögen, das Plädoyer Sartres zu seinen Gunsten ist nicht annehmbar. Letzten Endes war es die Pflicht der Literatur, sich schuldig zu bekennen.*[1]

1. In dieser Sammlung fehlt eine Untersuchung über *Les chants de Maldoror.* Sie verstand sich jedoch so sehr von selbst, daß sie praktisch überflüssig ist. Auch der Hinweis, daß die *Poésies* meiner Auffassung entsprechen, ist kaum erforderlich. Finden wir in den *Poésies* Lautréamonts nicht die «sich schuldig bekennende» Literatur? Sie überraschen, doch wenn sie verständlich sind, sind sie es nicht von meinem Standpunkt aus?

EMILY BRONTË

Unter allen Frauen scheint Emily Brontë von einem besonderen Fluch verfolgt gewesen zu sein. Ihr kurzes Leben war nur mäßig unglücklich. Doch trotz ihrer unangetasteten moralischen Reinheit besaß sie eine tiefdringende Erfahrung vom Abgrund des Bösen. Während es wenige Menschen gegeben hat, die unerbittlicher, tapferer und aufrichtiger waren als sie, ging sie in der Kenntnis des Bösen bis ans Ende.

Es war dies die Aufgabe der Literatur, der Phantasie, des Traums. Ihr Leben, das mit dreißig Jahren endete, hielt sie von allen Möglichkeiten fern. Sie wurde 1818 geboren und kam selten aus dem ländlichen Pfarrhaus in Yorkshire heraus, in der Heide, wo die Herbheit der Landschaft im Einklang mit der des irischen Pastors stand, welcher ihr nur eine rauhe Erziehung zu geben vermochte, der die mütterliche Milde abging. Ihre Mutter starb früh, und ihre beiden Schwestern waren selbst von strenger Natur. Einzig ein verkommener Bruder frönte der Romantik des Unglücks. Bekanntlich lebten die drei Brontë-Schwestern nicht nur in der Kargheit eines Pfarrhauses, sondern zugleich im hitzigen Tumult literarischen Schaffens. Der tägliche Umgang verband sie, ohne daß Emily jedoch ihre geistige Einsamkeit preisgegeben hätte, in der die Gespenster ihrer Einbildungskraft Gestalt gewannen. Von verschlossenem Wesen, scheint sie äußerlich die Sanftheit in Person gewesen zu sein, gütig, tätig, hingebungsvoll.

Sie lebte in einer Art Schweigen, das nach außen allein die Literatur durchbrach. Am Morgen ihres Todes, nach einer kurzen Lungenkrankheit, stand sie wie gewöhnlich auf, ging zu den Ihren hinunter, sagte nichts, und ohne sich wieder niedergelegt zu haben, hauchte sie vor Mittag ihre Seele aus. Sie hatte keinen Arzt gewollt.

Sie hinterließ eine kleine Anzahl Gedichte und eines der schönsten Bücher der Weltliteratur, ‹Wuthering Heights›.[1]

Vielleicht die schönste, die am tiefsten gewaltsame aller Liebesgeschichten...

Denn das Schicksal, das anscheinend wollte, daß Emily Brontë, obgleich schön, nicht das Geringste von der Liebe erfuhr, wollte auch, daß sie eine angstvolle Kenntnis von der Leidenschaft habe: eine Kenntnis, die Liebe nicht allein mit Lichtem verbindet, sondern mit Gewalt und Tod – weil der Tod offenbar die Wahrheit der Liebe ist, wie umgekehrt die Liebe die Wahrheit des Todes.

EROTIK IST DAS JASAGEN ZUM LEBEN BIS IN DEN TOD

Wenn ich von Emily Brontë spreche, muß ich zunächst ein Postulat erschöpfend darstellen.

Erotik ist, glaube ich, das Jasagen zum Leben bis in den Tod. Die Sexualität impliziert den Tod, nicht nur in dem Sinne, daß die Neuankömmlinge die Verstorbenen weiterführen und ersetzen, sondern weil sie den Einsatz des Lebens des sich fortpflanzenden Wesens bedeutet. Sich fortpflanzen heißt verschwinden, und die einfachsten geschlechtslosen Wesen vergehen, wenn sie sich fortpflanzen. Sie sterben nicht, wenn man unter Sterben den Übergang vom Leben zur Verwesung versteht, aber der, der war, hört durch die Fortpflanzung auf, der zu sein, der er war (da er sich

1. Bekanntlich wurde *Wuthering Heights* zuerst unter dem Titel *Les Hauts de Hurlevent* (Übersetzung Delebecque) ins Französische übertragen. ‹Wuthering Heights› heißt in der Tat ‹Sturmumtobte Höhen›, es ist der Name des abgeschiedenen Hauses, des verfluchten Hauses, das im Mittelpunkt der Erzählung steht. [Deutsche Ausgabe: *Die Sturmhöhe* (aus dem Englischen von Grete Rambach), erstmals Leipzig 1938, Frankfurt/M.: Insel 1975. A.d.Ü.]

verdoppelt). Der individuelle Tod ist nur ein Aspekt der exzessiven Vermehrung des Lebendigen. Die geschlechtliche Fortpflanzung ist selbst nichts als ein Aspekt, der komplizierteste, der Unsterblichkeit des Lebens, die in der ungeschlechtlichen Fortpflanzung garantiert ist. Der Unsterblichkeit, aber gleichzeitig des individuellen Todes. Kein Tier kann zur geschlechtlichen Fortpflanzung gelangen, ohne sich der Bewegung hinzugeben, deren Endform der Tod ist. Auf alle Fälle ist die Grundlage des sexuellen Sichverströmens die Negation der Isolierung des Ichs, welches das beseligende Schwinden der Sinne nur dann erfährt, wenn es über sich hinausgeht, sich überschreitet in der Umarmung, in der sich die Einsamkeit des Einzelnen verliert. Ob es um reine Erotik (leidenschaftliche Liebe) oder körperliche Sinnlichkeit geht, die Intensität steigert sich in dem Maße, wie die Zerstörung, der Tod des Menschen fühlbar wird. Was man das Laster nennt, entspringt aus dieser tiefen Einbeziehung des Todes. Und die Qual der unverkörperten Liebe ist desto symbolischer für die letzte Wahrheit der Liebe, je mehr der Tod an die Liebenden herantritt und sie überfällt.

Von keiner Liebe unter Sterblichen kann dies so treffend gesagt werden wie von der Verbindung der Helden von ‹Wuthering Heights›, Catherine Earnshaw und Heathcliff. Niemand stellte diese Wahrheit kraftvoller dar als Emily Brontë. Nicht etwa, daß sie sie in der expliziten Form gedacht hätte, die ich ihr in meiner Schwerfälligkeit verleihe. Sondern weil sie sie *tödlich,* gewissermaßen göttlich empfand und gestaltete.

DIE KINDHEIT, DIE VERNUNFT UND DAS BÖSE

Die tödliche Heftigkeit von ‹Wuthering Heights› ist so gewaltig, daß es meiner Meinung nach sinnlos wäre, darüber zu sprechen, ohne dem von ihr aufgeworfenen Problem auf den Grund zu gehen, sofern dies möglich ist.

Ich habe das Laster (das nach verbreiteter Ansicht die bezeichnende Form des Bösen war und sogar noch ist) mit den Qualen der reinsten Liebe in Verbindung gebracht.

Dieser paradoxe Vergleich kann peinliche Mißverständnisse hervorrufen; ich werde mich bemühen, ihn zu rechtfertigen.

Selbst wenn die Beziehungen zwischen Catherine und Heathcliff die Sinnlichkeit in der Schwebe lassen, stellt ‹Wuthering Heights› im Hinblick auf die Leidenschaft die Frage nach dem Bösen. Als ob das Böse das stärkste Mittel zum Ausdruck der Leidenschaft wäre.

Sieht man von den sadistischen Formen des Lasters ab, so erscheint das Böse, wie es sich in Emily Brontës Buch verkörpert, vielleicht in seiner vollkommensten Form.

Handlungen, deren Zweck ein Profit, ein materieller Vorteil ist, können wir nicht als repräsentativ für das Böse ansehen. Der Profit ist wohl egoistisch, aber unwesentlich, wenn wir davon anderes erwarten als das Böse selbst, nämlich einen Nutzen. Dem Sadismus dagegen ist daran gelegen, die Betrachtung der Zerstörung zu genießen, wobei der Tod eines Menschen die bitterste Zerstörung darstellt. Der Sadismus ist das Böse: wenn man um eines materiellen Vorteils willen tötet, ist dies nur dann das wirkliche Böse, das reine Böse, wenn der Mörder über den berechneten Nutzen hinaus seinen Totschlag genießt.

Zu einer besseren Veranschaulichung von Gut und Böse muß ich zur Anfangssituation von ‹Wuthering Heights› zurückkehren, zur Kindheit, aus der die Liebe zwischen Catherine und Heathcliff in ihrer Lauterkeit stammt. Es ist das Leben in wilden Streifzügen durch die Heide, in der Vertrautheit der beiden Kinder, die kein Zwang behinderte, keine Konvention (außer jener, die dem freien Spiel der Sinnlichkeit entgegensteht; doch in ihrer Unschuld siedelte sich die unzerstörbare Liebe der beiden Kinder auf einer anderen Ebene an). Vielleicht läßt sich diese Liebe sogar auf die Weigerung zurückführen, auf die Freiheit einer wilden Kindheit zu verzichten, die noch nicht von den Gesetzen der Gesellschaftsfähigkeit und konventionellen Höflichkeit beeinträchtigt war. Die Bedingungen dieses wilden Lebens (außerhalb der Welt) sind elementar. Emily Brontë macht sie fühlbar – es sind gerade die Bedingungen der Poesie, einer unvorsätzlichen Poesie, der sich zu verschließen beide Kinder ablehnten. Die Gesellschaft setzt dem freien Spiel der Unbefangenheit die auf Vorteilsberechnung gegründete Vernunft entgegen. Die Gesellschaft richtet sich so ein, daß ihr Überdauern ermöglicht wird. Sie könnte nicht leben, wenn sich die Souveränität jener spontanen Antriebe der Kindheit durchsetzte, welche die Kinder in einem Gefühl der Komplicenschaft aneinander banden. Der gesellschaftliche Zwang hätte von den jungen Wildfängen verlangt, ihre unbefangene Souveränität aufzugeben, er hätte von ihnen Unterwerfung unter die vernünftigen Konventionen der Erwachsenen gefordert: vernünftig, da auf den Vorteil des Gemeinwesens hin berechnet.

Im Buch Emily Brontës tritt dieser Gegensatz deutlich zutage. Wie Jacques Blondel bemerkt, ist festzuhalten, daß «im Leben von Catherine und Heathcliff die Gefühle im Kindesalter fixiert werden».[2] Wenn jedoch die Kinder glücklicherweise die Fähigkeit haben, die Welt der Erwachsenen eine Zeitlang zu vergessen, so sind sie nichtsdestoweniger dieser Welt versprochen. Die Katastrophe trifft ein. Heathcliff, das Findelkind, ist gezwungen, dem Zauberreich der Heidestreifzüge mit Catherine zu entfliehen. Und trotz ihres anhaltenden Ungestüms verleugnet diese die Ungezähmtheit ihrer Kindertage: sie läßt sich gewinnen von einem bequemen Leben, dessen Verlockung ihr in Gestalt eines jungen, reichen und sensiblen Gentleman entgegentritt. Genaugenommen ist die Ehe Catherines mit Edgar Linton zweideutiger Natur, denn es ist keine ausgesprochene Erniedrigung. Die Welt von Thrushcross Grange, wo Linton und Catherine unweit von Wuthering Heights leben, bedeutet in der Vorstellung Emily Brontës keine kleinkarierte Welt. Linton ist großzügig, er hat den natürlichen Stolz der Kindheit nicht aufgegeben, aber er macht Zugeständnisse. Seine Souveränität steht über den materiellen Verhältnissen, die er genießt, die er aber nicht genießen könnte, wenn nicht ein grundsätzliches Einverständnis mit der heilen Welt der Vernunft vorhanden wäre. Nicht zu Unrecht glaubt daher der reich von einer langen Reise zurückgekehrte Heathcliff, daß Catherine das absolut souveräne Reich der Kindheit verraten habe, dem sie wie er mit Leib und Seele *gehörte*.

Ich habe unbeholfen eine Geschichte nachgezeichnet, in der die hemmungslose Gewalttätigkeit Heathcliffs durch die Ruhe und Einfachheit der Erzählerin wiedergegeben wird...

Thema des Buches ist die Auflehnung des Verdammten, den das Geschick aus seinem Reich vertrieben hat und der sich durch nichts in dem brennenden Verlangen behindern läßt, das verlorene Reich wiederzufinden.

2. Jacques Blondel, *Emily Brontë. Expérience spirituelle et création poétique*, Paris: P.U.F. 1955, S. 406.

Ich verzichte darauf, eine Reihe von Episoden im einzelnen zu beschreiben, deren Intensität fasziniert. Ich beschränke mich auf den Hinweis, daß weder Gesetz noch Gewalt, weder Konvention noch Mitleid das Toben Heathcliffs auch nur einen Augenblick aufhalten: selbst der Tod nicht, da er ja ohne Gewissensbisse in seiner Leidenschaft die Ursache der Krankheit und des Sterbens von Catherine ist, die er doch für die Seinige hält.

Ich werde auf den moralischen Sinn der Revolte näher eingehen, die in der Vorstellung und im Traum Emily Brontës geboren wurde.

Diese Revolte ist die des Bösen gegen das Gute.

Sie ist ausdrücklich unvernünftig.

Was bedeutet dieses Reich der Kindheit, dem zu entsagen der dämonische Wille Heathcliffs sich weigert, wenn nicht das *Unmögliche* und den Tod? Gegen diese reale Welt, die die Vernunft beherrscht, die der Überlebenswille begründet, gibt es zwei Möglichkeiten der Revolte. Die verbreitetste, die heutige, äußert sich in der Bestreitung ihrer Vernünftigkeit. Es ist leicht einzusehen, daß das Prinzip dieser realen Welt nicht eigentlich die Vernunft ist, sondern eine Vernunft, welche sich abfindet mit der aus den Gewaltakten und kindischen Anwandlungen der Vergangenheit stammenden Willkür. Eine solche Revolte entfacht den Kampf des Guten gegen das Böse, das in diesen Gewaltakten oder nichtigen Anwandlungen zum Ausdruck kommt. Heathcliff verurteilt die Welt, der er sich widersetzt: da er sie bekämpft, kann er sie gewiß nicht mit dem Guten identifizieren. Aber wenn er sie auch wütend bekämpft, so doch hellsichtig: er weiß, daß sie das Gute und die Vernunft repräsentiert. Er haßt Menschlichkeit und Güte, für die er nur Sarkasmen übrig hat. Unabhängig von der Erzählung – und vom Banne der Erzählung – gesehen, würde sein Charakter sogar künstlich, fabriziert erscheinen. Er geht aber aus dem Traum, nicht aus der Logik der Autorin hervor. In der Romanliteratur gibt es keine Gestalt, die sich wirklicher und natürlicher aufzwänge als Heathcliff, obgleich sie eine einfache Wahrheit verkörpert, das gegen die Welt des Guten, gegen die Welt der Erwachsenen rebellierende Kind, das durch seine rückhaltlose Empörung der Partei des Bösen geweiht ist.

In dieser Revolte gibt es kein Gesetz, das Heathcliff nicht zu übertreten beliebte. Er bemerkt, daß die Schwägerin Catherines in ihn verliebt ist: er heiratet sie auf der Stelle, um dem Gemahl Catherines möglichst viel Kummer zu bereiten. Er entführt sie, um sie gleich nach der Hochzeit zu verhöhnen. Dann treibt er sie durch seine rücksichtslose Behandlung zur Verzweiflung. Nicht zu Unrecht stellt Jacques Blondel[3] eine Beziehung zwischen den beiden folgenden Zitaten Sades und Emily Brontës her. Sade legt einem der Peiniger der Justine den Ausspruch in den Mund: «Welch wollüstiges Tun ist die Zerstörung. Ich kenne keines, das köstlicher kitzelte; keine Ekstase ist jener vergleichbar, die man bei Ausübung dieser göttlichen Infamie empfindet.» Emily Brontë läßt ihrerseits Heathcliff sagen: «Wäre ich in einem Land mit weniger strengen Gesetzen und weniger delikatem Geschmack geboren, würde ich mir das Vergnügen leisten, diese beiden einer langsamen Vivisektion zu unterziehen, um einen unterhaltsamen Abend zu verbringen.»

EMILY BRONTË UND DIE TRANSGRESSION

Allein schon die Erfindung einer so völlig dem Bösen ergebenen Figur würde von seiten eines sittenstrengen, unerfahrenen Mädchens ein Paradox darstellen. Beunruhigend ist die Erfindung Heathcliffs aber vor allem aus einem anderen Grund.

Catherine Earnshaw selbst ist absolut moralisch, sogar in dem Maße, daß sie daran stirbt, sich nicht von dem losreißen zu können, den sie als Kind liebte. Und obwohl sie weiß, daß er ganz und gar vom Bösen durchdrungen ist, liebt sie ihn so sehr, daß sie von ihm den entscheidenden Satz sagt: *«I am Heathcliff»* («Ich bin Heathcliff»).

Damit ist das authentische Böse nicht nur der Traum des Bösewichts, sondern gewissermaßen der Traum des Guten. Der Tod ist die erstrebte, ersehnte Strafe für diesen wahnsinnigen Traum, aber nichts kann bewirken, daß er nicht geträumt werde. Die unglückliche Catherine Earnshaw träumte ihn, aber das gilt gleichermaßen von Emily Brontë. Wie sollte man bezweifeln, daß sie, die am Erleben der von ihr beschriebenen Seelenzustände starb, sich irgendwie mit Catherine Earnshaw identifizierte?

3. Ebd., S. 386.

In ‹Wuthering Heights› findet sich ein Ablauf, der sich mit dem der griechischen Tragödie vergleichen läßt, und zwar in dem Sinne, daß das Thema des Romans die tragische Transgression des Gesetzes ist. Der Dichter der Tragödie stand im Einklang mit dem Gesetz, dessen Übertretung er beschrieb, aber er erweckte Erschütterung durch die Sympathie, die er für den Gesetzesbrecher empfand und die er mitteilte. In beiden Fällen ist die Sühne an die Transgression gebunden. Heathcliff erfährt vor seinem Tod, im Sterben, ein seltsames Glücksgefühl, aber dieses Glücksgefühl erschreckt, es ist tragisch. Catherine, die Heathcliff liebt, stirbt daran, das Gesetz der Treue übertreten zu haben, wenn nicht im Fleische, so doch im Geiste, und ihr Tod ist die «ewige Qual», die Heathcliff für seine Gewalttätigkeit erleidet.

Wie in der griechischen Tragödie wird das Gesetz in ‹Wuthering Heights› nicht an sich angezweifelt; was es untersagt, ist jedoch kein Bereich, der den Menschen nichts anginge. Der verbotene Bereich ist der tragische Bereich oder, besser, der heilige Bereich. Die Menschheit schließt ihn zwar aus, aber nur, um ihn zu verherrlichen. Das Verbot vergöttlicht dasjenige, dessen Zugang es verwehrt. Es unterwirft diesen Zugang der Sühne – dem Tod –, aber das Verbot stellt nichtsdestoweniger eine Einladung dar, nicht nur ein Hindernis. Die Lehre von ‹Wuthering Heights›, die der griechischen Tragödie – und darüberhinaus jeder Religion – besteht darin, daß es eine Triebkraft göttlicher Trunkenheit gibt, die die berechnende Vernunftwelt nicht ertragen kann. Diese Triebkraft läuft dem Guten zuwider. Das Gute gründet sich auf die Sorge um das Gemeinwohl, die wesentlich auf die Zukunft ausgerichtet ist. Die mit dem spontanen Antrieb der Kindheit verwandte göttliche Trunkenheit lebt ganz in der Gegenwart. In der Kindererziehung stellt die Bevorzugung des gegenwärtigen Augenblicks die übliche Definition des Bösen dar. Die Erwachsenen verbieten denen, die zur «Reife» gelangen sollen, das göttliche Reich der Kindheit. Aber wenn sie auch unvermeidlich sein mag, die Verdammung des gegenwärtigen Augenblicks zugunsten der Zukunft wird zum Unsinn, wenn sie endgültig ist. Den einfachen – und gefährlichen – Zugang dazu zu untersagen, ist ebenso notwendig, wie den Bereich des Augenblicks (das Reich der Kindheit) wiederzufinden, was eine vorübergehende Transgression des Verbots erfordert.

Die vorübergehende Transgression ist um so freier, je mehr das

Verbot für unantastbar erachtet wird. Somit erklären sich Emily Brontë wie Catherine Earnshaw, die beide im Licht der Transgression – und der Sühne – erscheinen, weniger durch die Moral als durch eine Hypermoral. Eine Hypermoral bewirkt die Herausforderung an die Moral, die der *erste* Sinn von ‹Wuthering Heights› ist. Ohne auf die hier entwickelten allgemeinen Ideen zurückzugreifen, hat Jacques Blondel das richtige Gespür für diesen Zusammenhang, wenn er schreibt: «Emily Brontë zeigt sich... befähigt zu einer Befreiung, die sie aller ethischen oder sozialen Vorurteile entledigt. So entwickeln sich mehrere Leben, einer vielfältigen Garbe gleich, deren jedes, wenn man an die Hauptdarsteller des Dramas denkt, eine völlige Befreiung von Gesellschaft und Moral zum Ausdruck bringt. Hier finden wir den Willen zum Bruch mit der Welt, um das Leben in seiner Fülle besser zu umfassen und in der künstlerischen Schöpfung das zu entdecken, was die Wirklichkeit verweigert. Es ist das Erwachen, der eigentliche Einsatz ungeahnter Möglichkeiten. Daß diese Befreiung eine Notwendigkeit für jeden Künstler ist, läßt sich nicht bestreiten; *sie kann von jenen intensiver erlebt werden, in denen die ethischen Werte am stärksten verankert sind.*»[4] Diese innere Übereinstimmung zwischen Transgression des Moralgesetzes und Hypermoral macht schließlich den *tieferen Sinn* von ‹Wuthering Heights› aus. An anderer Stelle[5] hat Jacques Blondel eingehend die religiöse Welt beschrieben, in der sich die junge Emily Brontë entwickelte, den von den Relikten eines überspannten Methodismus beeinflußten Protestantismus. Moralische Unerbittlichkeit und Strenge erstickten diese Welt. Die Strenge in der Haltung Emily Brontës unterscheidet sich jedoch von derjenigen, auf der die griechische Tragödie aufbaut. Die Tragödie siedelt sich auf der Ebene elementarer religiöser Verbote an, wie dem von Mord oder Inzest, die die Vernunft nicht rechtfertigt. Emily Brontë hatte sich von der Orthodoxie emanzipiert; sie ließ die Einfachheit und Naivität des Christentums hinter sich, bewahrte aber die religiöse Einstellung ihrer Familie. Vor allen Dingen in dem Maße, wie das Christentum unverbrüchliche Treue zum vernunftbegründeten Guten ist. Das von Heathcliff gebrochene Gesetz – das die ihn wider Willen liebende Catherine Earnshaw mit ihm bricht – ist vor allem das Gesetz der Vernunft, zumindest das Gesetz einer Gemein-

4. Ebd., S. 406. Hervorhebung von mir.
5. Ebd., S. 109–118.

schaft, welches das Christentum auf einer Übereinkunft zwischen primitivem religiösem Verbot, Heiligem und Vernunft aufbaut.[6] Als Urgrund des Heiligen steht der christliche Gott teilweise über den willkürlichen Gewaltakten, die in der Frühzeit die Grundlage des Göttlichen ausmachten. Unter diesen Umständen war es zu einer Verlagerung gekommen: was das primitive Verbot im wesentlichen ausschließt, ist die Gewalt (in der Praxis hat die Vernunft denselben Sinn wie das Verbot, das primitive Verbot selbst weist im Grunde eine entfernte Entsprechung mit der Vernunft auf). Im Christentum ist das Verhältnis zwischen Gott und Vernunft nicht geklärt – eine Unklarheit, die übrigens Unbehagen erzeugt, daher die dagegen gerichteten Bemühungen, des Jansenismus zum Beispiel. Was am Ende der langen christlichen Unklarheit in der Einstellung Emily Brontës hervorbricht, ist – dank einer unerschütterlichen moralischen Festigkeit – der Traum von einer heiligen Gewalt, die kein Kompromiß, kein Übereinkommen mit der etablierten Gesellschaft dämpfte.

Der Weg ins Reich der Kindheit, das Arglosigkeit und Unschuld bestimmen, ist auf diese Weise wiedergefunden, *in den Schrecken der Sühne.*

Die Reinheit der Liebe ist wiedergefunden in ihrer innersten Wahrheit, die, wie gesagt, die des Todes ist.

Der Tod und der *Augenblick* einer göttlichen Trunkenheit verschmelzen insofern, als sie sich beide den auf Vernunftberechnung gegründeten Zwecksetzungen des Guten entgegenstellen. Doch indem sie sich ihnen entgegenstellen, sind sie zugleich das letzte Ziel und Ende aller Berechnungen. Und der Tod ist Ausdruck des Augenblicks, der eben als Augenblick auf ein berechnendes Trachten nach Dauer verzichtet. Der Augenblick des neuen individuellen Wesens hing vom Tod der Verstorbenen ab. Wenn letztere nicht verschwunden wären, hätte es an Platz für die Neuankömmlinge gefehlt. Fortpflanzung und Tod bedingen die unsterbliche Erneuerung des Lebens; sie bedingen den ewig neuen Augenblick. Deshalb können wir nur eine tragische Auffassung vom Zauber des Lebens haben, aber deshalb auch ist die Tragödie Ausdruck des Zaubers.

6. Es steht fest, daß sich die Vernunft im Christentum mit den gesellschaftlichen Konventionen, das heißt den schlechten Angewohnheiten, arrangiert.

Möglicherweise verkündet dies die gesamte Romantik[7], am menschlichsten aber das späte Meisterwerk ‹Wuthering Heights›.

LITERATUR, FREIHEIT UND MYSTISCHE ERFAHRUNG

Das Bemerkenswerteste an dieser Lehre ist, daß sie sich nicht wie das Christentum – oder die antike Religion – an ein geordnetes Gemeinwesen richtet, dessen Grundlage sie geworden wäre, sondern an den isolierten, verlorenen Einzelnen, dem sie nur im Augenblick etwas gewährt: sie ist nichts als *Literatur*. Die freie, unorganische Literatur ist ihr Wirkungsbereich. Aus diesem Grund ist sie weniger als die Lehre der heidnischen Weisheit oder der Kirche genötigt, Zugeständnisse an die gesellschaftliche Notwendigkeit zu machen, die häufig in Konventionen (schlechten Angewohnheiten), aber auch in der Vernunft zum Ausdruck kommt. Die Literatur allein konnte den Mechanismus der Gesetzestransgression – ohne die das Gesetz keinen Sinn hätte – *unabhängig von einer zu schaffenden Ordnung* aufdecken. Es kann nicht Aufgabe der Literatur sein, die kollektive Notwendigkeit zu regulieren. Eine Schlußfolgerung wie: «Was ich gesagt habe, verpflichtet uns zur unbedingten Beobachtung der Gesetze des Gemeinwesens» liegt ihr fern, ebenso wie die des Christentums: «Was ich gesagt habe (die Tragödie des Evangeliums), verpflichtet uns zum Weg des Guten» (das heißt eigentlich zum Weg der Vernunft). Die Literatur stellt wie die Transgression des moralischen Gesetzes eine Gefahr dar.

Da sie unorganisch ist, ist sie nicht verantwortlich. Nichts beruht auf ihr. Sie kann alles sagen.

Oder vielmehr wäre sie eine große Gefahr, wäre sie nicht (soweit sie *authentisch* ist und im ganzen genommen) die Ausdrucksform jener, «in denen die ethischen Werte am stärksten verankert sind». Dies ist insofern nicht selbstverständlich, als der Aspekt der Empörung häufig am auffälligsten ist, während doch die eigentliche Aufgabe der Literatur nur im Streben nach echter Kommuni-

7. Jacques Blondel hat den Einfluß der Romantik auf Emily Brontë nachgewiesen, insbesondere Byrons, den sie sicher gelesen hatte.

kation mit dem Leser gesehen werden kann. (Ich spreche nicht von den Büchermassen, die der Menge billig Sand in die Augen streuen sollen.)

Tatsächlich steht die seit der Romantik mit dem Niedergang der Religion verknüpfte Literatur (weil sie in weniger gewichtiger, weniger unvermeidlicher Form versucht, unauffällig das Erbe der Religion einzufordern) nicht so sehr dem Inhalt der Religion als vielmehr dem der Mystik nahe, die in ihren Randbereichen ein fast asozialer Aspekt davon ist. Gleicherweise steht die Mystik jener Wahrheit näher, die ich darzulegen bemüht bin. Unter Mystik verstehe ich nicht die Denksysteme, denen diese verschwommene Bezeichnung verliehen wurde; ich meine die mystische Erfahrung, die in der Einsamkeit erlebten mystischen Zustände. In solchen Zuständen wird uns die Erkenntnis einer Wahrheit zuteil, die anders ist als die an die Wahrnehmung der Objekte gebundene (dann an die des Subjekts, letztlich an die verstandesmäßigen Folgen der Wahrnehmung). Aber diese Wahrheit ist keine formale. Die kohärente Rede wird ihr nicht gerecht. Sie wäre sogar nicht mitteilbar, wenn wir nicht über zwei Zugänge zu ihr verfügten: die Poesie und die Beschreibung der Bedingungen, unter denen man gewöhnlich zu solchen Zuständen gelangt.

Diese Bedingungen entsprechen durchaus den von mir behandelten Motiven, die die wahre literarische Emotion begründen. Es ist immer der Tod – zumindest der Zusammenbruch des Systems des isolierten Individuums, das Glück in der Dauer sucht –, der den Umbruch herbeiführt, ohne den niemand den Zustand der Verzückung erreicht.[8] Wiedergefunden wird in dieser Bewegung von Umbruch und Tod stets die Unschuld und Trunkenheit eines Wesens. Das isolierte Wesen *verliert sich* in etwas, das anders ist als es selbst. Die Vorstellung von diesem Anderen ist dabei unwichtig. Es ist immer eine Wirklichkeit, die über die normalen Gren-

8. Die christliche Mystik beruht auf dem «Sichselbststerben». Die orientalische Mystik hat die gleichen Grundlagen. «Für Indien», schreibt Mircea Eliade, «äußert sich die metaphysische Erkenntnis in Begriffen von Umbruch und Tod ... und diese Erkenntnis bedingt ... eine mystische Aufeinanderfolge ... Der Yogi ist bemüht, sich vom profanen Zustand zu lösen ... er träumt davon, diesem Leben zu sterben. In der Tat erleben wir den *Tod* und eine *Wiedergeburt* zu einer anderen Seinsweise: jener, die man sich als Erlösung vorstellt.» *(Le Yoga. Immortalité et liberté,* Paris: Payot 1954, S. 18 f.)

zen hinausgeht. Sogar so ungeheuer unbegrenzt, daß sie vor allem kein Ding ist: sie ist *nichts.* «Gott ist ein Nichts», sagt Meister Eckehart. Ist das «geliebte Wesen» im Bereich des täglichen Lebens nicht die Aufhebung der Grenzen der anderen (das einzige Wesen, in dem wir die Grenzen des in eine erstickende Isoliertheit gepferchten Individuums nicht mehr oder doch weniger stark empfinden)? Eine besondere Eigenheit des mystischen Zustands ist die Neigung, das vielgestaltige Bild der Welt radikal – systematisch – auszumerzen, in der sich das individuelle Dasein im Streben nach Dauer ansiedelt. In einem unmittelbaren Impuls (wie dem der Kindheit oder der Leidenschaft) kennt die Bemühung keine Systematik: das Durchbrechen der Grenzen ist passiv, nicht das Ergebnis eines intellektuell angespannten Willens. Nur daß das Bild von dieser Welt ohne Kohärenz ist oder, wenn es seinen Zusammenhalt schon gefunden hat, von der Intensität der Leidenschaft überbordet wird: die Leidenschaft strebt zwar nach einer Dauer der Lust des Selbstverlusts, ist aber ihr erster Impuls nicht das Vergessen seiner selbst um des anderen willen? Wir können nicht an der fundamentalen Einheit all jener Vorgänge zweifeln, durch die wir der Vorteilsberechnung entrinnen, in denen wir die Intensität des gegenwärtigen Augenblicks spüren. Die Mystik steht über der Spontaneität der Kindheit, wie auch über dem zufälligen Zustand der Leidenschaft. Sie entlehnt jedoch die Beschreibung der Trance dem Vokabular der Liebe, und die von der diskursiven Reflexion befreite Kontemplation besitzt die Einfachheit eines Kinderlachens.

Es ist, glaube ich, entscheidend, die verwandten Aspekte einer modernen literarischen Tradition und des mystischen Lebens zu betonen. Im Fall von Emily Brontë drängt sich der Vergleich übrigens auf.

Insbesondere das kürzlich erschienene Werk Jacques Blondels spricht nachdrücklich von ihrer *mystischen Erfahrung,* als ob Emily Brontë wie Therese von Avila Visionen, Augenblicke der Ekstase gehabt hätte. Jacques Blondel geht vielleicht – ohne viele Beweise – etwas weit. Kein Zeugnis, keine Tatsachen stützen seine Interpretation, die er eigentlich nur entwickelt. Andere hatten schon vor ihm das Gefühl gehabt, daß es gemeinsame Züge gebe zwischen den spirituellen Exzessen einer heiligen Therese und jenen, die Emily Brontë in ihrer Poesie zum Ausdruck brachte. Es ist nichtsdestoweniger zweifelhaft, ob die Autorin von ‹Wuthering Heights› die methodische Selbstversenkung gekannt hat, die eine dezidierte *mystische Erfahrung* im wesentlichen und ursprünglich ausmacht. Jacques Blondel beruft sich auf eine Reihe von Gedichtstellen, die in der Tat heftige Gefühlsbewegungen und trübe Seelenzustände beschreiben, die allen Möglichkeiten eines angsterfüllten, zu größter Überschwenglichkeit gesteigerten spirituellen Lebens entsprechen. Sie bringen eine unendlich tiefe, unendlich gewaltsame Erfahrung der Leiden und Freuden der Einsamkeit zum Ausdruck. Nichts erlaubt im Grunde, eine solche Erfahrung, wie die poetische Ausdrucksweise sie manchmal vorbereitet und mit sich bringt, deutlich zu unterscheiden von einem geregelteren Streben, das den Prinzipien einer Religion oder zumindest einer (positiven oder negativen) Weltanschauung unterworfen ist. In gewissem Sinne sind sogar die zügellosen, vom Zufall geleiteten Aufschwünge, die sich nie von einem zusammenhanglosen Denken befreien, manchmal die ergiebigsten. Die Welt, die uns die Gedichte – verschwommen – enthüllen, ist gewiß maßlos, und sie bestürzt. Wir können sie um einer Definition willen jedoch nicht zu eng mit der relativ bekannten Welt in Verbindung bringen, die die großen Mystiker beschrieben haben. Es ist eine unruhigere, unbändigere Welt, deren Gewalt nicht in einer langsamen, allmählich erlebten Erleuchtung aufgeht. Es ist, kurz gesagt, eine Welt, die der unsagbaren Qual nähersteht, welche ‹Wuthering Heights› zum Ausdruck bringt.

«Doch wollt ich keinen Stachel missen, wünschte nicht weniger Qual;
Je größer die Marter der Furcht, desto eher wird sie beseligen;
Und gekleidet in Feuer der Hölle oder strahlend in himmlischem Glanz,
Verkündet sie nur den Tod, ist die Erscheinung göttlich.»[9]

9. *The Prisoner.* [«Yet I would lose no sting, would wish no torture less;/The more that anguish racks the earlier it will bless;/And robed in fires of Hell, or bright with heavenly shine,/If it but herald Death, the vision is divine.» *The Complete Poems of Emily Jane Brontë,* ed. by C.W. Hatfield, London: Oxford University Press 1952, S. 239. A.d.Ü.]

Dies sind meiner Ansicht nach die Verse, die das eindringlichste und persönlichste Bild von der Eigenart der Poesie Emily Brontës vermitteln, einer Poesie, die Seelenzustände beschreibt.

Es ist letztlich nebensächlich, ob Emily Brontë das, was wir mystische Erfahrung nennen, gekannt hat oder nicht. Den tiefsten Sinn dieser Erfahrung erreichte sie offenbar.

«Alles läßt uns glauben», schreibt André Breton, «daß es einen bestimmten geistigen Standort gibt, von dem aus Leben und Tod, Reales und Imaginäres, Vergangenes und Zukünftiges, Mitteilbares und Nicht-Mitteilbares ... nicht mehr als widersprüchlich empfunden werden.»[10]

Ich füge hinzu: Gutes und Böses, Schmerz und Freude. Dieser Standort wird sowohl von einer gewaltsamen Literatur als auch von der Gewalt der mystischen Erfahrung bezeichnet. Der Weg dorthin ist nicht so wichtig: wichtig ist allein der Standort.

Von Bedeutung ist aber auch die Feststellung, daß ‹Wuthering Heights›, das gewaltsamste und poetischste der Werke Emily Brontës, der Name jener «Höhen» ist, wo sich die Wahrheit offenbart. Es ist der Name eines verfluchten Hauses, in das der dort aufgenommene Heathcliff das Unheil trägt. Ein eindrucksvolles Paradox ist, daß die Menschen fern von diesem verfluchten Ort dahinsiechen.[11] In der Tat ist die dort mit Heathcliff herrschende Gewalt gleichzeitig Prinzip eines Unglücks und eines Glücks, welche nur «die Gewaltsamen entzücken». Das Ende der äußerst düsteren Erzählung Emily Brontës bildet das plötzliche Auftauchen eines zarten Lichtstrahls.

Insofern der Mensch im Schatten der Gewalt steht, insofern er dem Tod ins Auge sieht, ist das Leben eine reine Wohltat. Nichts kann es zerstören. Der Tod ist die Bedingung seiner Erneuerung.

DIE BEDEUTUNG DES BÖSEN

In dieser Koinzidenz der Gegensätze ist das Böse nicht mehr das der natürlichen Ordnung unwiderruflich feindliche Prinzip, das es innerhalb der Grenzen der Vernunft darstellt. Da der Tod

10. *Les manifestes du surréalisme.* «Second manifeste» (1930). [Zitiert nach: *Die Manifeste des Surrealismus,* Reinbek: Rowohlt 1968, S. 55. A.d.Ü.]

11. Blondel, op.cit., S. 389.

Voraussetzung für das Leben ist, ist das dem Tod wesentlich verbundene Böse seinerseits, in zweideutiger Weise, eine Grundlage des Daseins. Der Mensch ist dem Bösen nicht geweiht, doch er darf sich nicht durch die Grenzen der Vernunft beschränken lassen, wenn er es vermag. Er muß diese Grenzen zunächst akzeptieren und die Notwendigkeit der Vorteilsberechnung anerkennen. Aber er muß wissen, daß ein unbezwingbarer, ein souveräner Teil seiner selbst den Grenzen der von ihm anerkannten Notwendigkeit entgleitet.

Das Böse, insoweit es eine Verlockung zum Tode ausdrückt, insoweit es eine Herausforderung ist wie in allen Formen der Erotik, wird übrigens immer nur in zweideutiger Weise verurteilt. Es ist das ruhmsüchtig aufgenommene Böse, wie es auf seine Weise das des Krieges ist, unter Bedingungen, die sich heute als katastrophal erweisen. Die Folge des Krieges ist der Imperialismus... Es wäre im übrigen nutzlos zu verschweigen, daß im Bösen stets ein Abgleiten zum Schlimmeren erscheint, welches Angst und Abscheu rechtfertigt. Nichtsdestotrotz unterscheidet sich das im Licht der interesselosen Todesfaszination betrachtete Böse von dem durch egoistisches Interesse motivierten Bösen. Die *niederträchtige* kriminelle Tat steht im Widerspruch zur *leidenschaftlichen*. Das Gesetz verwirft sie beide, doch die menschlichste Literatur ist eine Hochburg der Leidenschaft, welche dennoch dem Fluch nicht entgeht: einzig ein «verfemter Teil» ist dem vorbehalten, was im menschlichen Leben den schwerwiegendsten Sinn hat.[12] Der Fluch ist der am wenigsten illusorische Weg des Segens.

Ein stolzes Geschöpf nimmt die schlimmsten Folgen seiner Herausforderung *loyal* auf sich. Manchmal muß es ihnen sogar entgegengehen. Der «verfemte Teil» ist der des Spiels, des Zufalls, der Gefahr. Er ist außerdem der der Souveränität, aber die Souveränität muß gesühnt werden. Die Welt von ‹Wuthering Heights› ist die einer rauhen, feindlichen Souveränität. Sie ist auch die Welt der Sühne. Nach erfolgter Sühne kommt darin das Lächeln zum Vorschein, dem das Leben gänzlich gleichgültig bleibt.

12. In *La part maudite* (Paris: Minuit 1949) habe ich den Versuch unternommen, die Grundlagen darzustellen, die diese Sehweise in Religions- und Wirtschaftsgeschichte hat. [Deutsche Ausgabe: *Der verfemte Teil* (aus dem Französischen von Traugott König), in: Georges Bataille, *Die Aufhebung der Ökonomie*, München: Matthes & Seitz 1985. A.d.Ü.]

BAUDELAIRE

DER MENSCH KANN SICH NICHT BIS ANS ENDE LIEBEN, WENN ER SICH NICHT VERURTEILT

Sartre hat die moralische Einstellung Baudelaires präzise definiert. «Das Böse um des Bösen willen tun heißt: willentlich genau das Gegenteil von dem zu tun, was man nach wie vor als das Gute anerkennt. Und es heißt: das wollen, was man nicht will, da man nicht aufhört, die schlechten Mächte zu verabscheuen – und das nicht wollen, was man will, da das Gute auch weiterhin als Gegenstand und Ziel des innersten Wollens begriffen wird. Das ist genau die Haltung Baudelaires. Zwischen seinen Taten und denen des gewöhnlichen Schuldigen besteht der gleiche Unterschied wie zwischen den schwarzen Messen und dem Atheismus. Der Atheist kümmert sich nicht um Gott, weil er ein für allemal beschlossen hat, daß es ihn nicht gibt. Der Priester schwarzer Messen hingegen haßt Gott, weil ER liebenswert ist, und verhöhnt ihn, weil ER achtungsgebietend ist. Er setzt seinen Willen daran, die bestehende Ordnung zu leugnen, und bewahrt und bejaht doch gleichzeitig diese Ordnung mehr denn je. Würde er einen Augenblick davon ablassen, sie zu bejahen, so käme sein Bewußtsein wieder in Einklang mit sich selbst, das Böse verwandelte sich mit einem Schlage in das Gute, und indem er allen Ordnungen, die ihren Ursprung nicht in ihm selbst haben, entwüchse, tauchte er im Nichts auf, ohne Gott, ohne Rechtfertigung, mit totaler Verantwortung belastet.»[1] Dieses Urteil läßt sich nicht anfechten.

1. J.-P. Sartre, *Baudelaire*. Précédé d'une note de Michel Leiris, Paris: Gallimard 1946, S. 80 f. Vorliegende Studie über Baudelaire wurde anläßlich der Veröffentli-

Etwas weiter wird Sartres Blickwinkel noch deutlicher: «die Freiheit, wenn sie schwindelerregend sein soll, (muß) sich unaufhörlich ins Unrecht setzen. Nur so ist sie *einzig* in diesem Universum, das ganz auf das Gute ausgerichtet ist. Aber sie muß das Gute anerkennen, aufrechterhalten und bestärken, um sich ins Böse stürzen zu können. Und wer sich verdammt, gelangt zu einer Einsamkeit, die gleichsam ein abgeschwächtes Bild der großen Einsamkeit des wirklich freien Menschen ist... In einem gewissen Sinne ist ein solcher Mensch schöpferisch: in einem Universum, worin ein jedes Element sich der Größe des Ganzen opfert, bringt er eine Eigenart, nämlich die Auflehnung eines Fragmentes, eines Einzelteiles. Dadurch ist etwas hereingekommen, das vorher noch nicht da war, das unaustilgbar ist und von der starren Ökonomie der Welt nicht vorgesehen war: ein Luxuswerk, unverbindlich und nicht vorhersehbar. Man achte hier auf die Beziehung, die zwischen dem Bösen und der Poesie waltet: sobald die Poesie sich das Böse zum Gegenstand wählt, vereinen sich die beiden Arten einer ‹Schöpfung mit begrenzter Verantwortung› und gehen ineinander über. Und schon haben wir eine Blume des Bösen. Aber die vorsätzliche Schaffung des Bösen, das heißt der Sünde, ist Anerkennung und Bejahung des Guten. Indem sie sich selbst böse nennt, huldigt sie dem Guten und gesteht ein, daß sie relativer, abgeleiteter Natur ist und ohne das Gute nicht existieren würde.»[2]

Sartre erwähnt ganz nebenbei und ohne dem besonderes Gewicht beizumessen die Beziehung zwischen dem Bösen und der Poesie. Er zieht keine Konsequenz daraus. Das Element des Bösen ist offenkundig in den Werken Baudelaires. Doch gehört es zum Wesen der Dichtung? Sartre schweigt hierzu. Er bezeichnet nur als Freiheit jenen möglichen Zustand, in dem der Mensch sich nicht mehr auf das traditionelle Gute – oder die etablierte Ordnung – stützt. Verglichen mit dieser *höheren* Position bewertet er die des Dichters als *niedriger*. Baudelaire hat «das Stadium der Kindheit niemals überschritten... Er hat das Genie definiert als ‹die absichtlich wiedergefundene Kindheit›.»[3] Die Kindheit lebt

chung dieses Buches geschrieben. [Dt. Ausg.: *Baudelaire*. Ein Essay. Mit einem Vorwort von Michel Leiris (Üb. v. Beate Möhring), Reinbek b. Hamburg: Rowohlt, 1978, S. 47. Verweise auf die deutsche Ausgabe sind nachstehend in eckigen Klammern angeführt (A.d.Ü.)]

2. Ebd. [S. 47 f.].

im Glauben. Doch «sobald das Kind älter wird, seinen Eltern über den Kopf wächst und ihnen über die Schulter schaut», merkt es: «hinter ihnen ist nichts.»[4] «Pflichten, Riten, genaue und begrenzte Verpflichtungen sind mit einem Schlag verschwunden. Ungerechtfertigt und nicht zu rechtfertigen, erfährt das Kind seine furchtbare Freiheit. Alles steht im Beginn: das Kind taucht plötzlich in der Einsamkeit und im Nichts auf. Das aber will Baudelaire um keinen Preis.»[5]

An anderer Stelle wirft Sartre Baudelaire vor, «daß er eine moralische Lebensführung als Zwang ansieht... und niemals als schmerzhafte Suche...»[6] Doch läßt sich von der Poesie nicht sagen (nicht nur von der Baudelaires), sie sei eine «schmerzhafte Suche», und zwar Suche, nicht Besitz einer moralischen Wahrheit, die Sartre vielleicht zu Unrecht erreicht zu haben glaubt? Unabsichtlich hat Sartre so das Problem der Moral mit dem der Poesie verquickt. Er führt ein späteres Geständnis an (aus einem Brief an Ancelle vom 18. Februar 1866): «Muß ich Ihnen, der Sie es ebensowenig wie die übrigen erraten haben, sagen, daß ich in dieses *furchtbare* Buch *mein ganzes Herz,* all meine *Zärtlichkeit,* meine ganze Religion (verschlüsselt) und meinen ganzen *Haß,* mein ganzes *Unglück* hineingelegt habe? Natürlich werde ich das Gegenteil schreiben, werde bei allen Göttern schwören, daß es ein Werk *reiner Kunst* sei, eine *Affenkomödie,* ein *Jongleurstückchen,* und dabei werde ich lügen wie ein Quacksalber.»[7] Sartre bringt dieses Zitat im Zusammenhang mit dem Nachweis, daß Baudelaire die Moral seiner Richter anerkannte, indem er die ‹Fleurs du Mal› bald als Produkt seiner Laune hinstellte (ein Werk des *l'art pour l'art*), bald als «erbauliches Werk, das dazu bestimmt sei, Abscheu vor dem Laster zu erwecken».[8] Der Brief an Ancelle hat wohl tieferen Sinn als Verstellung; aber Sartre hat ein Problem vereinfacht, das die Grundlagen der Poesie und der Moral in Frage stellt.

Wenn die Freiheit – man gestatte mir, ein Postulat aufzustellen, bevor ich es rechtfertige – das Wesen der Poesie ist, und wenn

3. Ebd., S. 59 [S. 36].
4. Ebd., S. 60 [S. 37].
5. Ebd., S. 61 [S. 37].
6. Ebd., S. 53 [S. 33].
7. Ebd., S. 54 f. [S. 34].
8. Ebd.

andererseits allein die freie, souveräne Lebensart einer «schmerzhaften Suche» wert ist, so werde ich sogleich der Misere der Poesie und der Ketten der Freiheit gewahr. Die Poesie kann die etablierte Ordnung verbal mit Füßen treten, aber sie kann sie nicht ersetzen. Wenn der Abscheu vor einer ohnmächtigen Freiheit den Dichter mannhaft in die politische Aktion treibt, so gibt er die Poesie preis. Doch damit übernimmt er die Verantwortung für die zukünftige Ordnung, er beansprucht die *Leitung* des Handelns, die *höhere Haltung*: und es kann uns nicht entgehen, daß die poetische Haltung, in der wir die Möglichkeit einer *souveränen Haltung* vermuteten, in Wirklichkeit die *niedrigere Haltung* ist, nichts als die eines Kindes, ein Spiel ohne Konsequenzen. Die Freiheit wäre allenfalls eine Macht des Kindes: für den in den Zwangsablauf der Aktion eingespannten Erwachsenen wäre sie nur noch Traum, Wunsch, fixe Idee. (Ist die Freiheit nicht jenes Vermögen, das Gott abgeht, oder das er nur verbal besitzt, da er die Ordnung, die er *ist*, die er gewährleistet, nicht übertreten kann? Die wahre Freiheit Gottes verschwindet vom Standpunkt des Menschen aus, in dessen Augen Satan allein frei ist.) «Aber was ist im Grunde Satan anderes», sagt Sartre, «als ein Symbol für ungehorsame, bockige Kinder, die wollen, daß der Blick des Vaters sie in ihrem besonderen Wesen festhält, und die das Böse im Rahmen des Guten tun, um ihre Besonderheit zu zeigen und sie bestätigen zu lassen?»[9] Selbstverständlich wird die Freiheit des Kindes (oder Satans) durch den Erwachsenen (oder durch Gott) beschränkt, der sie lächerlich (zur Lappalie) macht: das Kind empfindet unter diesen Umständen Gefühle des Hasses und der Empörung, welche durch Bewunderung und Neid gezügelt werden. In dem Maße, wie es in die Empörung gleitet, übernimmt es die Verantwortlichkeit des Erwachsenen. Es hat verschiedene Möglichkeiten, sich etwas vorzumachen: die wichtigsten Vorrechte des Erwachsenen beanspruchen, ohne jedoch die mit ihnen verbundenen Pflichten anzuerkennen (dies ist die naive Einstellung, der Bluff, der eine vollkommene Kindlichkeit voraussetzt); ein freies Leben weiterführen auf Kosten jener, die es amüsiert (diese hinkende Freiheit ist traditionell Sache der Dichter); die anderen und sich selbst mit schönen Reden blenden, die Last einer prosaischen Wirklichkeit durch Emphase mildern. Doch

9. Ebd., S. 114 [S. 63].

diese ärmlichen Formen des Möglichen werden von einem Gefühl des Betrugs sowie von einem üblen Geruch begleitet. Wenn auch das gewissermaßen gewählte und damit *anerkannte* Unmögliche nicht weniger anrüchig ist, wenn die letzte *Unbefriedigung* (jene, mit der der Geist *sich befriedigt*) selbst Betrug ist, so handelt es sich wenigstens um eine privilegierte Erbärmlichkeit, die sich als solche bekennt.

Sie bekennt sich voller Scham. Das Problem, das Sartre ungeschickt aufwirft, ist nicht leicht zu lösen. Wenn die Haltung Baudelaires auch in mancher Hinsicht unglücklich ist, so scheint es am wenigsten menschlich, ihn zu verurteilen. Wir müßten es jedoch, wollen wir uns die beschämende Einstellung Baudelaires nicht zu eigen machen, der es bewußt ablehnt, als tüchtiger, das heißt prosaischer Mensch zu handeln. Sartre hat recht: Baudelaire hat gewählt, schuldig zu sein, wie ein Kind. Doch bevor wir sie als unheilvoll abstempeln, müssen wir uns fragen, um welche Art Wahl es sich eigentlich handle. Erfolgte sie aus einer Verlegenheit heraus, als bloß bedauerlicher Irrtum? Oder fand sie im Gegenteil aus einem Übermaß heraus statt, auf eine vielleicht jämmerliche, aber dennoch entschiedene Weise? Ich frage mich sogar: Ist eine derartige Wahl nicht wesensmäßig die der Poesie? Ist sie nicht *die des Menschen?*

Dies ist das Anliegen meines Buches.

Ich glaube, daß sich der Mensch notwendig gegen sich selbst erhebt und sich nicht anerkennen, sich nicht bis ans Ende lieben kann, wenn er nicht Gegenstand einer Verurteilung ist.

DIE PROSAISCHE WELT DES HANDELNS UND DIE WELT DER POESIE

All dies führt uns in eine Welt, deren Unkenntnis ich Sartre nicht zum Vorwurf machen kann. Diese neue Welt versucht dieses Buch zu entdecken. Sie wird jedoch erst allmählich, langsam zum Vorschein kommen.

«Wenn der Mensch nicht souverän die Augen schlösse», schreibt René Char, «würde er das Sehenswerte schließlich nicht mehr wahrnehmen.» «Unsereinem», meint Sartre, «genügt es, einen Baum oder ein Haus zu sehen: in ihre Betrachtung versunken, vergessen wir uns selbst. Baudelaire ist der Mensch, der sich nie vergißt. Er beobachtet sich beim Sehen. Er beobachtet sich, wie er sich beim Sehen beobachtet. Er betrachtet das *Bewußtsein*, das er vom Baum oder vom Hause hat, und nur durch dieses Bewußtsein hindurch erscheinen ihm die Dinge und sind blasser, kleiner und weniger ergreifend – so als sähe er sie durch ein Lorgnon. Sie weisen nicht aufeinander hin, wie der Pfeil auf den Weg, wie das Lesezeichen auf die Seite... Sie haben im Gegenteil nur die eine unmittelbare Bestimmung, das Bewußtsein auf sich selbst zurückzubiegen.»[10] Und weiter unten: «Es gibt eine ursprüngliche Distanz Baudelaires zur Welt, eine Distanz, die nicht die unsere ist. Zwischen ihn und die Gegenstände drängt sich stets eine etwas dunstige, stark riechende Transluzenz, vergleichbar dem Zittern der heißen Luft im Sommer.»[11] Man könnte die Distanz zwischen poetischer und alltäglicher Sicht der Dinge nicht besser und genauer definieren. Wir vergessen uns, wenn der Pfeil auf den Weg, das Lesezeichen auf die Seite hinweist: doch diese Sicht ist nicht *souverän*, sie ist der Suche des Weges (den wir nehmen), der Seite (die wir lesen wollen) untergeordnet. Mit anderen Worten, die Gegenwart (der Pfeil, das Lesezeichen) wird hier durch die Zukunft (den Weg, die Seite) bestimmt. Sartre zufolge ist es «diese Bestimmung der Gegenwart durch die Zukunft, des bereits Existierenden durch das, was noch nicht ist, ... was die Philosophen heute als Transzendenz bezeichnen.[12] Gewiß, in dem Maße, wie dem Pfeil, dem Lesezeichen diese transzendente Bedeutung innewohnt, schalten sie uns aus, und wir vergessen uns, wenn wir sie auf diese untergeordnete Weise betrachten. Die «blasseren, kleineren und weniger ergreifenden» Dinge, denen gegenüber Baudelaire *souverän* die Augen öffnet (oder schließt, wenn man will), schalten ihn nicht aus, im Gegenteil, denn sie «haben nur die eine Aufgabe, ihm, während er sie sieht, Gelegenheit zur Selbstbetrachtung zu geben».[13]

Ich muß darauf hinweisen, daß die Ausführungen Sartres zwar nicht ihr Thema verfehlen, sich aber in dessen Interpretation eine Konfusion zuschulden kommen lassen. Um dies nachzuweisen,

10. Ebd., S. 25 f. [S. 19].
11. Ebd., S. 26 [S. 19].
12. Ebd., S. 43 [S. 28].
13. Ebd., S. 26 [S. 19].

muß ich hier leider einen langen philosophischen Exkurs unternehmen.

Ich werde nicht auf die gedankliche Verwirrung eingehen, die Sartre dazu veranlaßt, «die Dinge» der poetischen Betrachtungsweise Baudelaires als «weniger ergreifend» darzustellen als den Pfeil auf einem Wegweiser oder das Lesezeichen in einem Buche (es handelt sich hier um verschiedene Kategorien, wobei die erstere die Kategorie der Gegenstände ist, die das Empfinden ansprechen, die letztere die Kategorie jener, die die praktische Erkenntnis betreffen). Es sind nämlich nicht der Pfeil und der Weg, die Sartre als transzendent ansieht (ich mußte das Zitat für meine Zwecke kürzen[14]), sondern die Gegenstände der poetischen Betrachtung. Ich gebe zu, daß dies dem von ihm gewählten Vokabular entspricht, doch in diesem Fall erlaubt es die Unzulänglichkeit des Vokabulars nicht, den tiefen Widerspruch herauszuarbeiten. Baudelaire möchte angeblich «in jeder Realität ein erstarrtes Unbefriedigtsein, ein Hinweisen auf etwas anderes, eine objektivierte Transzendenz finden».[15] So gesehen ist die Transzendenz nicht mehr die einfache Transzendenz des Pfeils, die einfache «Bestimmung der Gegenwart durch die Zukunft», sondern die «von Gegenständen, die bereit sind, sich selbst aufzugeben, um auf andere hinzuweisen».[16] Es ist, wie er präzisiert, «das geahnte, erträumte, fast schon berührte und doch unerreichbare Ziel einer... Bewegung».[17] Die Bedeutung dieser «zielgerichteten» Bewegung wird zwar durch die Zukunft bestimmt, doch die Zukunft als Bedeutung ist nicht wie beim Pfeil der zugängliche und angezeigte Weg: in Wahrheit ist diese zukünftige Bedeutung nur dazu da, sich zu entziehen. Oder besser, es ist nicht die Zukunft, sondern

14. Hier das vollständige Zitat (S. 43): «Diese Bestimmung der Gegenwart durch die Zukunft, des bereits Existierenden durch das, was noch nicht ist, nennt er [Baudelaire] ‹Unbefriedigtsein›. (Wir kommen noch darauf zurück.) Die Philosophen bezeichnen es heute als Transzendenz.» [S. 28] Sartre kommt in der Tat darauf zurück (S. 204): «Die Bedeutung, Abbild der menschlichen Transzendenz, ist so etwas wie ein geronnenes Sichselbstüberschreiten des Gegenstandes. ... Als Mittlerin zwischen dem gegenwärtigen Ding, das sie trägt, und dem unsichtbaren Gegenstand, den sie bezeichnet, hält die Bedeutung etwas von dem ersteren in sich zurück, während sie bereits den letzteren ankündigt. ... Für Baudelaire ... ist sie *das* Symbol für das Unbefriedigtsein.» [S. 108 f.]

15. Ebd., S. 207 [S. 110].

16. Ebd.

17. Ebd., S. 42 [S. 28].

das Gespenst der Zukunft. Und, bemerkt Sartre selbst, «sein spektraler und unveränderlicher Charakter weisen uns den Weg: der Sinn (der durch die Abwesenheit, in der sie sich auflösen, vergeistigte Sinn dieser Gegenstände) ist die *Vergangenheit*».[18] (Ich sagte eingangs, daß das leidenschaftliche Urteil Sartres zumindest eine minutiöse Erörterung erfordere. Ich hätte diese ausführliche Durchleuchtung nicht begonnen, wenn es nur um eine bedeutungslose Konfusion ginge. Eine gewisse Form der Polemik sagt mir nichts: ich beabsichtige nicht, einen persönlichen Prozeß anzustrengen, sondern nur, die Verteidigung der Dichtung wahrzunehmen. Ich spreche von einem Widerspruch, denn ohne diesen könnte man nicht ausdrücken, was die Poesie ausmacht.) Es steht fest, daß in allen Dingen, im Pfeil wie in den spektralen Figuren der Poesie, Vergangenheit, Gegenwart und Zukunft zusammenwirken, um den Sinn zu bestimmen. Der Sinn des Pfeils zeigt den Primat des Kommenden an, während die Zukunft für die Sinnbestimmung der poetischen Gegenstände nur (negativ) eine Rolle spielt, indem sie eine Unmöglichkeit enthüllt, indem sie das Verlangen vor die Fatalität der Unbefriedigung stellt. Wenn wir schließlich noch feststellen, daß der Sinn eines «transzendenten» poetischen Gegenstandes auch die Identifikation mit sich selbst ist, können wir nicht umhin, die Ungenauigkeit des Vokabulars als lästig zu empfinden. Es läßt sich nicht leugnen, daß Sartre diesen *Immanenz*charakter von Anfang an selbst betonte, wenn er, wie wir gesehen haben, vom Baum oder Haus in der Baudelaireschen Darstellung behauptet, sie hätten «nur die eine Aufgabe, (dem Dichter) Gelegenheit zur *Selbstdarstellung* zu geben».[19] Es scheint mir an diesem Punkt schwierig, nicht die Bedeutung der «mystischen Partizipation» hervorzuheben, der Identifizierung von Subjekt und Objekt, über die die Poesie gebietet. Seltsam berührt der Übergang innerhalb weniger Zeilen von einer «objektivierten Transzendenz» zu «dieser hierarchischen Ordnung von Gegenständen, die bereit sind, *sich selbst aufzugeben*, um auf andere hinzuweisen», in der «Baudelaire *sein Abbild* wiederfindet»[20], ist es doch das Wesen der Baudelaireschen Poesie, mittels einer angstvollen Anspannung die Verschmelzung des Subjekts (der

18. Hervorhebung von Sartre. [S. 113.]
19. Ebd., S. 26 [S. 19].
20. Hervorhebung von mir. [S. 110.]

Immanenz) mit jenen Objekten zu bewerkstelligen, *die sich selbst aufgeben*, um die Angst sowohl hervorzurufen als auch zu reflektieren.

Sartre, der die Transzendenz als Bestimmung des Sinnes der Gegenwart durch die Zukunft definierte, betrachtet transzendente Objekte, deren Sinn durch die Vergangenheit gegeben ist und deren Wesen darin liegt, in einer Immanenzbeziehung zum Subjekt zu stehen. Dagegen wäre nichts einzuwenden (wir werden noch sehen, daß die Zweideutigkeit teilweise in den betrachteten Dingen selbst liegt), verlören wir in diesem Abgleiten nicht die Möglichkeit, die grundlegende Unterscheidung klar zu treffen zwischen der prosaischen Welt der Tätigkeit – in der die eindeutig außerhalb des Subjektes befindlichen Objekte ihren eigentlichen Sinn aus der Zukunft beziehen (der Weg bestimmt den Sinn des Pfeils) – und der Welt der Poesie. Wir können in der Tat das Poetische, das hierin dem *Mystischen* Cassirers, dem *Primitiven* Lévy-Bruhls, dem *Kindlichen* Piagets vergleichbar ist, durch eine Beziehung der *Partizipation* zwischen Subjekt und Objekt definieren. Die *Partizipation* ist gegenwärtig: mit einer erhofften Zukunft fangen wir zu ihrer Bestimmung nichts an. (Ebenso ist es in der Magie der Primitiven nicht die Wirkung, die der magischen Handlung ihren Sinn verleiht; um wirksam zu werden, benötigt sie sogar *zuerst*, unabhängig von der Wirkung, den lebendigen, packenden Sinn der Partizipation; die Wirksamkeit des Pfeils dagegen hat für das Subjekt keinen anderen Sinn als die Zukunft, als den Weg, den er weist.) Genausowenig wird der Sinn des Objekts in der poetischen Partizipation durch die Vergangenheit bestimmt. Nur ein Objekt der Erinnerung, dem es gleichermaßen an Nutzen und Poesie mangelte, wäre eine wahre Gegebenheit der Vergangenheit. Im poetischen Akt wird der Sinn der Objekte der Erinnerung durch die *gegenwärtige* Invasion des Subjekts bestimmt: wir dürfen auch den Hinweis der Etymologie nicht vernachlässigen, derzufolge Poesie Schöpfung ist. Die Verschmelzung des Objekts mit dem Subjekt macht es erforderlich, daß sich jedes beim Kontakt mit dem anderen überschreitet. Einzig die Möglichkeit reiner Wiederholungen verhindert die Wahrnehmung des Primats der Gegenwart. Es ist sogar nicht übertrieben zu sagen, daß Poesie *niemals* Sehnsucht nach der Vergangenheit sei. Eine Sehnsucht, die nicht lügt, ist nicht poetisch; sie verliert ihre Aufrichtigkeit in dem Maße, wie sie poetisch wird, weil ja dann in dem ersehnten Objekt die Vergangenheit von geringerer Bedeutung ist als der Ausdruck der Sehnsucht an sich.

Diese kaum umrissenen Prinzipien werfen jene Fragen auf, die zur Analyse Sartres zurückführen (von der ich mich ja nur entfernt habe, um ihren Tiefgang besser zu erfassen). Wenn dem so ist, wenn der poetische Akt erfordert, daß das Objekt Subjekt und das Subjekt Objekt werde, wäre er dann etwas anderes als ein Spiel, als eine brillante Taschenspielerei? Grundsätzlich kann es keinen Zweifel über die Möglichkeit der Poesie geben. Ist die Geschichte der Poesie aber nicht eine Abfolge vergeblicher Bemühungen? Daß die Dichter in der Regel mogeln, läßt sich nur schwer bestreiten! «Die Dichter lügen zu viel», sagt Zarathustra, der hinzufügt: «Aber auch Zarathustra ist ein Dichter.» Doch die Verschmelzung von Subjekt und Objekt, von Mensch und Welt kann nicht vorgetäuscht werden: wir können den Versuch dazu unterlassen, sie aber vorzugaukeln, wäre nicht zu vertreten. Anscheinend ist sie aber unmöglich! Auf diese Unmöglichkeit weist Sartre zu Recht hin, wenn er vom Elend des Dichters sagt, es bestehe in dem aberwitzigen Wunsch, Sein und Existenz objektiv zu vereinen. Wie ich schon weiter oben ausführte, ist dieser Wunsch Sartre zufolge bald der besondere Baudelaires, bald der «eines jeden Dichters»; die von der Poesie erstrebte Synthese von Ewigem und Vergänglichem jedoch, von Sein und Existenz, von Objekt und Subjekt definiert sie unausweichlich, sie begrenzt sie, sie macht sie zum Reich des Unmöglichen, der Unstillbarkeit. Unglücklicherweise ist es schwierig, vom Unmöglichen zu sprechen, das dazu verurteilt ist, es zu sein. Sartre sagt von Baudelaire (dies ist das Leitmotiv seines Essays), das Übel sei bei ihm gewesen, das sein zu wollen, was er für die anderen war: damit gab er das Vorrecht der Existenz auf, das darin besteht, in der Schwebe zu bleiben. Aber kann es der Mensch überhaupt vermeiden, daß das Bewußtsein, das er ist, in der Reflexion über die Dinge selbst zum Ding wird? Mir scheint nicht, und ich glaube, daß die Poesie derjenige Modus ist, der es ihm gemeinhin (in Unkenntnis der Möglichkeiten, die ihm Sartre anbietet) erlaubt, dem Schicksal zu entgehen, das ihn auf den Widerschein der Dinge reduziert. Gewiß will die Poesie das Unmögliche, wenn sie die Identität der reflektierten Dinge und des reflektierenden Bewußtseins will. Aber ist nicht in der Tat das einzige Mittel, um nicht zum Widerschein der Dinge reduziert zu werden, das Unmögliche zu wollen?

DIE POESIE IST IN GEWISSEM SINNE IMMER EIN GEGENTEIL DER POESIE

Ich glaube, daß das Elend der Poesie im Bild, das Sartre von Baudelaire zeichnet, getreu wiedergegeben ist. Der Poesie wohnt die Notwendigkeit inne, ein Unbefriedigtsein in ein erstarrtes Ding zu verwandeln. Die Poesie zerstört zunächst die Gegenstände, die sie wahrnimmt, sie überliefert sie durch die Zerstörung dem ungreifbaren Fließen der Existenz des Poeten und hofft damit, die Identität von Welt und Mensch wiederzufinden. Doch während sie eine Ungreifbarkeit bewerkstelligt, versucht sie zugleich, diese *Ungreifbarkeit* zu *ergreifen.* Alles, was sie vermochte, war, die *ergriffenen* Dinge des reduzierten Lebens durch die *Ungreifbarkeit* zu ersetzen: sie konnte nicht verhindern, daß die Ungreifbarkeit an die Stelle der Dinge trat.

Wir haben es hier mit einer ähnlichen Schwierigkeit wie mit der des Kindes zu tun, das frei ist unter der Bedingung, den Erwachsenen zu leugnen, was es nicht vermag, ohne selbst erwachsen zu werden und damit seine Freiheit zu verlieren. Baudelaire, der niemals die Vorrechte der Herren in Anspruch nahm und dessen Freiheit das Unbefriedigtsein bis ans Ende gewährleistete, mußte gleichwohl mit jenen Leuten *rivalisieren,* deren Stelle einzunehmen er sich geweigert hatte. Es steht fest, daß er sich suchte, daß er sich niemals verlor, niemals vergaß und daß er sich als Beobachtender beobachtete; die *Wiedererlangung* des Seins war tatsächlich, wie Sartre bemerkt, Gegenstand seines Genies, seiner Anspannung und seines poetischen Unvermögens. Dem Geschick des Dichters liegt unzweifelhaft eine Gewißheit der *Einzigartigkeit* zugrunde, des Erwähltseins, ohne die das Unterfangen, die Welt auf sich selbst zurückzuführen oder sich in der Welt zu verlieren, nicht den Sinn hätte, den es hat. Sartre macht dies zum Makel Baudelaires, das Ergebnis der Isolierung, in die er durch die Wiederverheiratung seiner Mutter geriet, nämlich das «Gefühl der Einsamkeit seit meiner Kindheit», «eines in alle Ewigkeit einsamen Schicksals», von dem der Dichter selbst sprach. Freilich offenbart Baudelaire seine Entgegensetzung zu den anderen ebenso, wenn er sagt: «Als kleines Kind schon spürte ich in meinem Herzen zwei sich widerstrebende Empfindungen: Abscheu vor dem Leben und Lebensüberschwang.»[20a] Man kann die Ge-

20a. [S. 50].

wißheit unersetzlicher Einzigartigkeit nicht genug betonen, die nicht nur die Grundlage des poetischen Genies bildet (in dem Blake die Gemeinsamkeit – wodurch sich alle gleichen – aller Menschen sah), sondern jeder Religion (jeder Kirche) und jeden Vaterlands.

Es steht fest, daß die Poesie stets dem Wunsch entsprach, sich der einzigartigen, zunächst formlosen *Existenz* zu bemächtigen, sie zu einer äußerlich wahrnehmbaren Form gerinnen zu lassen, während sie ansonsten nur im Inneren eines Individuums oder einer Gruppe spürbar wäre. Doch es ist zu fragen, ob unser Existenzbewußtsein *notwendig* diese trügerische Bedeutung der *Einzigartigkeit* habe: das Individuum empfindet sie bisweilen in der Zugehörigkeit zum Gemeinwesen, zur Familie oder sogar zum Paar (so Baudelaire, Sartre zufolge, als Kind an Leib und Seele seiner Mutter gekettet), bisweilen auf persönliche Rechnung. Dieser letztere Fall ist wohl heutzutage im besonderen der der poetischen Berufung – die zu einer Form sprachlicher Schöpfung führt, in der das Gedicht die Rückeroberung des Individuums darstellt. So ließe sich vom Dichter sagen, er sei der Teil, der sich für das Ganze hält, das Individuum, das sich wie eine Kollektivität benimmt. Derart, daß Zustände des Unbefriedigtseins, Gegenstände, die enttäuschen, die eine Abwesenheit enthüllen, gewissermaßen die einzigen Formen sind, in denen die Anspannung des Individuums seine enttäuschende Einzigartigkeit wiederfinden kann. Das Gemeinwesen seinerseits läßt sie allenfalls in seiner Betriebsamkeit erstarren, doch was es tun muß, was es tun kann, hat die isolierte Existenz das Glück, tun zu müssen, ohne es zu vermögen. Sartre mag wohl von Baudelaire behaupten: «Es ist sein höchster Wunsch, zu *sein* wie der Stein oder die Statue, im ruhigen Schlummer der Unveränderlichkeit»[21], er kann den Dichter als begierig zeigen, den Nebeln der Vergangenheit ein petrifizierbares Bild zu entreißen, die Bilder, die er hinterließ, gehören dennoch dem offenen Leben an, das Sartre zufolge im Baudelaireschen Sinne unendlich ist, das heißt unbefriedigt. Deshalb ist es unlauter, von Baudelaire zu sagen, er habe die unmögliche Statue gewollt, die er nicht sein konnte, wenn man nicht sogleich hinzufügt, Baudelaire habe weniger die Statue als das Unmögliche gewollt.

21. Ebd., S. 126 [S. 105].

Es ist sinnvoller – und weniger verächtlich – «von da aus» die Ergebnisse des Gefühls der Einzigartigkeit zu begreifen (das Bewußtsein des Kindes Baudelaire, ganz allein – ohne daß irgendetwas diese Last erleichterte – die Ekstase und das Entsetzen des Lebens zu sein; und alle Konsequenzen: «jenes elende Leben...»). Aber Sartre versichert mit gutem Grund, daß er *gewollt* habe, was uns als Scheitern erscheint. Er wollte es zumindest, wie es fatal ist, das *Unmögliche* zu wollen, das heißt zugleich mit Entschlossenheit, als solches, und lügenhaft, in Form einer Chimäre. Daher sein verquältes Dasein als arbeitswütiger, voll Bitterkeit in nutzlosem Müßiggang treibender Dandy. Doch da ihn, wie Sartre zugesteht, «eine unvergleichliche Spannung» beseelte, schöpfte er alle Möglichkeiten seiner trügerischen Lage aus: eine vollkommene Mischung aus Ekstase und Entsetzen bewegt seine Poesie und verleiht ihr eine Fülle, die unablässig *auf der Schwelle* zu einer freien[22] Sensibilität gehalten wird, eine erschöpfende Verknappung und Sterilität, die Sartre mit Unbehagen erfüllen: die Atmosphäre des Lasters, der Weigerung, des Hasses entspricht jener Anspannung des Willens, die den Zwang des Guten leugnet – wie der Athlet das Gewicht der Hantel leugnet. Gewiß ist die Bemühung vergeblich, gewiß machten die Gedichte, in denen sich diese Bewegung versteinert (die die Existenz dem Sein unterwirft), aus dem Laster, dem *unendlichen* Haß und der *unendlichen* Freiheit die fügsamen, ruhigen, unveränderlichen Formen, die wir kennen. Gewiß ist die verbleibende Poesie immer ein Gegenteil der Poesie, da sie ja ihren Zweck, das Vergängliche, in Ewiges umgestaltet. Doch es ist unwichtig, ob das dichterische Spiel, dessen Wesen darin besteht, unablässig das Objekt des Gedichts mit dem Subjekt zu vereinen, es mit dem enttäuschten, durch sein Scheitern gedemütigten und unbefriedigten Dichter eint. Derart daß das Objekt, die unaufhebbare, widerspenstige Welt, verkörpert in den hybriden Schöpfungen der Poesie, verraten durch das Gedicht, dies nicht ist durch das unlebbare Leben des Dichters. Einzig die lange Agonie des Poeten offenbart eigentlich, letztlich, die Authentizität der Poesie, und Sartre, was er auch sagen mag, läßt keinen Zweifel darüber aufkommen, daß sein Ende, das dem Ruhm vorausging, welcher allein ihn hätte in Stein verwandeln können, seinem Willen entsprach: *Baudelaire wollte das Unmögliche bis zuletzt.*

22. Im Sinne dessen, was nur seinem ersten Antrieb unterworfen und indifferent gegenüber jeder äußeren Betrachtung ist.

BAUDELAIRE UND DIE STATUE DES UNMÖGLICHEN

Die geringe Klarheit im Bewußtsein von seiner eigenen Realität läßt Bedenken zu. Wir können nicht bestimmt wissen, was Baudelaire als souverän galt. Vielleicht muß man sogar in der Tatsache, daß er es zu wissen ablehnte, einen Hinweis auf eine fatale Beziehung des Menschen zum Wert erblicken. Möglicherweise verraten wir das, was uns als souverän gilt, wenn wir die Schwäche haben, darüber bestimmt zu entscheiden: wäre es verwunderlich, wenn die Freiheit einen Sprung, ein plötzliches, unvorhersehbares Sichlosreißen erforderte, die jenen nicht mehr gegeben sind, die von vornherein entscheiden? Allerdings blieb Baudelaire sich selbst ein Labyrinth: während er sich bis zuletzt sämtliche Möglichkeiten offen ließ, strebte er nach der Unwandelbarkeit des Steines, nach der Onanie einer Trauerpoesie. Wie sollte man nicht seiner Vergangenheitsfixierung gewahr werden, seines Überdrusses, der auf Weichlichkeit, frühzeitiges Altern und Impotenz verwies. In den ‹Fleurs du Mal› findet sich genügend Beweismaterial für die Interpretation Sartres, derzufolge Baudelaire daran gelegen war, nichts als eine «unabänderliche und vervollkommnungsunfähige» Vergangenheit zu sein, der wählte, «sein Leben vom Gesichtspunkt des Todes aus zu betrachten, als ob es ein vorzeitiges Ende bereits hätte erstarren lassen». Möglich, daß die Schwere seiner Dichtung im Zusammenhang mit dem lähmenden Bild eines in die Falle gegangenen Tieres steht, das er von sich gegeben hat, von dem er besessen ist und das er unaufhörlich heraufbeschwört. Genauso versteift sich eine Nation darauf, der Idee treu zu bleiben, die sie sich einmal von sich selbst gemacht hat, und ist eher bereit, unterzugehen, als über sie hinauszugehen. Die Schöpfung, die ihre Grenzen aus der Vergangenheit bezieht, hört auf, und weil sie ein Gefühl des Unbefriedigtseins empfindet, kann sie sich nicht losreißen und befriedigt sich an einem Zustand unveränderlichen Unbefriedigtseins. Dieser mürrische Genuß, der sich im Scheitern fortsetzt, diese Furcht vor Befriedigung verkehren die Freiheit in ihr Gegenteil. Sartre aber stützt sich auf die Tatsache, daß sich das Leben Baudelaires innerhalb weniger Jahre abspielte, daß es nach dem Aufflammen der Jugend langsam verfiel – ein endloser Niedergang. «Bereits 1846», schreibt er (das heißt mit fünfundzwanzig Jahren), «hat er die Hälfte seines Vermögens vergeudet, den größten Teil seiner Gedichte geschrieben, den Beziehungen zu seinen Eltern eine endgültige Form gegeben, sich das venerische Leiden zugezogen, an dem er langsam zugrunde geht, die Frau getroffen, die wie Blei auf jeder Stunde seines Lebens lastet, und die Reise gemacht, die seinem ganzen Werk exotische Bilder liefert.»[23] Doch diese Sicht der Dinge beruht auf Sartres Meinung zu den *Ecrits intimes* (Tagebuchaufzeichnungen). Es sind Wiederholungen für ihn, die ihn bedrücken. Ein Brief vom 28. Januar 1854[24] interessiert mich mehr. Baudelaire entwirft darin das Szenario zu einem Drama: ein Arbeiter, ein Trinker, bewegt seine Frau, die ihn verlassen hat, zu einem nächtlichen Rendezvous an einem einsamen Ort; trotz seiner Bitten weigert sie sich, zu ihm zurückzukehren. Aus Verzweiflung schickt er sie einen Weg entlang, von dem er weiß, daß sie in der Dunkelheit in einen Brunnen ohne Umfassung stürzen wird. Die Handlung geht auf ein Lied zurück, das er einzubauen beabsichtigte. «Es beginnt», schreibt er, «mit:

> Nichts ist so liebenswert,
> Franfru-Cancru-Lon-La-Lahira,
> Nichts ist so liebenswert
> Wie der Balkensäger.»

Dieser liebenswerte Balkensäger stößt schließlich seine Frau in den Brunnen; dann singt er, eine Sirene anredend:

> «Singe, Sirene, singe,
> Franfru-Cancru-Lon-La-Lahira,
> Singe, Sirene, singe,
> Du hast Grund zu singen,
>
> Denn zum Trank hast du das Meer,
> Franfru-Cancru-Lon-La-Lahira,
> Denn zum Trank hast du das Meer
> Und zur Speise meine Liebste.»[24a]

23. Sartre, op. cit., S. 188 f. [S. 101].

24. *Correspondance générale.* Recueillie, classée et annotée par J. Crépet, Paris: Conard, Bd. I, 1947, Nr. 161, S. 249.

24a. Baudelaire, *Sämtliche Werke/Briefe,* hrsg. von Friedhelm Kemp, Bd. II, München/Wien 1983, S. 414.

Dem Balkensäger werden die Sünden des Autors aufgebürdet; mittels einer Verschiebung – einer Maske – verflüssigt sich plötzlich das Bild des Dichters, es verliert seine Form und verwandelt sich: es ist nicht mehr das Bild, das durch einen abgezirkelten Rhythmus determiniert ist, der so beengend ist, daß er im voraus zwingt und formt.[25] Unter veränderten sprachlichen Bedingungen ist es nicht mehr die begrenzte Vergangenheit, die behext; ein unbegrenztes Mögliches eröffnet den ihm innewohnenden Reiz, den Reiz der Freiheit, der Ablehnung der Grenzen. Nicht durch Zufall verband sich im Geist Baudelaires das Thema des Balkensägers mit der Idee der Vergewaltigung einer Toten. Hier verschmelzen Mord, Lüsternheit, Zärtlichkeit und Lachen (er wollte die Vergewaltigung des Leichnams seiner Frau durch den Arbeiter in das Stück bringen, zumindest durch eine Erzählung). Nietzsche schrieb: «Die tragischen Naturen zu Grunde gehen sehen und *noch lachen können*, über das tiefste Verstehen, Fühlen und Mitleiden mit ihnen hinweg – ist göttlich.»[26] Möglich, daß ein so wenig menschliches Empfinden gleichsam unerreichbar ist: Baudelaire, um es zu erreichen, bediente sich der ärmlichen Mittel der Verkommenheit des Helden und der Niedertracht seiner Sprache. Doch im Zusammenhang mit diesen Zugeständnissen kann der *Höhepunkt* der *Sirene* nicht verkleinert werden. Die ‹Fleurs du Mal›, über die er hinausgeht, weisen auf ihn hin; sie sichern ihm die Sinnfülle, während er ihre Zielrichtung bezeichnet. Baudelaire verfolgte das Projekt dieses Dramas nicht weiter. Seine unzweifelhafte Faulheit oder sein späteres Unvermögen sind vielleicht der Grund dafür. Oder machte ihm der Theaterdirektor, dem er es vorschlug, die wahrscheinliche Reaktion des Publikums klar? Zumindest ging Baudelaire mit einem solchen Projekt, so weit er nur konnte: von den *Blumen des Bösen* bis zum Wahnsinn; es war nicht die unmögliche Statue, sondern die Statue des Unmöglichen, die er erträumte.

25. Das Gedicht «Der Wein des Mörders», das in den *Fleurs du Mal* diesen Balkensäger verarbeitet, ist in der Tat keines der gelungensten des Bandes. Der Held ist in den Baudelaireschen Rhythmus eingesperrt. Was das nicht durch den poetischen Zwang begrenzte Projekt ahnen ließ, fiel wieder der Routine anheim.

26. *Nachgelassene Fragmente, Juli 1882 bis Winter 1883–1884* (Kritische Gesamtausgabe, hg. v. G. Colli und M. Montinari, 7. Abt., 1. Bd.), Berlin/New York: de Gruyter 1977, S. 63.

Der Sinn – oder Unsinn – des Lebens von Baudelaire, die Stetigkeit der Bewegung, die ihn von der Dichtung des Unbefriedigtseins zum Unvermögen im Zusammenbruch führt, äußern sich nicht nur in einem Lied. Ein ganzes, *hartnäckig* verfehltes Leben, das Sartre ins Soll einer schlechten Wahl bucht, bedeutet den Abscheu davor, befriedigt zu werden – die Ablehnung der für den Erfolg notwendigen Zwänge. Die Parteinahme Baudelaires ist so eindeutig wie nur möglich. Ein Abschnitt aus einem Brief an seine Mutter bringt die neuerliche Weigerung zum Ausdruck, das Gesetz seines eigenen Willens anzuerkennen: «... zusammenfassend», schreibt er, «wurde mir diese Woche *bewiesen*, daß ich tatsächlich Geld verdienen kann, und mit Fleiß und Ausdauer viel Geld. Doch die früheren Wirren, doch eine unaufhörliche Misere, ein neues Defizit, das ausgeglichen werden muß, das Schwinden der Energien angesichts der kleinlichen Scherereien, mein Hang zur Träumerei schließlich, um alles zu sagen, haben alles zunichte gemacht.»[27]

Hier handelt es sich, wenn man so will, um einen individuellen Charakterzug und insofern um ein Unvermögen. Man kann die Dinge aber auch unter dem Blickwinkel der Zeit betrachten, den so eindeutig mit der Poesie verbundenen Abscheu vor der Arbeit als Ereignis beurteilen, das einem objektiv gegebenen Erfordernis entsprach. Wir wissen, daß diese Weigerung, diese Aversion erlitten waren (es handelte sich keinesfalls um einen gefaßten Beschluß), und daß sich Baudelaire sogar mehrfach, kläglich, unermüdlich dem Prinzip der Arbeit unterwarf: «In jeder Minute», schreibt er in seinen *Tagebüchern*, «werden wir von der Vorstellung und dem Gefühl der Zeit erdrückt. Und es gibt nur zwei Mittel, um diesem Alpdruck zu entgehen – um zu vergessen: das Vergnügen oder die Arbeit. Das Vergnügen schwächt uns. Die Arbeit stärkt uns. Wählen wir.»[28] Dieser Grundsatz ist einem weiter oben formulierten verwandt: «In jedem Menschen existieren zu jeder Stunde gleichzeitig zwei Strebungen: die eine zu

27. *Correspondance*, op. cit., Bd. I, Nr. 134, S. 193. Der Brief ist vom 26. März 1853.

28. *Mon cœur mis à nu*, LXXXIX *(Mein entblößtes Herz)*.

Gott, die andere zu Satan. Die Anrufung Gottes oder Spiritualität ist der Wunsch, emporzusteigen; die Anrufung Satans oder Animalität ist die Lust am Abstieg.»[29] Aber nur der erste Grundsatz bringt klare Gegebenheiten. Das Vergnügen ist die positive Form des sinnlichen Lebens: wir können es nicht empfinden ohne eine unproduktive Verausgabung unserer Mittel (es schwächt). Die Arbeit dagegen ist der Modus der Tätigkeit: sie bewirkt ein Anwachsen unserer Mittel (sie stärkt). Doch «in jedem Menschen existieren zu jeder Stunde gleichzeitig zwei Strebungen», die eine zur Arbeit (zum Anwachsen der Mittel), die andere zum Vergnügen (zur Verausgabung der Mittel). Die Arbeit entspricht der Sorge um das Morgen, das Vergnügen der des gegenwärtigen Augenblicks. Die Arbeit ist nützlich und befriedigt, das nutzlose Vergnügen hinterläßt ein Gefühl des Unbefriedigtseins. Solche Betrachtungen machen die Ökonomie zur Grundlage der Moral, zur Grundlage der Poesie. Die Wahl betrifft stets, zu jeder Stunde, die triviale, materielle Frage: «Soll ich – beim jetzigen Stand meiner Mittel – sie ausgeben oder vermehren?» Im ganzen genommen ist die Antwort Baudelaires eigenartig. Einerseits sind seine Notizen voller Vorsätze zum Arbeiten, andererseits war sein Leben eine ständige Verweigerung produktiver Tätigkeit. Er schrieb sogar: «Ein nützlicher Mensch zu sein, ist mir immer als etwas sehr Häßliches erschienen.»[30] Dieselbe Unmöglichkeit, den Widerspruch zum Guten hin aufzulösen, findet sich in anderen Bereichen wieder. Nicht nur wählt er Gott, wie die Arbeit, auf rein nominelle Weise, um nur noch enger Satan anzugehören, sondern er kann nicht einmal entscheiden, ob der Widerspruch sein eigener und innerer (zwischen Vergnügen und Arbeit) oder ein äußerer (zwischen Gott und dem Teufel) ist. Man kann nur sagen, daß er dazu neige, seine transzendente Form abzulehnen: *in Wirklichkeit* ist bei ihm die Weigerung ausschlaggebend, zu arbeiten und damit befriedigt zu werden; die Transzendenz der Verpflichtung erhält er nur über sich, um die Bedeutung der Weigerung zu betonen und den angstvollen Reiz eines unbefriedigenden Lebens stärker zu empfinden.

Doch dies ist kein individueller Fehler. Die Schwäche der Sartreschen Analysen liegt gerade darin, sich mit diesem Aspekt zu

29. Ebd., XIX [S. 28].
30. Ebd., IX [S. 23].

begnügen. Eben das, was diese auf negative Betrachtungen reduziert, muß in den geschichtlichen Zusammenhang gestellt werden, um das Positive daran zu erblicken. Die Gesamtheit der Produktions- und Verausgabungverhältnisse liegt *in der Geschichte* vor, Baudelaires Erfahrung liegt *in der Geschichte.* Sie hat *positiv* eben jenen Sinn, den ihr die Geschichte verleiht.

Wie jede Aktivität kann die Poesie aus dem ökonomischen Blickwinkel betrachtet werden. Und die Moral zugleich mit der Poesie. Baudelaire hat in der Tat durch sein Leben, durch seine unglücklichen Reflexionen das kritische Problem in diesen Bereichen solidarisch aufgeworfen. Und dieses Problem wird von den Analysen Sartres sowohl berührt als auch umgangen. Diese haben den Fehler, die Poesie und die moralische Einstellung des Dichters als Ergebnis einer Wahl hinzustellen. Angenommen, das Individuum hat gewählt, so ist der Sinn seines Schaffens für andere sozial in den Bedürfnissen gegeben, denen es entsprach. Der volle Sinn eines Gedichts von Baudelaire ist nicht in seinen Verirrungen gegeben, sondern in der historisch – allgemein – bedingten Erwartung, der diese «Verirrungen» entsprachen. Offensichtlich war eine Wahl wie die Baudelaires Sartre zufolge auch zu anderen Zeiten möglich. Zu anderen Zeiten entstanden daraus aber keine Gedichte, die den ‹Fleurs du Mal› vergleichbar wären. Da sie diese Wahrheit vernachlässigt, bringt die erläuternde Kritik Sartres zwar tiefe Einsichten, kann aber das Ausmaß nicht erklären, in dem die Poesie Baudelaires zu unserer Zeit den Geist ergreift (oder sie erklärt es nur umgekehrt, weil die umgekehrte Herabsetzung den unerwarteten Sinn des Verständnisses annimmt). Ohne von einem Element der Gnade oder der glücklichen Formulierung zu sprechen, bringt die «unvergleichliche Anspannung» im Vorgehen Baudelaires nicht nur die individuelle Notwendigkeit zum Ausdruck, sie ist die Folge einer *materiellen,* historisch von außen herangetragenen Spannung. Die Welt, die Gesellschaft, in der der Dichter die ‹Fleurs du Mal› schrieb, hatte selbst, insofern als sie über das Individuelle hinausging, auf die beiden gleichzeitigen Postulate zu antworten gehabt, die dem Menschen unaufhörlich eine Entscheidung abverlangen: wie das Individuum muß die Gesellschaft zwischen der Sorge um die Zukunft und der um den gegenwärtigen Augenblick wählen. Die Gesellschaft gründet sich wesentlich auf die Schwäche des Individuums, die ihre Stärke kompensiert: sie ist gewissermaßen das, was das Individuum nicht ist, nämlich zunächst an den Primat der Zukunft *gebunden.* Aber sie kann die Gegenwart nicht leugnen und läßt ihr einen Anteil, bei dem die Entscheidung nicht absolut stattfindet. Es ist der Anteil der Feste, deren gewichtigster Moment das Opfer ist.[31] Das Opfer konzentriert die Aufmerksamkeit auf die dem Augenblick gewidmete Verausgabung von Mitteln, die die Vorsorge eigentlich aufzubewahren gebot. Doch die Gesellschaft der ‹Fleurs du Mal› ist nicht mehr jene zweideutige Gesellschaft, die zwar im tiefsten den Primat der Zukunft aufrechterhielt, doch in der Qualität des *Heiligen* (übrigens getarnt, verkleidet als Zukunftswert, als transzendentes, ewiges Objekt, als umwandelbare Grundlage des Guten) den nominellen Vorrang der Gegenwart bestehen ließ. Es ist die in vollem Aufschwung befindliche kapitalistische Gesellschaft, die den größtmöglichen Teil der Produkte der Arbeit dem Wachstum der Produktionsmittel vorbehält. Diese Gesellschaft hatte die Verurteilung des Luxus der Großen durch Terror sanktioniert. Sie lehnte gerade jene Kaste ab, die die Zweideutigkeit der alten Gesellschaft zu ihren Gunsten ausgebeutet hatte. Sie konnte ihr nicht verzeihen, zu Zwecken persönlichen Glanzes einen Teil der Mittel (der Arbeit) erschlichen zu haben, der für das Wachstum der Produktionsmittel hätte verwendet werden können. Aber zwischen den Wasserspielen von Versailles und den modernen Staudämmen kam es zu einer Entscheidung nicht nur im Sinne der gegen die Privilegierten opponierenden Kollektivität: im wesentlichen erfolgte diese Entscheidung zwischen der Entwicklung der Produktivkräfte und den unproduktiven Vergnügungen. Die bürgerliche Gesellschaft wählte Mitte des 19. Jahrhunderts im Sinne der Staudämme und brachte damit einen grundlegenden Wandel in die Welt. Zwischen Geburt und Tod Charles Baudelaires unternahm Europa den Bau eines Eisenbahnnetzes, die Produktion eröffnete die Perspektive eines grenzenlosen Wachstums der Produktivkräfte und machte es zum Selbstzweck. Der seit langem vorbereitete Vorgang, der sich auf den Primat der Zukunft gründete, das heißt auf die kapitalistische *Akkumulation,* bewirkte eine rasche Metamorphose der Welt. Von seiten der Proletarier mußte der Vorgang als auf die persönlichen Profitperspektiven der Kapitalisten beschränkt abgelehnt werden: er rief daher die Reaktion der Arbeiterbewegung hervor.

31. Der *verfemte Teil,* den ich im vorigen Kapitel erwähnte (Anm. 12).

Auf seiten der Schriftsteller löste er den romantischen Protest aus, da er dem Glanz des Ancien Régime ein Ende bereitete und die ruhmvollen Werke durch nützliche ersetzte. Beide, von Natur aus verschiedene Proteste konnten in einem Punkt einiggehen. Die Arbeiterbewegung, die im Prinzip nicht gegen die Akkumulation war, setzte ihm in der Zukunftsperspektive die Befreiung des Menschen von der Sklaverei der Arbeit zum Ziel. Die Romantik verlieh, augenblicklich, dem Form, was die Unterwerfung des Menschen unter das Nützlichkeitsprinzip ablehnt und aufhebt. Die traditionelle Literatur brachte einfach die unnützen (militärischen, religiösen, erotischen) Werte zum Ausdruck, die von der Gesellschaft oder der herrschenden Klasse zugelassen waren, die romantische jenen Wert, den der moderne Staat und die bürgerliche Tätigkeit verwarfen. Doch selbst wenn dieser Ausdruck in eine bestimmte Form gekleidet war, fehlte es ihm deswegen nicht an Verschwommenheit. Häufig beschränkte sich die Romantik auf die Verherrlichung der Vergangenheit in naivem Gegensatz zur Gegenwart. Dies stellte nur einen Kompromiß dar, denn die Werte der Vergangenheit hatten sich ihrerseits mit den Nützlichkeitsprinzipien arrangiert. Selbst das Thema der Natur, dessen Gegensatz radikaler erscheinen konnte, bot nur einen provisorischen Ausweg. (Die Naturliebe ist übrigens so leicht mit dem Primat des Nützlichen, das heißt der Zukunft zu vereinbaren, daß sie der verbreitetste – der harmloseste – Kompensationsmodus der Nützlichkeitsgesellschaften war: nichts ist ersichtlich weniger gefährlich, weniger subversiv, schließlich weniger wild, als die Wildheit der Felsen.) Die romantische Auffassung vom *Individuum* ist auf den ersten Blick konsequenter: als träumerische, leidenschaftliche und gegen die Disziplin rebellierende Existenz stellt sich das Individuum zunächst gegen den sozialen Zwang. Doch der Anspruch des sensiblen Individuums hat keinen Bestand: er hat nicht die harte und dauerhafte Kohärenz einer religiösen Moral oder des Ehrenkodex einer Kaste. Das einzig konstante Element des Individuums ist in seinem Interesse an einer Summe wachsender Ressourcen gegeben, das die kapitalistischen Unternehmen vollkommen befriedigen können. So ist das Individuum ebenso notwendig Zweck der bürgerlichen Gesellschaft wie eine hierarchische Ordnung jener der Feudalgesellschaft. Dazu kommt noch, daß die Verfolgung des Privatinteresses gleichzeitig Ursprung und Zweck der kapitalistischen Tätigkeit ist. Die titanenhafte poetische Form des Individualismus stellt für das Nützlichkeitskalkül eine zwar exzessive, aber dennoch eine Antwort dar: in ihrer gängigen Form war die Romantik kaum mehr als eine antibürgerliche Allüre des bürgerlichen Individualismus. Zerrissenheit, Selbstverneinung, Sehnsucht nach dem, was man nicht hat, brachten das Unbehagen der Bourgeoisie zum Ausdruck, die unter Ablehnung jeder Verantwortung in die Geschichte eingetreten war und das Gegenteil dessen ausdrückte, was sie war, aber es so einzurichten wußte, daß sie die Folgen davon nicht zu tragen hatte oder sogar einen Nutzen daraus zog. Die Verneinung der Grundlagen der kapitalistischen Tätigkeit in der Literatur löste sich erst spät von Kompromissen. Lediglich in der Phase der vollen Entfaltung und der gesicherten Entwicklung, nachdem das akute Stadium des romantischen Fiebers überstanden war, fühlte sich die Bourgeoisie wohl. Von nun an waren die literarischen Bestrebungen nicht mehr durch die Möglichkeit eines Kompromisses beschränkt. Wohl hatte Baudelaire nichts Radikales – er wünschte hartnäckig, nicht das Unmögliche zum Geschick zu haben, in Ehren wieder aufgenommen zu werden –, doch, wie Sartre deutlich macht, verschaffte ihm die Vergeblichkeit seiner Bemühung das, was anderen die Rebellion verschafft. Das Prinzip ist schlau: er hat keinen Willen, sondern eine unwillkürliche Anziehungskraft treibt ihn. Die Weigerung Charles Baudelaires ist die gründlichste, denn sie enthält keinerlei Behauptung eines gegenteiligen Prinzips. Sie bringt lediglich den verstockten Gemütszustand des Dichters zum Ausdruck, und zwar in seiner Unvertretbarkeit, seiner Unmöglichkeit. Das Böse, das der Dichter weniger tut, als daß er dessen Faszination unterliegt, ist tatsächlich das Böse, weil der Wille, der nur das Gute wollen kann, nicht den geringsten Anteil daran hat. Übrigens ist es schließlich nebensächlich, ob es das Böse ist: da der Wille das Gegenteil der Faszination darstellt, da die Faszination den Ruin des Willens bewirkt, ist die moralische Verurteilung der faszinierten Gebarung vielleicht zeitweilig das einzige Mittel, sie vollkommen vom Willen zu befreien. Die Religionen, die Kasten und neuerlich die Romantik hatten ihrerseits der Verführung Rechnung getragen, doch nun verlegte sich die Verführung auf List, sie setzte sich ins Einvernehmen mit einem selbst zur List bereiten Willen. So mußte die Poesie, die die Sensibilität verführen will, ihre Gegenstände der Verführung auf jene beschränken, die vom

Willen akzeptiert werden konnten (vom bewußten Willen, der notwendig Bedingungen stellt, der Dauer und Befriedigung fordert). Die herkömmliche Poesie beschränkt die in der Poesie implizierte Freiheit. Baudelaire schlug in die tobende Masse dieser Wasser die Bresche einer verfemten Dichtung, die nichts mehr akzeptierte und die wehrlos einer der Befriedigung unfähigen Faszination erlag, einer Faszination, die zerstörte. So wandte sich die Poesie von jenen Forderungen ab, die von außen an sie gestellt wurden, von den Forderungen des Willens, um einer einzigen inneren zu gehorchen, die sie an das Faszinierende fesselte und zum Gegenteil des Willens machte. Etwas anderes als die Wahl eines schwachen Individuums liegt in dieser höheren Determination der Poesie. Für uns ist es unwichtig, ob eine persönliche, auf Verantwortung beruhende Neigung die Lebensumstände des Dichters erhellt. Für uns ist die Bedeutung der ‹Fleurs du Mal› und damit die Bedeutung Baudelaires das Ergebnis unseres Interesses an der Dichtung. Wir wüßten nichts von seinem persönlichen Schicksal, wäre unser Interesse nicht durch die Gedichte geweckt. Deshalb können wir nur in dem Maße davon sprechen, wie es unsere Liebe zu den ‹Fleurs du Mal› erhellt (nicht getrennt, sondern in den Reigen eingebunden, dessen Bestandteil sie waren). So gesehen ist es die besondere Einstellung des Dichters zur Moral, die den Bruch bezeichnet, den er herbeiführte: die Verneinung des Guten bei Baudelaire ist grundsätzlich eine Verneinung des Primats der Zukunft, während die gleichzeitige Bejahung des Guten aus einem gereiften Gefühl entspringt (welches ihn häufig in seinen Betrachtungen über die Erotik leitete): sie offenbarte ihm regelmäßig und unselig (in verfluchter Weise) das Paradox des Augenblicks – den wir nur erhaschen, wenn wir ihn fliehen, der sich entzieht, wenn wir ihn ergreifen wollen. Zweifellos konnte die – erniedrigende – Lage Baudelaires als *poète maudit* überwunden werden. Doch in der möglichen Überwindung ist nichts, was Ruhe begründete. Das erniedrigende Unglück findet sich in anderen Formen wieder, in weniger passiven, beschränkteren, keine Ausflüchte gestattenden, die so hart – oder so unsinnig – sind, daß man von einem wilden Glück sprechen könnte. Die Poesie Baudelaires selbst ist überholt: der Widerspruch zwischen der Ablehnung des Guten (eines auf Dauer hin angelegten Wertes) und der Schaffung eines dauerhaften Werkes trieb die Poesie in einen Prozeß raschen Verfalls, in dem sie sich immer negativer gebärdete und als ein vollkommenes Schweigen des Willens verstand.

MICHELET

Kaum jemand setzte so naiv wie Michelet auf einige einfache Ideen: der Fortschritt der Wahrheit und Gerechtigkeit und die Rückkehr zu den Gesetzen der Natur führten in seinen Augen zu einer sicheren Vollendung. Sein Werk ist in dieser Hinsicht ein hübsches Zeugnis seines Vertrauens. Aber wenn er die Grenzen der Vernunft verkannte, so trafen die Leidenschaften, die sie durchkreuzen – dies ist das Paradox, das mich innehalten läßt –, in ihm zuweilen einen Komplizen. Ich weiß nicht, wie er dazu kam, ein so kundiges Buch wie ‹Die Hexe› zu schreiben (zweifellos eine Glückstat – offenbar veranlaßten einige bis dahin unbenutzte Aktensammlungen, die im Lauf der Jahre angelegt wurden, die Niederschrift). ‹Die Hexe› macht aus ihrem Verfasser einen von denen, die am menschlichsten vom *Bösen* gesprochen haben.

Es scheint mir, daß er sich verirrt hat. Die Wege, die er einschlug – aufs Geratewohl, getrieben von einer ‹ungesunden› Neugier –, führen aber trotzdem zu unseren Wahrheiten. Diese Wege, das ist gewiß, sind die des *Bösen.* Nicht des *Bösen,* das wir unter Mißbrauch unserer Stärke den Schwachen antun, sondern eines *Bösen,* das gegen das Eigeninteresse geht und das ein irrsinniges Verlangen nach Freiheit erfordert. Michelet sah darin den Umweg, den das *Gute* genommen hatte. Soweit er konnte, versuchte er, es zu legitimieren: die Hexe war das Opfer und starb den schrecklichen Flammentod. Es war natürlich, die Wertsetzungen der Theologen umzukehren. War das Böse nicht auf der Seite des Henkers? Die Hexe verkörperte die leidende Menschheit, die die Mächtigen verfolgten. Diese Ansichten, die sicher zum Teil begründet waren, waren insofern gefährlich, als sie den Historiker *von vornherein* daran hinderten, tieferzublicken. Aber seine Rechtfertigung verschleiert einen grundlegenden Vorgang. Was Michelet spürbar anzog, war der Taumel des *Bösen*: es war eine Art von Verwirrung.

Der Abgrund des *Bösen* verlockt unabhängig vom Gewinn, der mit bösen Handlungen verbunden ist (zumindest mit einigen von ihnen – aber wenn man die Wege des *Bösen* insgesamt betrachtet, wie wenige werden aus Eigennutz begangen!). Diese Anziehungskraft, die mit einzigartiger Klarheit aus den Schrecken des Hexensabbats hervorgeht, bezeichnet vielleicht die grundlegende Schwierigkeit des Moralproblems. Von der ‹Hexe› zu sprechen (die, historisch gesehen, eins der besseren Bücher über die Magie in der christlichen Gesellschaft ist – denn es gibt keins, das den Ansprüchen der Wissenschaft gerecht wird –, und in poetischer Hinsicht das Meisterwerk Michelets), ist für mich die Gelegenheit, auf angemessene Weise das Problem des Bösen zu stellen.

DAS OPFER

Der Ausgangspunkt dieses Problems ist mit seiner geschichtlichen Herkunft gegeben, für die die Entgegensetzung von *Hexenwesen* und *Opferwesen* konstitutiv ist. Dieser Gegensatz ist nirgends so lebendig wie in der christlichen Welt, die ihn mit dem Feuerschein unzähliger Scheiterhaufen beleuchtet.[1] Aber er ist so ziemlich überall und zu allen Zeiten der gleiche, indem die eine Konstante immer die *soziale* Initiative ist, die die mit den *Religionen* verbundene Würde des *Opfers* ausmacht, die andere hingegen die *individuelle*, nicht soziale Initiative, die den kaum empfehlenswer-

1. Wenn wir schlecht unterrichtet sind über den Hexenzauber selbst – wir kennen ihn hauptsächlich aus den Prozessen, und es ist zu vermuten, daß die Richter, die über die Tortur verfügten, ihre Opfer das sagen ließen, was sie beschlossen hatten, sie sagen zu lassen, nicht das, was tatsächlich der Fall war –, so haben wir über seine Strafverfolgung genaue Angaben, die Michelet gut kannte.

ten, an die Praktiken der *Magie* gebundenen Sinn des *Hexenwesens* bezeichnet. Diese Konstanz entspricht zweifellos einer elementaren Notwendigkeit, deren Ausdruck sich durch seine einleuchtende Art aufdrängen muß.

In dieser Hinsicht ist es notwendig, auf folgendes hinzuweisen.

Wie bestimmte Insekten sich unter gegebenen Umständen allesamt einem Lichtstrahl zuwenden, so wenden wir uns alle von einer Region ab, in der der Tod herrscht. Die treibende Kraft der menschlichen Tätigkeit ist ganz allgemein das Verlangen, den Punkt zu erreichen, der am weitesten vom Bereich des Sterbens entfernt ist (dem Bereich von Verwesung, Schmutz und Unreinheit): wir tilgen überall, in unermüdlicher Anstrengung, die Spuren, Zeichen und die Symbole des Todes. Wir tilgen sogar hinterher, wenn es irgend geht, die Spuren und Zeichen dieser Anstrengung. Unser Verlangen, uns zu *erheben*, ist nur ein Symptom, unter hundert anderen, für diese Kraft, die uns zu den Antipoden des Todes zieht. Das Grauen, das die Reichen vor den Arbeitern empfinden, die Panik, die Kleinbürger bei der Vorstellung ergreift, in die Lage der Arbeiter zu geraten, beruhen darauf, daß die Armen in ihren Augen stärker als sie selbst unter der Peitsche des Todes stehen. Bisweilen mehr als der Tod selbst, sind diese trüben Spuren des Schmutzes, der Ohnmacht, des Verderbens, die auf ihn zugleiten, Gegenstand unseres Abscheus.

Diese ängstliche Haltung äußert sich vielleicht noch deutlicher in den moralischen Prinzipien, die wir affirmieren, als in unseren Reflexen. Allerdings sind unsere Affirmationen verhüllt: große Worte geben einer negativen Haltung einen positiven Sinn, der offensichtlich leer ist, aber versehen mit dem Glanz strahlender Wertschätzung. Wir können nicht anders, als das Wohl aller herauszustellen – den leichten Verdienst und den sicheren Frieden –: legitime und vollkommen negative Ziele (es geht nur darum, den Tod zu entfernen). Was die Lebensklugheit betrifft, so sind unsere Grundauffassungen stets auf das Verlangen nach Dauer zurückzuführen. Michelet unterscheidet sich darin nicht von den Klügsten.

Diese Haltung und diese Prinzipien sind unveränderlich, zumindest soweit sie die Grundlage sind und bleiben müssen. Aber wir können uns nicht gänzlich darauf verlassen. Selbst wenn man nur dem Interesse nachgeht, auf das sie abzielen, ist es bis zu einem gewissen Grad notwendig, ihnen zuwiderzuhandeln. Das

Leben sieht sich mitunter genötigt, die Schatten des Todes nicht zu vermeiden, sondern sie in sich wachsen zu lassen, bis zur Gefahr der Ohnmacht und letztlich des Todes selbst. Die ständige Wiederkehr verhaßter Momente – von denen sich das Leben in seinem Getriebe abwendet – ist schon unter normalen Umständen gegeben, aber sie ist unzureichend. Wenigstens reicht es nicht zu, daß die Schatten des Todes *gegen unseren Willen* wiederkehren: wir müssen sie noch *aus freien Stücken* herbeiführen, – auf eine Weise, die genau unseren Bedürfnissen entspricht (ich spreche von den Schatten, nicht vom Tod selbst). Diesem Zweck dienen die Künste, deren Wirkung im Falle des Schauspiels darin besteht, uns in den höchstmöglichen Grad der Angst zu versetzen. Die Künste – zumindest einige unter ihnen – führen uns unaufhörlich diese Unordnung, diese Zerrissenheit und Erniedrigung vor Augen, die unsere ganze Aktivität zu vermeiden gedenkt. (Dieser Satz gilt sogar für das Lustspiel.)

Wie unerheblich diese Momente letztlich auch sein mögen, die wir aus unserem Leben entfernen wollen, die aber die Kunst auf einem Umweg wieder hereinholt, sie sind darum nicht weniger Zeichen des Todes: wenn wir lachen oder weinen, so heißt das, daß uns im Augenblick, wo wir Opfer eines Spiels oder Mitwisser eines Geheimnisses sind, der Tod *leicht* erscheint. Das bedeutet nicht, daß das Grauen vor ihm uns fremd geworden wäre: sondern daß wir es für einen Augenblick überwunden haben. Die Erregung des Lebens, die derart hervorgerufen wird, ist zwar ohne praktische Tragweite, denn sie hat nicht die Überzeugungskraft derer, die vom Widerwillen ausgehen und das Gefühl vermitteln, daß die Arbeit notwendig sei. Aber sie hat darum nicht weniger ihre Bedeutung. Was das Lachen lehrt, ist dies: wenn wir klug die Todesmomente vermeiden, bemühen wir uns nur darum, *das Leben zu erhalten*; wenn wir aber die Region betreten, die die Klugheit uns vermeiden heißt, *leben wir es.* Denn die Ausgelassenheit des Lachens ist nur Schein. Aufflammend in der Berührung mit dem Tod, aus den Zeichen der Leere ein verstärktes Bewußtsein des Seins hervorlockend, holt das Lachen gewaltsam zurück, was verworfen werden sollte, und führt uns für eine Zeit aus der Sackgasse, in der jene, die es nur zu erhalten wissen, das Leben einschließen.

Indem ich meine begrenzte Absicht vertiefe, *auf angemessene Weise* das Problem des Bösen zu stellen, sage ich, daß das *Wesen,* das wir sind, zuerst ein endliches Wesen ist (ein sterbliches Individuum). Aber so notwendig diesem Wesen seine Grenzen sind, so wenig kann es sie gleichwohl ertragen. Indem es diese notwendigen Grenzen, die es erhalten, überschreitet, behauptet es seine wahre Natur. Es ist zuzugeben, daß der *endliche* Charakter aller bekannten Wesen unverträglich wäre mit anderen Zügen, wenn er nicht entlastet würde durch eine extreme Unbeständigkeit. Übrigens ist das nicht so wichtig; ich muß jedoch daran erinnern, daß jene Künste, die in uns die Angst und die Überschreitung der Angst lebendig erhalten, Erben der Religionen sind. Unsere Tragödien, unsere Komödien sind die Fortsetzung der ehemaligen Opferhandlungen, deren Ablauf genauer mit meinen Beschreibungen übereinstimmt. Beinahe alle Völker legten das größte Gewicht auf die feierliche Vernichtung von Tieren, Menschen oder Pflanzen – Opfer, die bald in der Tat sehr kostbar waren, bald in fiktiver Einschätzung für sehr kostbar gehalten wurden. Diese Vernichtung galt im Prinzip als verbrecherisch, aber die Gemeinschaft hatte die Verpflichtung, sie auf sich zu nehmen. Da die Zwecke, die bekanntermaßen den Opferungen zugeschrieben werden, sehr verschiedenartig sind, können wir nicht umhin, eigene und gründlichere Nachforschungen über den Ursprung einer so verbreiteten Handlungsweise anzustellen. Die scharfsinnigste Ansicht sah im Opfer die Institution, die den sozialen Zusammenhalt begründete. (Sie gab allerdings nicht den Grund an, warum das Vergießen von Blut den sozialen Zusammenhalt eher garantierte als andere Mittel.) Aber wenn es unumgänglich ist für uns, so nah und so häufig, wie es nur geht, an den Gegenstand unseres Grauens heranzurücken, wenn es unsere Natur ausmacht, *in das Leben, indem wir es so wenig wie möglich verletzen, die größtmögliche Summe von Momenten einzuführen, die ihm zuwiderlaufen,* dann ist die Opferhandlung nicht mehr jene zwar elementare, aber unbegreifliche menschliche Verhaltensweise, die sie bisher war. (Ein so außerordentlicher Brauch mußte schließlich einer elementaren Notwendigkeit entsprechen, deren Ausdruck sich durch seine einleuchtende Art aufdrängte.)

Selbstverständlich ist *die größtmögliche Summe* selten, und um den Schaden auf ein Minimum zu reduzieren, behalf man sich mit vielen Tricks. Das hing von der entsprechenden Kraft ab: wenn ein Volk das Herz hatte, trieb es die Dinge weiter voran. Die aztekischen Blutopfer zeigen den Grad des Schreckens an, zu dem man gelangen konnte. Die in die Tausende gehenden aztekischen Opfer des Bösen waren nicht nur Gefangene: die Altäre wurden gespeist durch Kriege, und der Tod im Kampf verband die Stammesangehörigen ausdrücklich mit dem rituellen Tod der anderen. An bestimmten Festen geschah es sogar, daß die Mexikaner ihre eigenen Kinder opferten. Der Charakter der Handlungsweise, der verlangt, daß sie den höchsten Grad des Schrekkens erreicht, der zu ertragen ist, ist hier nur noch mühsam zu erkennen. Ein Gesetz war nötig, das die Bestrafung derjenigen anordnete, die sich vom Zug abwandten, wenn sie diese Kinder zum Tempel ziehen sahen. Die äußerste Grenze ist die Ohnmacht.

Zum *menschlichen* Leben gehört diese gewaltsame Erregung (andernfalls könnten wir auf die Künste verzichten).

Die Tatsache, daß intensive Augenblicke des Lebens nötig sind, um den sozialen Zusammenhalt zu fundieren, ist von sekundärem Interesse. Sicher muß der Zusammenhalt fundiert werden, und wir begreifen leicht, daß das durch die Opferhandlung geschah: denn die intensiven Augenblicke sind die Augenblicke des Exzesses und der *Verschmelzung* der Einzelwesen. Aber die Menschen wurden nicht zu ihrem Schmelzpunkt getrieben, *weil* sie Gesellschaften zu bilden hatten (wie wir Metallstücke schmelzen, um daraus ein neues, einheitliches Stück zu machen). Wenn wir durch die Angst und die Überschreitung der Angst in diese Zustände des Schmelzens geraten, wie sie besonders das Lachen oder die Tränen ausdrücken, so entsprechen wir, scheint mir, auf die eigene Weise des Menschen der elementaren Forderung endlicher Wesen.

HEXENWESEN UND SCHWARZE MESSE

Weit entfernt, der Ursprung des Opfers zu sein, ist die Institution des sozialen Zusammenhalts vielmehr dazu angetan, dessen Kraft zu vermindern. Das Opfer nimmt im Gemeinwesen den erhabenen Platz ein, es gehört zu den reinsten und heiligsten Bestrebungen, die zugleich die konservativsten sind (im Sinne der Bewahrung des Lebens und der Werke). In Wirklichkeit entfernt das, was es begründet, in höchstem Maß von der ursprünglichen Erregung, die seinen Sinn ausmacht. Beim *Hexenwesen* verhält es sich anders. Die Veranstalter der Opferhandlungen waren sich des Verbrechens bewußt, das die Aufopferung im Grunde war. Aber sie begingen sie, weil sie ein Gut im Auge hatten. Als Zweck des Opfers blieb letzten Endes das Gute übrig. Die Handlung wurde so verdorben und gleichsam verfehlt. Das *Hexenwesen* hat natürlich nicht das Scheitern des Opfers zum Ursprung, aber es scheitert nicht aus den gleichen Gründen. Es diente Zwecken, die dem Guten fremd und oft sogar entgegengesetzt waren (dadurch, und durch keinen anderen Wesenszug, unterscheidet es sich vom Opfer). Unter diesen Umständen waren die Chancen gering, daß die Transgression, die es begründete, sich abschwächte. Sie konnte sogar noch schärfer hervortreten.

Das Opfer reduziert, wenn möglich, das Eindringen unklarer Momente: es erzielt seinen Eindruck durch den Kontrast, indem es die Reinheit und Würde des Geopferten sowie der Örtlichkeiten hervorhebt. Beim Hexenwesen kann im Gegenteil das dumpfe Moment betont werden. Zwar gehört es nicht wesentlich zum Bereich der Magie, aber es findet in ihr doch einen guten Nährboden. Der Hexenzauber des Mittelalters war genau die Kehrseite einer Religion, die mit der Moral verschmolzen war. Wir wissen wenig vom *Hexensabbat* – nur die Zwangsermittlungen unterrichten darüber, und die Angeklagten, am Ende ihrer Kräfte, konnten Geständnisse machen, die den Erwartungen der Richter nachkamen –, aber wir können mit Michelet annehmen, daß er die Parodie des christlichen Opfers war: das, was man die *schwarze Messe* genannt hat. Aber selbst wenn die überlieferten Berichte zum Teil erdichtet waren, so entsprachen sie in gewissem Ausmaß den Gegebenheiten: wenigstens hatten sie die bezeichnende Kraft eines Mythos oder eines Traums. Der menschliche Geist, der christlichen Moral unterworfen, wird hier dazu veranlaßt, die neuen Widersprüche zu entwickeln, die möglich geworden sind. Alle Wege haben ihren Wert, die dazu führen, daß wir an den Gegenstand unseres Grauens näher herankommen. Was Michelet einem kirchlichen Bericht entnimmt, gibt eine Vorstellung von dieser verwirrenden Bewegung des Geistes, der sich vorwagt, erbebt und den ein Verhängnis dem Schlimmsten entgegentreibt: «Die einen spürten nichts als Schrecken; die anderen waren bewegt vom melancholischen Stolz, in dem der ewig Verbannte versunken schien.» Dieser Gott, an dem seine Gläubigen «die Rückseite bevorzugten» und der in keiner Weise der Bereitschaft diente, die Werke der Gemeinschaft sicherzustellen, entspricht einem entschiedenen Schritt in Richtung auf die Nacht. Die Darstellung des schändlichen Gottestods – so paradox und tiefsinnig sie auch sein mag –, die die Idee des Opfers krönt, wird in dieser Umkehrung überboten. Die besondere Situation der Magie, die kein Gefühl von Verantwortung und Maß begrenzte, erteilt der *schwarzen Messe* den Sinn einer äußersten Möglichkeit.

Die Größe dieser Riten der Beschmutzung, deren Sinn eine Sehnsucht nach unendlicher Beschmutzung ist, kann, so verkannt sie auch ist, gar nicht hoch genug geschätzt werden. Sie haben durchweg parasitären Charakter: es sind die Umkehrungen des christlichen Themas. Aber die Umkehrung, die von einer schon überschießenden Kühnheit ausgeht, vollendet eine Bewegung, deren Ziel es ist, wiederzufinden, was das Verlangen nach Dauer uns vermeiden läßt. Die volkstümliche Entwicklung des *Hexensabbats* am Ende des Mittelalters entsprach vielleicht dem Niedergang der Kirche, deren verlöschender Schimmer sie sozusagen ist. Die unzähligen Scheiterhaufen, die Todesqualen aller Art, die die Angst der Priester dieser Bewegung entgegensetzte, zeigen die Bedeutung, die sie hatte. Ihr außerordentlicher Charakter wird noch durch die Tatsache unterstrichen, daß die Völker seitdem die Kraft verloren haben, ihre Träume in Riten zu verwandeln. So kann der *Hexensabbat* als ein letztes Wort gelten. Der mythische Mensch ist tot, und dies ist die letzte Botschaft, die er uns hinterlassen hat – alles in allem ein schwarzes Lachen.

Es macht die Ehre Michelets aus, diesen Festen der Sinnlosigkeit die Bedeutung beigemessen zu haben, die ihnen zukommt. Er gab ihnen die menschliche Wärme wieder, die weniger die der Körper als die der Herzen ist. Es ist nicht sicher, ob er recht hat, den Hexensabbat mit den «großen und schrecklichen Revolten», den Bauernaufständen des Mittelalters zu verbinden. Aber die Riten des Hexenzaubers sind die von Unterdrückten. Die Religion eines eroberten Volkes ist oft zur Magie von Gesellschaften geworden, die sich in der Folge der Eroberung gebildet haben. Die Riten der Nächte des Mittelalters setzen sicher in gewisser Hinsicht die der antiken Religionen fort (indem sie deren verdächtige Seiten bewahren: Satan ist sozusagen ein *Dionysos redivivus*): es sind Riten der *pagani*, der Bauern und Leibeigenen, der

Opfer einer herrschenden Ordnung der Dinge und der Autorität einer herrschenden Religion. Zwar ist nichts, was diese niedere Welt betrifft, eindeutig geklärt, aber es ist darum nicht weniger zu schätzen, daß Michelet von ihr gesprochen hat, als wäre es *unsere* Welt – die das Beben unseres Herzens beseelt, die in sich die Hoffnung und Verzweiflung trägt, die unser Los sind und an denen wir uns erkennen.

Der Nachdruck, mit dem Michelet den hervorragenden Anteil der Frauen an diesem verfemten Werk unterstrich, scheint ebenfalls sehr angemessen zu sein. Die Launenhaftigkeit und weibliche Sanftheit erhellten das Reich der Finsternis; umgekehrt verbindet sich etwas von der Hexe mit der Vorstellung, die wir uns von der Verführung machen. Diese Verklärung der Frau und der Liebe, die heutzutage unseren seelischen Reichtum ausmacht, leitet sich nicht nur von den Rittergeschichten her, sondern von der Rolle, die die Frau in der Magie innehatte: «Auf einen Zauberer kamen zehntausend Zauberinnen», und die Folter, die Zangen und das Feuer erwarteten sie.

Daß Michelet diese Welt, deren menschliche Bedeutung so schwer ins Gewicht fällt, von der Schande befreit hat, ist ein besonderer Ruhmestitel. Die erste Ausgabe der ‹Hexe› unter dem Kaiserreich erregte Anstoß, und die Polizei zog sie aus dem Vertrieb. Das Buch erschien in Brüssel bei Lacroix & Verboeckhoven (die wenige Jahre später die ‹Gesänge des Maldoror›, dieses Epos des Bösen, herausbringen sollten). Die Schwäche Michelets – aber ist das nicht ganz allgemein die Schwäche der menschlichen Urteilskraft? – besteht darin, daß er im Bestreben, die Hexe von der Schande zu befreien, aus ihr eine Dienerin des *Guten* gemacht hat. Er wollte sie rechtfertigen durch den *Nutzen*, den sie gebracht habe, während der authentische Teil ihres Wirkens sie außerhalb ansiedelt.

DAS GUTE, DAS BÖSE, DER «WERT» UND DAS LEBEN MICHELETS

Ich gebe jetzt den Beschluß dieser Darlegungen zum Problem des Bösen.

Aus meiner Darstellung scheint mir dies hervorzugehen. Die Menschheit verfolgt zwei Ziele: das negative, das Leben zu erhalten (den Tod zu vermeiden), und das positive, seine Intensität zu steigern. Die beiden Ziele stehen nicht im Widerspruch zueinander. Aber die Intensität kann nicht ohne Gefahr gesteigert werden; die Intensität, nach der die Mehrheit (oder der Sozialkörper) verlangt, ist dem Bestreben untergeordnet, am Leben und seinen Werken festzuhalten, und das hat unbestrittenen Vorrang. Wird sie jedoch von Minderheiten oder Individuen erstrebt, so kann das ohne Hoffnung geschehen, jenseits des Verlangens nach Dauer. Die Intensität variiert nach dem Umfang der Freiheit, der jeweils gegeben ist. Diese Entgegensetzung von Intensität und Dauer gilt im großen und ganzen und läßt im einzelnen sehr oft einen Ausgleich zu (die religiöse Asketik; auf der Seite der Magie die Verfolgung der individuellen Ziele[2]). Die Bedeutung des Guten und des Bösen ist von dieser Grundlage aus zu überprüfen.

Die Intensität kann als *Wert an sich* definiert werden (d. h. als der einzige positive Wert), die Dauer als das *Gute* (d. h. als das allgemeine Ziel der Tüchtigkeit). Der Begriff der Intensität ist nicht auf den der Lust zurückzuführen, denn, wie wir gesehen haben, verlangt das Streben nach Intensität, daß wir zuerst dem Unbehagen entgegengehen, hart am Rande der Ohnmacht. Was ich *Wert* nenne, untercheidet sich also zugleich vom *Guten* und von der Lust. Der Wert kongruiert bald mit dem *Guten*, bald tut er es nicht; er kongruiert aber manchmal mit dem *Bösen*. Der *Wert* ist *jenseits von Gut und Böse* angesiedelt, aber in zwei einander entgegengesetzten Formen, von denen die eine mit dem Prinzip des *Guten* verbunden ist, die andere mit dem Prinzip des *Bösen*. Das Verlangen nach dem *Guten* begrenzt die Bewegung, die uns veranlaßt, nach dem *Wert* zu streben. Wohingegen die Freiheit zum Bösen einen Zugang zu den exzessiven Formen des *Werts* eröffnet. Dennoch kann man aus diesen Angaben nicht schließen, daß der authentische *Wert* auf der Seite des *Bösen* angesiedelt wäre. Das Prinzip des *Werts selbst* verlangt, daß wir *so weit wie möglich* gehen. In dieser Hinsicht ermißt die Beziehung auf das Prinzip des Guten das *Weiteste* des Sozialkörpers (den extremen Punkt, über den die bestehende Gesellschaft nicht hinausgehen kann); die Beziehung auf das Prinzip des *Bösen* das *Weiteste*, das die Individuen – oder die Minderheiten – *vorübergehend* erreichen; *weiter* kann niemand gehen.

2. Diese Ziele verweisen allerdings gewöhnlich auf den Exzeß, nicht auf das schlichte Gute, die Erhaltung. Sie bleiben insofern günstig für die Intensität.

Es gibt noch einen dritten Fall. Eine bestimmte Minderheit kann an einem Punkt ihrer Geschichte die ausschließliche Revolte hinter sich lassen, indem sie nach und nach die Verpflichtungen eines Sozialkörpers übernimmt. Dieser letzte Fall bringt Möglichkeiten des Gleitens mit sich.

Ich halte es für richtig, an dieser Stelle offen auszusprechen, daß Michelet in der Zweideutigkeit verblieb. Er gab der Welt, die er darstellte, noch mehr als den Charakter der Revolte: ein höheres Bestreben, die Zukunft, die Dauer sicherzustellen! Er beschränkte auf die Weise die Freiheit von Schritten, von denen der Sinn der Welt abhing. Es sei ohne Geringschätzung gesagt (ich möchte im Gegenteil auf ein Gefühl der Stärke verweisen) – selbst das Leben Michelets entsprach dieser Zweideutigkeit. Die Angst führte ihn offensichtlich – sie führte ihn sogar in die Irre –, während er ein Buch schrieb, in dem eine verdächtige Leidenschaft brennt. In einer Passage seines *Journals* (das ich nicht lesen konnte, es ist noch nicht zugänglich, aber über diesen Punkt habe ich von dritter Seite hinreichend genaue Angaben erhalten) sagt er, daß es im Verlauf seiner Arbeit vorkam, daß ihm die Inspiration fehlte: er verließ dann das Haus und begab sich in eine Bedürfnisanstalt, in der der Geruch zum Ersticken war. Er atmete tief, und nachdem er derart so nahe an den Gegenstand seines Grauens herangegangen war, wie er konnte, kehrte er an seine Arbeit zurück. Ich darf nur das Gesicht des Autors in Erinnerung rufen, edel, abgezehrt, mit bebenden Nasenflügeln.

WILLIAM BLAKE

Sollte ich in der englischen Literatur jene Namen bezeichnen, die mich am meisten bewegen, würde ich ohne Zögern John Ford, Emily Brontë und William Blake nennen.[1] Solche Klassifizierungen haben wenig Sinn, doch diese Namen stellen hier Kräfte dar, die zusammenklingen. Seit kurzem treten sie aus dem Halbdunkel hervor, und was die maßlose Gewaltsamkeit in ihnen ankündigt, ist die *Reinheit* des Bösen.

Ford hinterließ ein unvergleichliches Bild von der verbrecherischen Liebe. Emily Brontë erblickte in der Bösartigkeit eines Findelkindes die einzig klare Antwort auf das Verlangen, das sie verzehrte. Blake wußte in Sätzen von unwiderlegbarer Einfachheit das Menschliche auf die Poesie und die Poesie auf das Böse zurückzuführen.

1. In Frankreich kennen und schätzen nur wenige und erst seit kurzem den visionären Maler und Dichter William Blake. Selten haben seine Schriften jene erreicht, die sich in ihrem entschlossenen Freiheitswillen wiedererkennen hätten können. Der religiöse Zug in seinem Leben und Werk wirkte sich wohl zu seinen Ungunsten aus. Vielleicht hat er in Frankreich die Leser nicht gefunden, die fähig gewesen wären, seine tiefere Bedeutung zu erfassen. Mich wundert, daß die Verwandtschaft zwischen Blake und dem Surrealismus so selten und so undeutlich erwähnt wird. Eine so bizarre Schrift wie *Eine Insel im Mond (An Island in the Moon)* ist kaum bekannt.

Das Leben William Blakes ist vielleicht banal gewesen; es verlief geordnet und ohne Abenteuer. Und dennoch beeindruckt es durch seinen absoluten Ausnahmecharakter, weil es in weitem Maße die normalen Grenzen des Lebens überschreitet. Für seine Zeitgenossen war er kein völlig Unbekannter: schon zu Lebzeiten genoß er einen gewissen Ruhm, aber am Rande. Wenn ihn Wordsworth und Coleridge auch schätzten, so wohl nicht unumschränkt (Coleridge wenigstens bedauerte die Anstößigkeit seiner Schriften). Vermutlich wurde er meist beiseite geschoben: «Er ist verrückt», sagte man und wiederholte das sogar noch nach seinem Tode.[2] Seine Werke (seine Schriften, seine Bilder) weisen

2. Seine Visionen, von denen er unbefangen sprach, seine sprachlichen Exzesse, die Wahnatmosphäre seiner Bilder und Gedichte, all das trug dazu bei, Blake bei oberflächlicher Bekanntschaft verrückt erscheinen zu lassen. Wir besitzen charakteristische Zeugnisse von Personen, die ihn zunächst für geistesgestört gehalten hatten, bald aber ihren Irrtum einsahen und ihn gerne eingestanden. Nichtsdestoweniger bildete sich noch zu Lebzeiten dieser Personen die Legende von einem dreißigjährigen Aufenthalt des Visionärs in einem Irrenhaus. Diese Legende nahm ihren Ausgang von einem 1833 in der *Revue Britannique* in Paris erschienenen Artikel (3. Lieferung, Bd. IV, S. 183–186). Der anonyme Verfasser schreibt: «Die beiden berühmtesten Insassen der Anstalt in Bedlam sind der Brandstifter Martin ... und Blake mit dem Spitznamen *Der Seher*. Nachdem ich dieses ganze Gesindel von Verbrechern und Irren besichtigt und begutachtet hatte, ließ ich mich zur Zelle Blakes führen. Er war ein großer, bleicher Mann, der sich gewandt, ja beredsam ausdrückte. In sämtlichen Annalen der Dämonologie gibt es nichts Außerordentlicheres als die Visionen Blakes. – Er war nicht das Opfer einer einfachen Halluzination, er war von der Wirklichkeit seiner Visionen zutiefst überzeugt, er plauderte mit Michelangelo, er speiste mit Semiramis. ... Dieser Mensch hatte sich zum Maler der Geister gemacht .... Als ich in seine Zelle trat, zeichnete er gerade einen Floh, dessen Geist ihm soeben erschienen war, wie er behauptete.» Blake hat den fraglichen Geist eines Flohs tatsächlich gezeichnet: ‹The Ghost of a Flea› befindet sich heute in der Tate Gallery. Wäre uns im übrigen das Leben Blakes nicht im einzelnen und ohne Unterbrechungen bekannt, so daß ein auch noch so kurzer Aufenthalt in Bedlam aller Wahrscheinlichkeit nach auszuschließen ist, hätten wir den Bericht der *Revue Britannique* ernst nehmen können. Mona Wilson hat jedoch seine Quelle aufgedeckt. Der Berichterstatter der *Revue Britannique* plagiierte einen Artikel, der im März 1833 im *Monthly Magazine* abgedruckt worden war. Wie die *Revue Britannique* erwähnt das *Monthly Magazine* den Visionär Blake und den Brandstifter Martin, aber nur der Martin betreffende Teil nennt Bedlam. Der Autor der *Revue Britannique* versetzte einfach beide Personen statt einer nach Bedlam. In Mona Wilsons *The Life of William Blake* (London: Hart-Devis, 2. Auflage 1948) finden sich beide Artikel auf englisch und

einen unausgeglichenen Charakter auf. Sie verblüffen durch ihre Gleichgültigkeit gegenüber herkömmlichen Normen. Etwas Überspanntes, eine Taubheit für die Mißbilligung der anderen erhebt die in grellen Farben gehaltenen Gedichte und Gestalten ins Sublime. Der Visionär Blake maß seinen Visionen niemals reale Bedeutung bei. Er war nicht verrückt, er hielt sie einfach für menschlich, er sah in ihnen Schöpfungen des menschlichen Geistes.

Merkwürdigerweise wurde von ihm gesagt: «Viele andere sind ebenso tief in den Abgrund des Unbewußten hinabgestiegen, doch sie sind nicht zurückgekommen. Die Anstalten sind voll von ihnen, denn die moderne Definition des Irren bezeichnet jenen Menschen, den die Symbole des Unbewußten überwältigt haben. Blake ist der einzige, der sich ebensoweit vorwagte und dennoch geistig gesund blieb. Reine Dichter – wie etwa Nietzsche oder Hölderlin –, die nur über das Band der Poesie verfügten, um diese Symbole mit der oberen Welt zu verbinden, sind untergegangen.»[3] Diese Darstellung der Vernunft hat vielleicht insofern etwas Vernünftiges, als die Poesie darin als der Vernunft entgegengesetzt erscheint. Eine allgemeine Übereinstimmung mit der Vernunft im Leben eines Dichters würde der Authentizität der Poesie zuwiderlaufen. Zumindest entzöge sie dem Werk jenen Grundcharakter, jene souveräne Gewaltsamkeit, ohne die die Poesie verstümmelt wäre. Der authentische Dichter ist in der Welt wie ein Kind: wie Blake oder wie das Kind kann er über einen unleugbaren gesunden Menschenverstand verfügen, aber die Leitung von Geschäften dürfte man ihm nicht anvertrauen. Der Dichter ist in der Welt ein ewig Minderjähriger, woraus sich jene Zerrissenheit ergibt, die Leben und Werk Blakes bestimmt. Blake, der nicht verrückt war, hielt sich an der Grenze des Irrsinns auf.

Sein ganzes Leben hatte nur den einen Sinn, den Visionen seines poetischen Genies den Vorrang vor der prosaischen Wirklichkeit der äußeren Welt einzuräumen. Dies ist um so auffallender, als er sein Leben lang der Klasse der Armen angehörte, der eine solche Bevorzugung schwerfällt: für den Reichen ist sie bis-

französisch. Damit kann mit einer Legende aufgeräumt werden, deren Ursprung gänzlich geklärt ist. Trotzdem spricht ein Artikel im *Cornhill Magazine* noch 1875 von den dreißig Jahren, die Blake in einem Irrenhaus zugebracht haben soll.

3. W. P. Witcutt, *Blake. A Psychological Study*, London: Hollis and Carter 1946, S. 18.

weilen Affektiertheit, die den Verlust seines Vermögens nicht überleben würde. Der Arme dagegen ist versucht, das Wesentliche in der Bemitleidung der Notleidenden zu sehen. Der 1757 in London geborene William Blake war der Sohn eines bescheidenen Strumpfwirkers (wahrscheinlich irischer Herkunft). Er erhielt nur eine rudimentäre Schulbildung, konnte aber dank der Umsicht des Vaters und seiner außergewöhnlichen Begabung (er schrieb mit zwölf Jahren bemerkenswerte Gedichte und zeigte eine seltene Fertigkeit im Zeichnen) mit vierzehn Jahren in das Atelier eines Kupferstechers eintreten. Er lebte notdürftig von diesem Handwerk, denn seine phantastischen Kompositionen verwirrten die Käufer. Er fand eine Stütze in der großen Liebe seiner Frau, Catherine Bouchez. Sie glich seinen langgezogenen weiblichen Gestalten. Sie wußte ihn in seinen Fieberanfällen zu besänftigen. Sie stand ihm fünfundvierzig Jahre lang zur Seite, bis zu seinem Tod im Jahre 1827. Er fühlte sich von einer übernatürlichen Sendung durchdrungen, und seine Umgebung konnte seine Würde nicht verkennen. Aber seine politischen und moralischen Ideen erregten Anstoß. Er setzte eine rote Mütze auf, als London die französischen Jakobiner für seine schlimmsten Feinde hielt. Er verherrlichte die sexuelle Freiheit und wollte, Gerüchten zufolge, seiner Frau eine Geliebte im gemeinsamen Haushalt aufzwingen. In Wirklichkeit spielte sich dieses ereignislose Leben ganz und gar in einer inneren Welt ab, und die mythischen Gestalten, die sie bevölkerten, waren die Negierung der äußeren Wirklichkeit mit ihren moralischen Gesetzen und Notwendigkeiten. In seinen Augen gewann die zerbrechliche Gestalt der Catherine Bouchez Bedeutung, wenn sie sich mit den Engeln seiner Visionen vermischte, doch manchmal lehnte er an ihr die Konventionen ab, die sie bejahte und in denen sie befangen war. So scheint es zumindest. Selbst seine Freunde sollten – wie die historischen Ereignisse seiner Zeit – zu Göttergestalten der Vergangenheit verklärt werden. Einem Brief an den Bildhauer Flaxman (vom September 1800) legte er eine Art Gedicht bei, das dieses Gleiten vom Äußeren ins Innere veranschaulicht:

«Als Flaxman nach Italien zog, wurde mir Füßli[4] eine Zeitlang gegeben.
Und nun hat mir Flaxman Hailey gegeben, seinen Freund und meinen, das ist mein Los hienieden.

Mein Los im Himmel aber ist dies: Milton liebte als Kind mich
und zeigte mir sein Gesicht.
Esra kam zu mir mit dem Propheten Jesaja; doch als ich reifte,
nahm mich Shakespeare bei der Hand.
In den Tiefen der Hölle bedrohte eine furchtbare Wandlung
die Erde.
Der Krieg brach aus in Amerika. All seine düsteren Schrecken
zogen vor meinen Augen vorbei
Über den Atlantik bis nach Frankreich hinein. Nun begann in
geballten Wolken die Französische Revolution,
Und meine Engel sagten mir, ich könnte bei solchen Visionen
auf Erden nicht bestehen,
Wäre nicht Flaxman mir nahe, der Nervenängste vergibt.»[5]

DIE SOUVERÄNITÄT DER POESIE

Man hat die «Psychologie» (oder Mythologie) William Blakes zu interpretieren versucht, indem man sie in die Kategorie der «Introversion» C. G. Jungs einstufte. Jung zufolge «nimmt die introvertierte Intuition alle Hintergrundsvorgänge des Bewußtseins etwa mit derselben Deutlichkeit wahr wie die extravertierte Empfindung die äußeren Objekte. Für die Intuition erlangen daher die unbewußten Bilder die Dignität von Dingen oder Objekten.»[6] W. P. Witcutt zitiert hierzu treffend die Äußerung Blakes, daß «die Wahrnehmungen des Menschen nicht durch die Wahrnehmungsorgane begrenzt sind: er nimmt mehr wahr, als die Sinne entdecken können (so scharf sie auch sein mögen)».[7] Doch das Jungsche Vokabular enthält eine Ungenauigkeit: die nicht auf das durch die Sinne Vermittelte reduzierbare Wahrnehmung unterrichtet uns nicht nur über das, was in unserem Inneren ist (das Introvertierte in uns). Es handelt sich um das poetische Gefühl. Die Poesie akzeptiert das von den Sinnen Gegebene nicht in

4. Der Zürcher Maler.
5. William Blake, *Poèmes choisis*, Paris: Aubier 1944, S. 17 (zweisprachige Ausg.).
6. C. G. Jung, *Psychologische Typen*, in: *Gesammelte Werke*, Bd. 6, Zürich 1960.
7. *There is no natural religion* (Second Series), in: William Blake, *Poetry and Prose*, edited by G. Keynes, London: Nonesuch Press 1948, S. 148.

seiner Nacktheit, aber sie verachtet auch die äußere Welt nicht immer, sogar selten. Sie lehnt eher die scharfen Grenzen zwischen den Gegenständen ab, läßt jedoch deren äußere Natur gelten. Sie negiert, sie zerstört die unmittelbare Realität, denn sie sieht in ihr einen Schirm, der uns die wahre Gestalt der Welt verbirgt. Die Poesie gesteht nichtsdestoweniger die Äußerlichkeit der Geräte oder Mauern *dem Ich gegenüber* zu. Die Lehre Blakes gründet sich sogar auf den Wert an sich – außerhalb des *Ichs* – der Poesie. In einem bezeichnenden Text heißt es: «Der Poetische Geist ist der wahre Mensch, und der Körper oder die äußere Form leitet sich aus dem Poetischen Geist ab... Wie alle Menschen an äußerer Gestalt gleich sind, genauso (und mit derselben unendlichen Mannigfaltigkeit) gleichen sich alle durch den Poetischen Geist... Die Religionen aller Völker leiten sich aus der jedem Volke eigenen Empfindung des Poetischen Geistes ab... Wie alle Menschen einander gleich sind (wenn auch in unendlicher Mannigfaltigkeit), so auch alle Religionen; und wie alles, was ihnen gleicht, haben sie eine gemeinsame Quelle. Der wahre Mensch, nämlich der Poetische Geist, ist diese Quelle.»[8] Diese Gleichsetzung von Mensch und Poesie vermag nicht nur, Moral und Religion als Gegensätze und die Religion als Werk des Menschen (und nicht Gottes, nicht der Transzendenz der Vernunft) hinzustellen, sondern sie gibt der Poesie auch die Welt zurück, in der wir uns bewegen. Diese Welt läßt sich ja nicht auf die *Dinge* reduzieren, die uns zugleich fremd und von uns unterjocht sind. Sie ist nicht die profane, prosaische, reizlose Welt der Arbeit (nur in den Augen der «Introvertierten», die keine Poesie im Äußerlichen finden, beschränkt sich die Wahrheit der Welt auf die des *Dings*): die Poesie allein, die die Grenzen der Dinge negiert und zerstört, vermag uns die Grenzenlosigkeit der Welt zu vermitteln; mit einem Wort, die Welt wird uns erst dann zuteil, wenn die Anschauung, die wir von ihr haben, *heilig* ist, denn alles Heilige ist *poetisch* und alles Poetische *heilig*.

Denn die Religion ist nur ein Ausfluß des poetischen Geistes. Es gibt nichts in der Religion, was nicht in der Poesie wäre, nichts, was den Dichter nicht mit der Menschheit, die Menschheit mit dem All verbände. Im allgemeinen entfernt ein förmlicher, fest-

8. *All religions are one (Alle Religionen sind eins),* um 1788, ebd., S. 148 f. «Alle Menschen gleichen sich durch den Poetischen Geist»: «Die Poesie muß von allen gemacht werden, nicht von einem», sagte Lautréamont.

gelegter, den Erfordernissen einer Gruppe (und damit den nützlichen oder profanen[9] Zwecken der Moral) unterworfener Charakter die Religion von ihrer poetischen Wahrheit; gleichermaßen ist die Poesie der Ohnmacht unterwürfiger Wesen förmlich ausgeliefert. Dieselbe Schwierigkeit findet sich in jedem Zusammenhang: eine allgemeine Wahrheit erscheint immer als besondere Lüge. Es gibt keine Religion und keine Poesie, die nicht lügen. Es gibt keine Religion und keine Poesie, die nicht bisweilen auf die Unkenntnis zurückzuführen wären, die die außenstehende Menge von ihnen hat. Trotzdem hören Religion und Poesie nie auf, uns leidenschaftlich *aus uns herauszuwerfen*, in großen Begeisterungen, in denen Tod und Leben keinen Gegensatz mehr darstellen. Die Armut der Poesie oder der Religion hängt gerade davon ab, in welchem Maße sie der Introvertierte auf die Besessenheit von seinen persönlichen Gefühlen herabdrückt. Es war das Verdienst Blakes, ihre jeweils eigenen Konturen freizulegen und ihnen jene Klarheit zu verleihen, in der die Religion die Freiheit der Poesie, die Poesie die souveräne Gewalt der Religion besitzt.

INTERPRETATION DER MYTHOLOGIE BLAKES DURCH DIE PSYCHOANALYSE JUNGS

Es gab keine wirkliche Introversion bei Blake, oder seine angebliche Introversion hatte nur einen Sinn: sie betraf die Besonderheit, die willkürliche Wahl der Mythen, die er gestaltete. Was bedeuten für andere die göttlichen Gestalten seines Universums, die sich in langen Gedichten unerschöpfliche Kämpfe liefern?

Die Mythologie Blakes stellt das Problem der Poesie im allgemeinen. Wenn die Poesie die von der Tradition übernommenen Mythen darstellt, ist sie nicht autonom, besitzt sie keine Souveränität in sich selbst. Sie illustriert demütig eine Sage, deren Form und Sinn ohne sie existieren. Ist sie das autonome Werk eines Visionärs, so umschreibt sie flüchtige Erscheinungen ohne Überzeugungskraft, die nur für den Dichter selbst wahren Sinn besit-

9. Materiellen Zwecken unterworfen, die häufig die egoistischer Individuen sind.

zen. Daher ist die autonome Poesie, selbst wenn sie anscheinend Mythen schafft, letzten Endes mythenlos. In der Tat bringt die Welt, in der wir leben, keine neuen Mythen mehr hervor, und die Mythen, die die Poesie dem Anschein nach begründet, erweisen, sofern sie nicht Glaubensinhalte sind, letztlich nur die Leere: von Enitharmon zu sprechen, erweist nicht die Wirklichkeit Enitharmons, es heißt sogar seine Abwesenheit eingestehen in dieser Welt, in die ihn die Poesie vergeblich ruft. Blakes Paradox besteht darin, das Wesen der Religion auf das der Poesie zurückgeführt, zugleich aber durch seine Ohnmacht gezeigt zu haben, daß die Poesie in sich selbst nicht ebensowohl frei wie auch souverän sein kann. Das heißt, daß sie in Wirklichkeit nicht zugleich Poesie und Religion sein kann. Was sie bezeichnet, ist das Fehlen der Religion, die sie hätte sein sollen. Sie ist Religion wie die Erinnerung an ein geliebtes Wesen, die das in der Abwesenheit gegebene Unmögliche fühlbar macht. Sie ist gewiß souverän, aber wie das Verlangen nach einem Gegenstand, nicht wie sein Besitz. Die Poesie behauptet zu Recht die Weitläufigkeit ihres Reiches, doch wir können diese Weitläufigkeit nicht betrachten, ohne sofort zu begreifen, daß es sich um eine ungreifbare Illusion handelt: nicht um das Reich, sondern vielmehr um die Ohnmacht der Poesie.

Denn am Ursprung der Poesie fallen die Ketten, und einzig bleibt die ohnmächtige Freiheit. Von Milton sagte Blake, er habe «wie alle Dichter unwissentlich dem Lager der Dämonen angehört». Die Religion, die die Reinheit der Poesie besitzt und den Anspruch der Poesie, kann nicht mehr Macht haben als der Teufel, der das reine Wesen der Poesie verkörpert: selbst wenn sie es wollte, könnte die Poesie nicht aufbauen, sie zerstört, sie ist nur in der Revolte wahr. Sünde und Verdammnis inspirierten Milton, das Paradies nahm ihm den poetischen Schwung. Ebenso verblaßte die Poesie Blakes fern vom «Unmöglichen». Seine immensen Gedichte, die nichtexistente Gespenster bevölkern, erfüllen den Geist nicht, sondern machen ihn leer und enttäuschen ihn.

Sie enttäuschen ihn und sollen ihn enttäuschen, da sie auf der Negation seiner gewöhnlichen Anforderungen beruhen. Im schöpferischen Schwung waren die Visionen Blakes souverän: die Launen der entfesselten Phantasie lehnten die Berechnung von Vorteilen ab. Nicht daß Urizen und Luvah keine Bedeutung hätten. Luvah ist die Gottheit der Leidenschaft, Urizen die der Vernunft. Doch diese mythischen Gestalten bezogen ihr Wesen nicht aus der logischen Entwicklung ihrer Bedeutung, so daß es fruchtlos wäre, näher auf sie einzugehen. Eine methodische Untersuchung dieser Gestalten erlaubt vielleicht, die «Blakesche Psychologie» im einzelnen zu erfassen, doch sie läßt zunächst jenen Zug aus den Augen verlieren, der sie am deutlichsten prägt. Ihre Heftigkeit ist nicht auf den Ausdruck logischer Gebilde zu reduzieren, sie ist die Laune selbst, die sich um Logik nicht kümmert. Es ist vergeblich, die Erfindung Blakes auf verständliche Themen, auf gewöhnliche Maßstäbe beschränken zu wollen. W. P. Witcutt schreibt: «Die vier Zoas Blakes finden sich nicht bei ihm allein. Sie sind ein Thema, das die gesamte Literatur durchzieht, aber nur Blake stellt sie in ihrem grob mythologischen Zustand dar.» Blake selbst hat die Bedeutung dreier dieser Traumgeschöpfe erläutert: Urizen, durch seine Gestalt zugleich «Horizont» und «Vernunft», ist der Fürst des Lichtes: er ist Gott, «der furchtbare Zerstörer und nicht der Retter». Luvah, dessen mit *Love* verwandter Name an die Liebe denken läßt, ist wie der Eros der Griechen ein Kind des Feuers, der lebendige Ausdruck der Leidenschaft: «Aus seinen Nüstern bläst eine lodernde Flamme, seine Haarlocken sind wie ein Wald wilder Tiere, in dem der zornige Blick des Löwen glüht, wo das Heulen des Wolfs und des Tigers wütet, wo der Adler sein Junges in der Felsenwand des Abgrunds birgt. Seine Brust steht offen wie ein gestirnter Himmel...» Los, der «Geist der Weissagung», steht zu Luvah im selben Verhältnis wie Apollon zu Dionysos und bringt die Kräfte der Phantasie recht augenscheinlich zum Ausdruck. Nur die Bedeutung des vierten, Tharmas', wird nicht ausdrücklich genannt. W. P. Witcutt zögert jedoch nicht, in Ergänzung der drei Funktionen Intelligenz, Gefühl und Intuition in ihm die vierte zu sehen, die Empfindung. Blake sagt ja von den vier Zoas, sie seien «die vier ewigen Sinne des Menschen»: er unterscheidet in jedem von uns vier Mächte («four Mighty Ones»). Diese Funktionen W. P. Witcutts sind die der Psychologie C. G. Jungs: sie sollen grundlegend und nicht nur im Denken des heiligen Augustinus zu finden sein, sondern auch in der Mythologie der Ägypter und sogar in den ‹Drei Musketieren› (die vier sind) oder in den ‹Vier Gerechten› von Edgar Wallace! Solche Kommentare sind nicht so verrückt, wie sie scheinen, aber gerade die Tatsache, daß sie durchdacht, ja vernünftig sind, stellt sie außerhalb, diesseits der ungestalten Gemütsbewegung, die Blake vermitteln wollte. Diese

Gemütsbewegung wird nur im Exzeß greifbar, durch den sie die Grenzen durchbricht und von nichts mehr abhängt.

Das mythologische Epos William Blakes, die Schärfe seiner Visionen, sein Genötigtsein und sein Überfluß, seine Zerrissenheit, seine Weltenzeugungen, seine Kämpfe zwischen herrschenden oder rebellischen Gottheiten scheinen von vornherein für die Psychoanalyse geschaffen. Es ist leicht, darin die Autorität und Vernunft des Vaters, die stürmische Empörung des Sohnes zu erkennen. Es ist natürlich, die Bemühung um eine Versöhnung der Gegensätze herauszulesen, den Willen zur Befriedung, der dem Durcheinander des Krieges einen endgültigen Sinn verleihen soll. Wenn wir aber von der Psychoanalyse ausgehen – gleichgültig ob von der Freuds oder Jungs –, können wir dann etwas anderes finden als die Grundlagen der Psychoanalyse? Somit erfahren wir bei dem Versuch, Blake im Lichte der Psychoanalyse zu erhellen, mehr über die Psychoanalyse als über die Absichten Blakes. Es wäre müßig, die vorgelegten Deutungen im einzelnen zu erörtern, aber die Grundthese scheint stichhaltig. Zweifellos handelt es sich in den großen Symbolgedichten um den Kampf von Gottheiten, die die Funktionen der Seele verkörpern, und schließlich um den Augenblick der Beruhigung nach dem Kampf, in dem jede der zerrissenen Gottheiten auf den ihr vom Schicksal zugewiesenen Platz in der Hierarchie der Funktionen zurückkehrt. Eine solche Wahrheit vager Bedeutung erregt jedoch Mißtrauen: mir scheint, daß die Analyse damit ein ungewöhnliches Werk in einen Rahmen zwingt, der es zunichte macht, und statt des Erwachens eine schläfrige Schwere hervorruft. Die sichere, ruhige Antwort ist stets die Harmonie, die Blake zwar erreicht, aber als Zerrissener, während für Jung oder für W. P. Witcutt die Harmonie – das Ende – einer Reise bedeutsamer ist als die bewegte Überfahrt.

Diese Reduzierung Blakes auf die Jungsche Weltsicht läßt sich verfechten, sie befriedigt aber nicht. Die Lektüre Blakes eröffnet im Gegenteil die Hoffnung, daß die Welt nicht auf jene geschlossenen Schemata beschränkt werden kann, in denen von vornherein alles entschieden ist, wo weder Suche noch Erregung noch Erwachen möglich sind, wo wir den vorgezeichneten Weg zu verfolgen, zu schlafen und unsere Atemzüge mit dem universellen Ticken des Schlummers zu vermischen haben.

EIN SCHLAGLICHT AUF DAS BÖSE: ‹DIE HOCHZEIT VON HIMMEL UND HÖLLE›

Die traumhafte Inkohärenz der visionären Schriften Blakes hält der Aufklärung, die die Psychoanalyse letztlich anstrebt, nicht stand; sie muß deshalb nicht weniger deutlich hervorgehoben werden. Madeleine L. Cazamian schreibt: «Im Verlauf dieser überschwenglichen, verflochtenen Erzählungen sehen wir dieselben Gestalten mehrfach und unter verschiedenen Umständen sterben, auferstehen und geboren werden. Einmal sind Los und Enitharmon die Kinder Tharmas' und seiner Emanation Eon, und Urizen ist ihr Sohn; ein andermal wird er von Vola gezeugt, womit ihm nicht mehr die Erschaffung der Welt obliegt, sondern nur noch ihre Ordnung nach den Gesetzen der Vernunft. Später wird sie in ‹Jerusalem› das Werk Elohims, eines anderen Ewigen; oder sie geht ganz und gar vom ‹universellen Menschen› aus. In den ‹Vier Zoas› heißt Urizen Urthona und wird zum Geist des Los; in einem anderen Gedicht, ‹Milton›, spielt er dieselbe Rolle und scheint mit Satan identisch. Im übrigen ist er ein finsteres Ungeheuer des Lichts; nach dem Norden voller Schatten und Gischt werden ihm andere Himmelsrichtungen übertragen, je nach der symbolischen Absicht, die er verkörpern sollte. Doch er war und blieb zumeist der Jehovah der Bibel, der eifersüchtige Schöpfer der mosaischen Religion, der Begründer des Gesetzes – aber plötzlich wird Jehovah in ‹Jerusalem› als Gott der Vergebung angerufen, während dies doch die besondere Gnade ist, die sonst immer ‹das Lamm› oder Christus schenkt. An wieder anderer Stelle personifiziert Blake seine bildliche Vision als ‹Jehovah-Elohim›. – Es ist unmöglich, hier eine vollständige Interpretation zu versuchen. Der Dichter scheint in einem Alptraum zu leben oder in einem Taumel...».[10]

Das Chaos mag zu einem bestimmbaren Möglichen führen, wenn wir uns aber an die Jugendwerke halten, erhellt es sich im Sinne eines *Unmöglichen* – im Sinne einer poetischen Gewaltsamkeit und nicht einer berechneten Ordnung. Das Chaos eines Geistes kann nicht Antwort auf die Vorsehung des Universums sein, sondern ein *Erwachen* in der Nacht, in der die angstvolle, entfesselte Poesie die einzige Antwort darstellt.

10. Nachwort zu William Blake, *Poèmes choisis,* op. cit., S. 76f.

Auffallend in Leben und Werk Blakes ist die *Präsenz* allem gegenüber, was die Welt zu bieten hat. In einem gewissen Widerspruch zu der Hypothese, Blake habe den Typus des Jungschen *Introvertierten* verkörpert, gab es nichts Verführerisches, Einfaches, Glückliches, was er nicht begehrt hätte: die Lieder, das Kinderlachen, die Spiele der Sinnlichkeit, die Wärme und Trunkenheit der Tavernen. Nichts brachte ihn so sehr auf wie das moralische Gesetz, das das Vergnügen untersagte.

«Ja wenn in der Kirche man gäbe uns Bier
Und ein Feuerchen wärmte die Seelen uns hier...»[11]

Solche Harmlosigkeit bezeichnet ganz und gar den jungen Dichter, der sich berechnungslos dem Leben öffnet. So begann ein schreckensvolles Werk im Jubel der «Schalmeien» (zur Zeit, als Blake die «glücklichen Lieder, die Kinder nie ohne Freude hören», schrieb).

Diese Freude kündigte eine Hochzeit an, die merkwürdigste, die Schalmeien je verkündeten.

Jugendliche Kühnheit trug den Dichter über alle Gegensätze hinaus: die Hochzeit, die er feiern wollte, war die von Himmel und Hölle.

Die Eigenart der Sätze Blakes verdient Beachtung. Sie sind in der Geschichte von höchster Bedeutung: was sie beschreiben, ist endlich die Übereinstimmung des Menschen mit seiner eigenen Zerrissenheit, letztlich seine Übereinstimmung mit dem Tod, mit der Bewegung, die ihn hineinstürzt. Sie gehen einzigartig über die Tragweite einfach poetischer Sätze hinaus. Sie spiegeln mit hinreichender Genauigkeit die Rückkehr, ohne Ausflucht, zur Ganzheit des menschlichen Geschicks. Blake sollte seine Unruhe später in rasender, regelloser Weise zum Ausdruck bringen, jetzt aber steht er auf dem Gipfel der Verwirrung, die von ihm Besitz ergriffen hat: von diesem Gipfel aus erblickt er die vollen, gewaltsamen Ausmaße des Triebes, der uns ins Schlimmste stürzt und zugleich zum Herrlichsten erhebt. Blake war keineswegs Philosoph, doch er hat das Wesentliche mit einer Kraft und sogar Prägnanz ausgesprochen, um die ihn die Philosophie beneiden könnte:

11. ‹Der kleine Strolch›. [In: William Blake, *Werke* (zweisprachige Ausg.), deutsch von Walter Wilhelm, Berlin: Aufbau-Verlag 1958, S. 161. A. d. Ü.]

«Ohne Gegensätze gibt es keinen Fortschritt. Anziehung und Abstoßung, Vernunft und Energie, Liebe und Haß sind dem menschlichen Dasein notwendig.
Diesen Gegensätzen entspringt, was die Frommen Gut und Böse nennen. Das Gute ist das Leidende und gehorcht der Vernunft. Das Böse ist das Tätige und entspringt der Energie.
Das Gute ist Himmel. Das Böse ist Hölle...
[Es ist ein Irrtum aller Bibeln und heiligen Bücher, (Erg. d. Hg.)] daß Gott den Menschen in Ewigkeit dafür quälen wird, daß er seinen Energien folgt...
Energie ist das einzige Leben und stammt vom Leib; und Vernunft ist die Grenze oder der äußere Umfang der Energie.
Energie ist ewiges Entzücken.»[12]

Solch einzigartige Formen nahm um 1793 jene berühmte ‹Hochzeit von Himmel und Hölle› an, die dem Menschen nicht etwa nahelegte, mit den Schrecken des Bösen Schluß zu machen, sondern einen klarsichtigen Blick auf das Böse zu werfen, anstatt die Augen abzuwenden. Unter diesen Umständen gab es keine Möglichkeit der Ruhe mehr. Ewiges Entzücken ist gleichzeitig ewiges Erwachen: vielleicht ist es die Hölle, die der Himmel vergeblich zu verstoßen trachtete.

Der Prüfstein im Leben Blakes ist die Sinnenfreude. Die Sinnlichkeit bringt ihn in Widerspruch zum Primat der Vernunft; er verurteilt das Moralgesetz im Namen der Sinnlichkeit. Er schreibt: «Wie die Raupe die schönsten Blätter wählt, um ihre Eier darauf zu legen, so belegt der Priester die schönsten Freuden mit seinem Fluch.»[13] Sein Werk beschwört entschieden die Sinnenlust, die überschwellende Fülle der Körper. «Die Wollust des Bocks ist die Güte Gottes», sagt er, oder: «Die Nacktheit der Frau ist das Werk Gottes.»[14] Die Sinnlichkeit William Blakes unterscheidet sich jedoch von jener Ausflucht, die die wahre Sinnlichkeit verneint, indem sie in ihr nur die Gesundheit sieht. Seine Sinnlichkeit gehört in den Bereich der *Energie*, die das Böse ist, das ihr ihre tiefere Bedeutung verleiht. Wenn die Nacktheit das Werk Gottes ist – und die Wollust des Bocks seine Güte –, dann verkündet die Weisheit der Hölle die Wahrheit. Er schreibt:

12. *Die Hochzeit von Himmel und Hölle,* ebd., S. 263 ff.
13. Blake, *Poèmes choisis,* op. cit., S. 184.
14. Ebd., S. 183 f.

«Bei einer Ehefrau wünschte ich mir,
Was bei den Huren immer gefunden wird –
Den Ausdruck gestillter Begierde.»[15]

An anderer Stelle beschreibt er genau, was in seinen Augen das Böse war, die Entladung der Energie – die Gewaltsamkeit. Folgendes Gedicht ist wie eine Traumerzählung zu verstehen:

«Ich sah eine Kirche ganz aus Gold,
Die durfte keiner betreten,
Und viele standen weinend davor
Mit Klagen und Seufzen und Beten.

Ich sah eine glitzernde Schlange sich
Um die Pfeiler der Pforte ringeln,
Und sie zwängte und zwängte und zwängte sich,
Bis die Angeln niederhingen.

Und auf dem prächtigen Pflaster, verziert
Mit Perlen und Edelsteinen,
Schob sie den gleißenden Leib entlang
Bis zum Altar, dem reinen,

Und dort verspritzte sie ihr Gift
Über dem Brot und dem Weine:
Da ging zu einem Koben ich
Und legte mich unter die Schweine.»[16]

15. Blake, *Poetry and Prose,* op. cit., S. 99.

16. Ebd., S. 87. [Deutsch in: Blake, *Werke,* op. cit., S. 197. A. d. Ü.] Eine bessere Beschreibung des Sexualakts als frevelhafter Überschreitung eines Verbotes läßt sich kaum geben. Das Gedicht, das in dieser Ausgabe unmittelbar folgt, liefert den genauen Sinn des Zitats: [Blake, *Werke,* op. cit., S. 189. A. d. Ü.]

«Ich bat einen Dieb, mir 'nen Pfirsich zu stehlen:
Er kehrte die Augen fort.
Ich bat ein Dämchen, sich lang zu legen:
Sie schrie Zeter und Mord –

Sobald ich gegangen,
Ein Engel kam,
Er winkte dem Dieb
Und lächelt' der Dam'.

Und eh er's gesagt,
Er den Pfirsich bekam,
Und als reine Magd
Genoß er die Dam'.»

Blake war sich der Bedeutung dieses Gedichts sicher bewußt. Die goldene Kirche ist zweifellos jene des ‹Liebesgartens› aus den ‹Liedern der Erfahrung›, auf deren Giebel geschrieben steht: «Du sollst nicht.»[17]

Jenseits der Sinnlichkeit und der mit ihr verbundenen Empfindung des Schreckens öffnete sich der Geist Blakes der Wahrheit des Bösen.

Er hat sie in der Gestalt des Tigers in klassisch gewordenen Versen dargestellt. Hier gibt es Sätze, die jede Ausflucht ausschließen. Niemals haben weiter geöffnete Augen der Sonne der Grausamkeit standgehalten:

«Tiger, Tiger, grelle Pracht
In den Dickichten der Nacht,
Wes unsterblich Aug und Hand
Wohl dein furchtbar Gleichmaß band?...

Welcher Amboß, welcher Hammer
Schmiedete des Hirnes Kammer?
Welcher Griff und Zwang genügte,
Daß er solche Schrecken fügte?

Als die Sterne sich erschreckten,
Weinend ihre Waffen streckten,
Freute da des Werks er sich?
Schuf, der's Lamm erschuf, auch dich?»[18]

In der Festigkeit des Blakeschen Blickes erahne ich nicht weniger Entschlossenheit als Furcht. Auch scheint es mir kaum möglich, tiefer in den Abgrund vorzudringen, der der Mensch für sich selbst ist, als in folgender Darstellung des Bösen:

«Grausamkeit hat ein Menschenherz,
Ein Menschenantlitz hat der Neid;
Schrecken hat menschliche Gestalt,
Heimlichkeit heißt das Menschenkleid.

17. Blake, *Poetry and Prose,* op. cit., S. 74.

18. *Lieder der Erfahrung,* ebd., S. 72 f. [Deutsch in: *Werke,* op. cit., S. 151. A. d. Ü.]

Des Menschen Kleid ist aus Eisen geschmiedet,
Des Menschen Gestalt eine Schmelze für Erz,
Des Menschen Gesicht ein verschlossener Ofen,
Sein hungriger Schlund das menschliche Herz.»[19]

BLAKE UND DIE FRANZÖSISCHE REVOLUTION

Ein derartiger Exzeß gibt das ihm innewohnende Geheimnis nicht preis. Niemand vermag es aufzuklären. In all ihrer Genauigkeit entziehen sich die Gefühle, die es tragen. Uns bleibt der unlösbare Widerspruch. Der behauptete Sinn des Bösen ist die Bejahung der Freiheit, aber die Freiheit des Bösen ist zugleich Verneinung der Freiheit. Dieser Widerspruch ist zu groß für uns, wie wäre er für William Blake nicht zu groß gewesen? Als Revoltierender nannte Blake die Revolution die Macht des Volkes, er verherrlichte jedoch die blinde Entfesselung der Gewalt (und dann schien ihm die Blindheit dem göttlichen Exzeß zu entsprechen). In den ‹Sprichwörtern der Hölle› heißt es: «Der Zorn des Löwen ist die Weisheit Gottes.» Und: «Das Brüllen von Löwen, das Heulen von Wölfen, das Wüten der stürmischen See ... sind Teile der Ewigkeit, zu groß für das Auge des Menschen.»[20]

«Das Brüllen von Löwen» erweckt ein Gefühl des Unmöglichen: niemand kann ihm einen Sinn zuschreiben, den der menschliche Geist zu fassen vermöchte. Zu dem, was es ist, können wir nur erwachen, ohne Hoffnung auf Ruhe, wenn wir erst

19. Ebd., S. 81. Die beiden Strophen sind ‹Göttliches Ebenbild› überschrieben. Die erste ist die Umarbeitung eines Gedichts mit völlig entgegengesetztem Sinn (eine Technik, die an Lautréamonts *Poésies* erinnert, nur daß Lautréamont die Sätze anderer Autoren verwendete, Blake aber seine eigenen):

«... Denn Gnade hat ein menschlich Herz,
Ein Menschengesicht Mitleid,
Liebe hat göttliche Menschengestalt
Und Friede hat Menschenkleid ...».

Diese Verse stammen aus dem Gedicht ‹Das göttliche Ebenbild› in den *Liedern der Unschuld* (*Poetry and Prose,* op. cit., S. 58 f.), die den *Liedern der Erfahrung* (1794) vorangehen. Blake wollte mit der Zusammenfassung der beiden Zyklen 1794 «die beiden gegensätzlichen Verfassungen der menschlichen Seele» zeigen. [Deutsch in: *Werke,* op. cit., S. 205 und 105.].

20. In: *Die Hochzeit von Himmel und Hölle* (Blake, *Poetry and Prose,* op. cit., S. 181 ff.).

erwacht sind. So gesehen spielt die Verwirrung der Epen nicht nur keine Rolle mehr, sondern wenn wir uns um eine Lösung bemühen, verfallen wir aus der Wachheit der Verwirrung in den Schlaf der logischen Erklärung. Worauf es Blake ankommt (was «zu groß für das Auge des Menschen» ist, aber was bedeutet denn *Gott* im Denken Blakes, wenn nicht das *Erwachen* zum Gefühl des *Unmöglichen*?), worauf es Blake also ankommt, ist genau das, was die Beschränkung auf das gewöhnliche Maß des *Möglichen* ausklammert. Es bedeutet nichts, wenn man so will, vom Löwen, vom Wolf oder vom Tiger zu reden, aber diese wilden Tiere, in denen Blake «Teile der Ewigkeit» erblickte, vertreten das, was erweckt und was das einschläfernde Vorgehen der Sprache verschleiert (welche das Unlösbare durch eine Scheinlösung ersetzt und die brutale Wahrheit durch einen Schirm, der sie verbirgt). Kurz, jeder Kommentar, der sich nicht darauf beschränkt, einen Kommentar als überflüssig und unmöglich zu bezeichnen, führt in dem Maße von der Wahrheit weg, wie er ihr näherkommt, denn er schiebt einen Schirm dazwischen, der das Licht zumindest dämpft. (Und was ich schreibe, ist wiederum ein Hindernis, das beseitigt werden muß, wenn man *sehen* will.[21])

21. Jean Wahl schreibt in seinen «Notes sur William Blake» (in: *Poésie, Pensée, Perception,* Paris: Calmann-Lévy 1948, S. 218) über den ‹Tiger›: «Der Tiger ist der göttliche Funke, die wilde Individualität mitten im Wald des verschlungenen Guten und Bösen. Muß uns aber unser Bewußtsein von der Schönheit des Schrecklichen das Böse akzeptieren lassen, ohne es zu verwandeln? Und wenn eine solche Verwandlung möglich ist, wo sie suchen, wie sie bewirken? Dieses Problem beantworten die letzten Verse. Dieser Funke ist ein Aufleuchten des großen Lichts, das einigt und heilt, ein Aufleuchten der göttlichen Menschheit. Nicht nur Schönheit, sondern auch Gutes ist in den schrecklichen Dingen.» Dieses Aufleuchten erscheint bei Wahl nur gedämpft. Was sagen denn die letzten Verse anderes als: «Tiger, Tiger, grelle Pracht – In den Dickichten der Nacht – Wes unsterblich Aug und Hand – Wohl dein furchtbar Gleichmaß band?» [Die letzte Strophe von ‹Der Tiger› ist gleich der ersten, nur daß in Vers 24, dem letzten, statt «Could frame thy fearful symmetry» (Vers 4) steht: «Dare frame thy fearful symmetry», A. d. Hg.] An anderer Stelle aber (S. 19–23) gibt Jean Wahl selbst zu verstehen, daß sich die Berechtigung von Kommentaren in seinen Augen bestreiten lasse, wenn er von der «nicht-blakeschen und von Blake sogar verdammten Kunst der intellektuellen Analyse» spricht. Eine Notiz («William Blake païen, chrétien et mystique», in: *William Blake, 1757–1827.* Katalog zur Blake-Ausstellung in der Galerie Drouin, 1947) schließt er: «Zu gleicher Zeit löschen die Geister ihre Lichter und umarmen sich, ohne nach ihren Namen zu fragen.» Blake selbst hatte gesagt: «Die Tiger des Zornes sind weiser als die Pferde des Wissens.» (*Die Hochzeit von Himmel und Hölle,* in: Blake, *Poetry and Prose,* op. cit., S. 184.)

Die 1794 von Blake veröffentlichten Gedichte wie ‹Der Tiger› bringen seine Reaktion gegenüber der Schreckensherrschaft zum Ausdruck. ‹Ein göttliches Ebenbild› wurde zur selben Zeit in Kupfer gestochen, als die Köpfe fielen. Nachstehender Abschnitt aus dem Gedicht ‹Europa› gleichen Datums beschwört die Schreckensherrschaft noch unmittelbarer. Die Gottheit der Leidenschaft, die unter dem Namen Orc mit Luvah verschmilzt und die Revolution verkörpert, erscheint darin im Toben der Flammen:

«... Und in den Weingärten des roten Frankreich erschien das
Licht seiner Wut.
Die Sonne glühte feurig rot!
Die wütenden Schrecken flogen rundum.
Auf goldenen Wagen mit rasenden, roten Rändern, tropfend
von Blut!
Die Löwen peitschen mit ihren zornigen Schweifen!
Die Tiger liegen auf der Beute und saugen den roten
Strom ...»[22]

Aus diesem Todestaumel und diesen Splittern geht nichts hervor, was eine unpoetische Sprache nicht ebenfalls ausdrücken könnte. Die Sprache verfügt bestenfalls über Schablonen. Selbst der Poesie entzieht sich das Schlimmste, das einzig die nervöse Depression zu erreichen vermag. Freilich ist die Poesie – die poetische Vision – nicht der gewöhnlichen Beschränkung unterworfen. Andererseits bedeutete für Blake die revolutionäre Idee einen Gegensatz von Liebe und Haß, von Freiheit und Recht oder Pflicht: er verlieh ihr nicht die Züge Urizens, der Vernunft und Autorität symbolisiert und das Fehlen der Liebe ausdrückt. Dies führt aber nicht zu einer konsequenten Haltung, sondern wahrt die poetische Ungeordnetheit. Wenn die Revolution vernunftgemäß handelt, entfernt sie sich von dieser Ungeordnetheit, doch zugleich entfernt sie von sich selbst jene ungehörige, herausfordernde, für den Aufruhr der Gegensätze bezeichnende Naivität, die Blakes Figur verkörpert.

In der Gestaltung der Menschheit durch die Geschichte vermag nichts solchen Störungen, trotz ihrer unendlichen Bedeutung,

22. ‹Europa›, ebd., S. 219. [Dt. Übersetzung von Joachim Uhlmann, in: Georges Bataille, «William Blake», *Neue Rundschau* 1962, S. 698. A. d. Ü.]

mehr als die Tragweite eines Blitzes zu verleihen, der das wirkliche Geschehen nicht berührt. Aber ein solcher Blitz bringt dieses Geschehen einen Augenblick lang in Einklang mit der Tiefe der Zeiten. Er würde über die augenblickliche Trübung hinaus, da nicht revolutionär, bedeutungslos bleiben, wäre nicht seine Vehemenz, doch er ließe sich in jene Unerbittlichkeit, die weltverändernde Revolutionen kennzeichnet, nicht einbinden. Könnte dieser notwendige Vorbehalt den Sinn zunichte machen, von dem ich sprach? Flüchtig ist er gewiß, geht es aber um Blake, so ist es der Sinn des Menschen, der die ihm aufgezwungenen Begrenzungen ablehnt. Könnte der Mensch nicht im Schoße der Zeiten, blitzartig, einen Augenblick der Freiheit finden, der das Unglück hinter sich läßt? Indem er als einziger – in einer geschwätzigen Welt, in der die Logik jedwedes Ding reglementiert – die Sprache der Bibel oder der Veden spricht, gibt William Blake das Leben für einen Augenblick der ursprünglichen Energie zurück: daher ist die Wahrheit des Bösen, die wesentlich Verweigerung der Unterwürfigkeit ist, seine Wahrheit. Er ist *einer von uns*, der in der Taverne singt und mit den Kindern lacht; niemals ist er der «Spielverderber» voll moralischer Grundsätze und Vernunft, der sich *energie*los schont, geizig ist und langsam der traurigen Logik erliegt.

Der Mensch mit moralischen Grundsätzen verdammt die Energie, die ihm abgeht. Die Menschheit brauchte ihn zweifellos zu ihrer Entwicklung. Woher hätte sie ihre Lebensfähigkeit nehmen sollen, wenn sie den störenden Energieüberschuß nicht verfemt hätte, anders gesagt, wenn die Masse derer, denen es an Energie mangelte, nicht jene zur Vernunft gebracht hätte, die zuviel davon hatten? Aber die Notwendigkeit der Gleichschaltung bringt schließlich das Bedürfnis nach Rückkehr zur Naivität hervor. Die wunderbare Gleichgültigkeit und Kindlichkeit William Blakes, sein Sichwohlfühlen im Unmöglichen, die Angst, die seiner Kühnheit keinen Abbruch tat, alles in ihm ist Ausdruck naiverer Zeitalter, alles weist auf die Rückkehr zur verlorenen Einfachheit. Sogar ein paradoxes Christentum ist für ihn bezeichnend: er allein ergriff mit beiden Händen die entgegengesetzten Enden im Reigen der Zeiten. Alles in ihm verschloß sich vor der Notwendigkeit, die die fleißige Arbeit der Fabriken bestimmt. Mit dem kalten, von der Lust an der Disziplin belebten Gesicht konnte er nichts anfangen. Dieser Weise, dessen Weisheit dem Wahnsinn nahe war, der die Arbeiten, von denen seine Freiheit abhing, nicht verschmähte, hatte nicht die Blässe jener, die «verstehen», die sich beugen und darauf verzichten zu siegen. Seine Energie ließ Zugeständnisse an den Geist der Arbeit nicht gelten. Seine Schriften sind von festlicher Ausgelassenheit, die den ausgedrückten Gefühlen die Dimension des Lachens und der entfesselten Freiheit verleiht. Dieser Mann rümpfte niemals die Nase. Der Schrecken seiner mythologischen Gedichte soll befreien, nicht erdrücken: er öffnet sich der großen Bewegung des Alls. Er mobilisiert die Energie, niemals die Depression.

Von dieser unerhörten, von der Energie aller Zeitalter beseelten Freiheit hat er in folgendem unvergleichlichen Gedicht ein getreues Abbild entworfen (es ist Klopstock gewidmet – den er verachtete –, und er spricht darin von sich selbst in der dritten Person):

«Da Klopstock an Englands Ehre gerührt,
Erhob William Blake sich, von Stolz geführt;
Denn droben Nobodaddy[23], der Greis,
Furzte, rülpste und hustete leis;
Schwor dann einen großen Eid, daß durch den Himmel ein
Beben lief,
Und laut seine Stimme nach Blake, dem Engländer, rief.
Bei Lambeth im lieblichen Pappelhain
Entleerte Blake seinen Leib und ließ sich's leichter sein.
Hoch aus dem Hochsitz schnellte er,
Schwenkte Klopstock dreimal dreifach umher.
Scharlachrot wurde der Mond bei diesem Bild,
Die Sterne warfen ihre Schalen hinab und flohen wild. ...»[24]

23. Wortbildung durch Kontraktion von *nobody* (niemand) und *daddy* (Papa), als lächerliche Bezeichnung Gottvaters.

24. Blake, *Poetry and Prose,* op. cit., S. 103. [Dt. Übersetzung Uhlmann, op. cit., S. 700. A. d. Ü.]

SADE

Inmitten des lärmenden imperialen Epos gewahrt man flammend diesen wetterleuchtenden Kopf, diese blitzdurchfurchte, breite Brust, den Phallus-Menschen, das Profil erhaben und zynisch, die Titanenfratze entsetzlich und sublim; man spürt in diesen verfemten Seiten eine Art Unendlichkeitsschauder kreisen, auf diesen verbrannten Lippen so etwas wie den Hauch eines stürmischen Ideals erzittern. Tretet näher, und ihr hört in diesem verdreckten, blutigen Aas den Pulsschlag der Weltseele, der Adern voll göttlichen Blutes. Diese Kloake ist ganz von Azur durchdrungen; in diesen Latrinen findet sich etwas von Gott. Verschließt euer Ohr dem Klirren der Bajonette, dem Bellen der Kanonen; wendet das Auge ab von Ebbe und Flut verlorener oder gewonnener Schlachten; dann werdet ihr ein gewaltiges, blendendes, unaussprechliches Gespenst sich aus dem Schatten lösen, über einer ganzen sternbesäten Epoche die ungeheure, düstere Gestalt des Marquis de Sade aufgehen sehen.

Swinburne

Warum sollten Revolutionszeiten den schönen Künsten zu Glanz verhelfen? Die Entfesselung der Waffengewalt verträgt sich schlecht mit dem Anliegen, eine Domäne zu bereichern, deren Genuß allein der Friede gewährleistet. Dann übernehmen es die Zeitungen, das Schicksal der Menschen zu gestalten: die Stadt selbst, nicht Helden aus Tragödien und Romanen, bietet dem Geist jenen Schauder, mit dem uns gewöhnlich die Phantasiegestalten versorgen. Die unmittelbare Anschauung des Lebens ist arm im Vergleich zu der, die Betrachtung und Kunst des Historikers vermitteln. Wenn das gleiche für die Liebe gilt, die ihre greifbare Wahrheit in der Erinnerung findet (so daß die Leidenschaften der mythischen Heroen uns meist wahrer erscheinen als unsere eigenen), werden wir etwa behaupten, daß uns die Zeit ihres Entflammens nicht völlig in Anspruch nähme, selbst wenn es unserem wenig erwachten Bewußtsein verborgen bleibt?

Ebenso sind Zeiten des Aufruhrs der Entfaltung der Literatur grundsätzlich ungünstig. Auf den ersten Blick bezeichnet die Revolution einen dürftigen Abschnitt in der französischen Literatur, wenn es auch eine gewichtige Ausnahme gibt; sie betrifft aber einen Verkannten (der zu Lebzeiten zwar Berühmtheit genoß, jedoch im ungünstigen Sinne). Freilich bestätigt der Ausnahmefall Sade eher die allgemeine Ansicht, als daß er ihr widerspräche.

In erster Linie ist zu sagen, daß das Genie, die Bedeutsamkeit und literarische Größe der Werke Sades erst kürzlich Anerkennung fanden. Die Schriften Jean Paulhans, Pierre Klossowskis und Maurice Blanchots haben ihr zum Durchbruch verholfen: es steht fest, daß eine von begeisterten Huldigungen[1] hervorgerufene, recht dehnbare Auffassung erst durch sie eine klare, zurückhaltende, selbstverständliche Formulierung erfahren und sich langsam, aber sicher gefestigt hat.

1. Hier sind Swinburne, Baudelaire, Apollinaire, Breton, Eluard zu nennen. Besondere Aufmerksamkeit verdienen die geduldigen Forschungen und die Beharrlichkeit Maurice Heines (der im Mai 1940 starb): diese bestechende, eigenartige und scharfsinnige Persönlichkeit widmete ihr Leben dem Andenken Sades, weshalb es hier angebracht ist, einige ihrer Charakterzüge in Erinnerung zu rufen. Der Bibliophile und gewissenhafte Gelehrte (so gewissenhaft, daß er leider fast nichts veröffentlichte) zog auf dem Kongreß von Tours (bei dem sich nach dem Ersten Weltkrieg die Spaltung zwischen französischen Kommunisten und Sozialisten vollzog) während seiner Rede einen Revolver, schoß blindlings und brachte seiner Frau eine leichte Verletzung am Arm bei. Dabei war Heine einer der sanftesten und höflichsten Menschen, die ich je gekannt habe. Der vehemente Verteidiger Sades, der so unnachgiebig war wie sein Idol, trieb den Pazifismus bis zu seinen letzten Konsequenzen. 1919 hatte er sich für Lenin erklärt, trat aber 1921 aus der kommunistischen Partei aus, wegen der Unterdrückung der anarchistischen Meuterei von Kronstadt durch Trotzki. Er verschwendete sein Vermögen für Sade-Forschungen und starb, für seine zahllosen Katzen hungernd, im Elend. Sein Abscheu vor der Todesstrafe – den er mit Sade teilte – ging so weit, daß er die Stierkämpfe entschieden verurteilte. Im übrigen war er einer der Männer, die ihrer Zeit auf diskreteste, aber authentischste Art zur Ehre gereichten. Ich bin stolz, sein Freund gewesen zu sein. [Maurice Heine trat nicht 1921 aus der kommunistischen Partei aus, sondern wurde nach eigener Aussage Anfang 1923 auf Weisung Moskaus ausgeschlossen. (Vgl. Maurice Heine, *Le Marquis de Sade,* hrsg. von Gilbert Lely, Paris 1950, S. 14.) Heine hat außer Gedichtbänden und anderem zu Lebzeiten immerhin fünfzehn Sade-Studien veröffentlicht, die Gilbert Lely zusammen mit Inedita in dem genannten Buch gesammelt hat. – Erg. d. Hrsg.]

In zweiter Linie muß festgehalten werden, daß Leben und Werk Sades mit den historischen Ereignissen verknüpft sind, aber auf sonderbare Weise. Der Sinn der Revolution ist nicht in den Ideen Sades enthalten, und diese Ideen sind keineswegs auf die Revolution zurückzuführen. Wenn sie verbunden sind, so eher wie die verschiedenartigen Teile eines Ganzen, wie die Ruine mit irgendeinem Felsen, wie die Nacht mit der Stille. Die Züge dieses Ganzen bleiben verschwommen, es ist an der Zeit, sie herauszuarbeiten.

Wenige Ereignisse haben so große Symbolbedeutung wie die Erstürmung der Bastille. Am Nationalfeiertag zu ihrem Gedächtnis empfinden viele Franzosen beim Anblick des nächtlichen Fakkelzugs, was sie mit der Souveränität ihres Landes verbindet. Diese volkstümliche Souveränität, ganz Tumult, ganz Revolte, ist unwiderstehlich wie ein Schrei. Es gibt kein ausdrucksvolleres Zeichen des Festes als die aufrührerische Zerstörung eines Gefängnisses: das Fest, das nur souverän sein kann, ist wesensmäßig *Entfesselung*, aus der sich die unbeugsame Souveränität herleitet. Aber ohne ein Element des Zufalls, ohne *Laune*, hätte das Ereignis nicht dieselbe Tragweite (von daher ist es Symbol, dadurch unterscheidet es sich von abstrakten Formeln).

Von der Erstürmung der Bastille ist behauptet worden, sie habe in Wirklichkeit nicht die Bedeutung gehabt, die man ihr zumißt. Das ist möglich. In diesem Gefängnis befanden sich am 14. Juli 1789 nur unbedeutende Gefangene. Das Ereignis wäre alles in allem nichts weiter als ein Mißverständnis. Sade zufolge wäre es tatsächlich eines: ein Mißverständnis, dessen Urheber er selbst gewesen wäre! Wir könnten uns aber sagen, daß der Anteil des Mißverständnisses der Geschichte jenes Element der Blindheit verleiht, ohne das sie die einfache Reaktion auf das Gebot der Notwendigkeit wäre (wie in der Fabrik). Fügen wir hinzu, daß die Laune in den 14. Juli nicht nur eine teilweise Leugnung des Nutzens bringt, sondern einen zufällig eintretenden Nutzen.

In dem Augenblick, in dem im Geist des Volkes, wenn auch unbewußt, ein Ereignis beschlossen wurde, das die Welt erschüttern und sogar bis zu einem gewissen Grad befreien sollte, war einer der Unglücklichen hinter den Mauern der Bastille der Verfasser der ‹Justine› (jenes Buchs, von dem Jean Paulhan[2] in der

Einleitung versichert, es *werfe eine so schwerwiegende Frage auf, daß ein ganzes Jahrhundert nicht genug war, um darauf zu antworten*). Er war damals seit zehn Jahren in Haft, seit 1784 in der Bastille: einer der rebellischsten und wütendsten Männer, die je von Rebellion und Wut sprachen, mit einem Wort ein ungeheuerlicher Mann, besessen von der Leidenschaft einer *unmöglichen* Freiheit. Das Manuskript der ‹Justine› befand sich am 14. Juli noch in der Bastille, zurückgelassen in einem leeren Kerker (zusammen mit dem der ‹Cent vingt journées de Sodome›). Es steht fest, daß Sade die Menge kurz vor dem Aufstand aufhetzte: er soll ein Rohr, das ihm zum Entleeren seines Schmutzwassers diente, als Sprachrohr verwendet und unter anderen Provokationen geschrien haben, daß man «die Gefangenen ermorde».[3].Diese Tat entspricht völlig dem herausfordernden Charakter, den sein ganzes Leben und sein Werk aufweisen. Dieser Mann jedoch, der sich seit zehn Jahren in Fesseln befand, weil er die Entfesselung selbst gewesen war, und der seit zehn Jahren den Augenblick der Befreiung erwartete, wurde von der «Entfesselung» des Aufruhrs nicht befreit. Häufig läßt ein Traum in der Beklemmung eine vollkommene Lösung möglich erscheinen, die er im letzten Augenblick entzieht, als ob eine verworrene Antwort allein *launenhaft* genug wäre, die rasende Begierde zu stillen. Das Rasen des Gefangenen verzögerte seine Befreiung um neun Monate: der Kommandant verlangte die Verlegung jenes Mannes, dessen Stimmung so gut mit den Ereignissen harmonierte.[4] Als das Schloß aufsprang und

2. Die erste, 1787, in der Bastille geschriebene Fassung hatte den Titel *Les infortunes de la vertu*. Zu dieser hat Jean Paulhan eine Einleitung geschrieben. (Sade, *Les infortunes de la vertu*. Avec une notice de Maurice Heine, une bibliographie de Robert Valençay et une introduction de Jean Paulhan, Paris: Point du Jour 1946.)

3. Vgl. *Le répertoire ou journalier de la Bastille à commencer le mercredi 15 mai 1782* (von Alfred Bégis teilweise veröffentlicht in *La Nouvelle Revue*, November und Dezember 1882) und Apollinaire, *L'oeuvre du Marquis de Sade*, Paris 1909, S. 4 f.

4. In einem Brief ohne Datum, aber logischerweise vom Mai 1790, an den Notar Gaufridy schreibt der Marquis de Sade selbst darüber: «Am 4. Juli beklagte sich der Kommandant beim Minister über ein bißchen Lärm, den ich in der Bastille schlug wegen des Verdrusses, den man mir dort bereitete. Es hieß, ich stachle das Volk an, ich verleite es dazu, dieses Monument des Schreckens niederzureißen ... All das war wahr.» (*Correspondance inédite du marquis de Sade ...*, hrsg. von Paul Bourdin, Paris 1929, S. 269.) Und in einem Brief vom 19. April 1792 an den Vorsitzenden des «Club de la Constitution» von La Coste: «Erkundigen Sie sich, und Sie werden erfahren, ob es nicht allgemein anerkannt, ob es nicht

der befreiende Aufruhr die Gänge der Festung erfüllte, war der Kerker Sades leer, und das Durcheinander des Augenblicks hatte zur Folge, daß die Manuskripte des Marquis zerstreut wurden und verloren gingen, das Manuskript der ‹Cent vingt journées› verschwand (eines Buches, das gewissermaßen alle Bücher überragt, da es die Wirklichkeit der Entfesselung darstellt, die der Mensch im Grunde ist und die er zu unterdrücken und zu verschweigen hat). Statt seinen Autor zu befreien, ließ der Bastillesturm das Manuskript des Buches abhanden kommen, das für sich allein den ganzen Schrecken der Freiheit bedeutet oder zumindest als erstes bedeutet hat. Der 14. Juli wirkte tatsächlich befreiend, aber in der entzogenen Weise eines Traumes. Später fand sich das Manuskript wieder (es wurde in unseren Tagen veröffentlicht) – doch für den Marquis blieb es verschollen, er glaubte es auf immer verloren, was ihn zutiefst niederdrückte: es war «das größte Unglück, das ihm der Himmel vorbehalten konnte», wie er schrieb[5]; er starb, ohne zu ahnen, daß das, was er

schwarz auf weiß verbrieft ist, daß es die Versammlungen des Volkes durch mich und unter meinen Fenstern in der Bastille waren, derenthalben man mich plötzlich daraus verlegte als einen gefährlichen Mann, dessen aufrührerische Reden dieses Monument des Schreckens zum Einsturz bringen würden. Lassen Sie sich die Briefe des Bastillekommandanten an den Minister vorlegen, und wenn Sie darin die Worte lesen: ‹Falls Monsieur de Sade nicht heute nacht aus der Bastille entfernt wird, garantiere ich nicht für die Festung des Königs›, dann werden Sie sehen, mein Herr, ob dies der Mann ist, der belästigt werden darf.» (Ebd., S. 314 f.) Schließlich schreibt er im Entwurf zu einer Eingabe «an die Gesetzgeber des Konvents» aus dem Jahre 1793: « ... ich war am 3. Juli 1789 noch in der Bastille. Ich gewann ihre Garnison für die Sache des Volkes; ich enthüllte dort den Einwohnern von Paris die Greueltaten, die gegen sie in dieser Festung vorbereitet wurden. Launay hielt mich für gefährlich; ich besitze den Brief, in dem er den Minister Villedeuil dringend ersuchte, mich aus der Festung zu verlegen, deren Verrat ich um jeden Preis verhindern wollte.» (Ebd., S. 348.)

5. Sade äußerte sich folgendermaßen dazu: «Meine Manuskripte, über deren Verlust ich blutige Tränen vergieße! ... niemals kann ich Ihnen meine Verzweiflung über diesen Verlust schildern, er ist unersetzlich für mich ...» (*Correspondance*, a. a. O., S. 263.) Und weiter: « ... Manuskripte, die ich täglich mit blutigen Tränen beweine ... Verzeihen Sie, wenn ich nicht weiter auf diesen Umstand eingehe; er zerreißt mein Herz auf so grausame Weise, daß ich dieses Unglück am besten zu vergessen suche und mit niemandem mehr darüber spreche. Ich finde zwar einiges in den Bezirken wieder, wo die Bastillepapiere weggeworfen wurden, aber nichts von Bedeutung ..., Lappalien, und nicht ein einziges zusammenhängendes Werk ... Es ist das größte Unglück, das mir der Himmel vorbehalten konnte!» (Ebd., S. 270.) Sade hat tatsächlich die zweite, relativ dezente Fassung der

verloren wähnte, in Wirklichkeit etwas später seinen Platz unter den «unvergänglichen Denkmälern der Vergangenheit» einnehmen sollte.

DER WILLE ZUR SELBSTZERSTÖRUNG

Man sieht, daß ein Autor und ein Buch nicht unweigerlich die glücklichen Ergebnisse ruhiger Zeiten sind. Im gegenwärtigen Fall hängt alles an der Gewaltsamkeit einer Revolution. Und die Gestalt des Marquis de Sade gehört nur in höchst entfernter Weise der Literaturgeschichte an. Gewiß wollte er sich Eingang in sie verschaffen wie andere auch und verzweifelte über den Verlust seiner Manuskripte, doch es steht niemandem frei, klar zu wünschen und zu erhoffen, was Sade dunkel forderte und erhielt. Denn das Wesen seiner Werke ist, zu zerstören: nicht nur die Gegenstände, die Opfer der Handlung (die nur dazu da sind, die Verneinungswut zu befriedigen), sondern den Verfasser und das Werk selbst. Möglicherweise besitzt die Fatalität, die Sade sein Werk schreiben und verlieren ließ, dieselbe Wahrheit wie das Werk, das die *schlimme* Botschaft bringt von der Übereinstimmung zwischen den Lebenden und dem, was sie tötet, zwischen dem Guten und dem Bösen und, könnte man sagen, zwischen dem lautesten Schrei und dem Schweigen. Wir können nicht

Justine wiedergefunden und 1791 veröffentlicht. Die erste, verhüllteste Version, die Maurice Heine erstmals 1930 herausgab und die jetzt in den Editions du Point du Jour nachgedruckt wurde, gelangte direkt in die Bibliothèque Nationale. Anscheinend brachte der Verlust der *Cent vingt journées* Sade dazu, die Geschichte der Justine in einer dritten, skandalösen Fassung wieder aufzunehmen und die Geschichte Juliettes als Fortsetzung hinzuzufügen: da er über das wichtige Zeugnis, das er geben wollte, nicht mehr verfügte, dürfte er daran gedacht haben, es durch ein ebenso vollständiges Werk zu ersetzen. Es bleibt jedoch festzustellen, daß sogar diesem letzten Werk der Monumentalcharakter der *Cent vingt journées* mangelt. Bekanntlich wurde das sonderbare Manuskript dieses Buches (eine zwölf Meter lange Rolle), das von einem gewissen Arnoux Saint-Maximin in Sades Kerker gefunden worden sein soll, ein Jahrhundert später von einem Pariser Buchhändler an einen deutschen Liebhaber verkauft. Dr. Dühren veröffentlichte es 1904 in Berlin, aber mit sehr fehlerhaftem Text, in einer Auflage von 180 Exemplaren. Schließlich besorgte Maurice Heine, der es 1929 nach Paris zurückbrachte, eine vorbildliche Ausgabe (Paris 1931–1935), der die Auflagen von 1947 und 1953 folgen (die Orthographie wurde dabei angepaßt und die Fehler des Manuskripts, die Heine gewissenhaft beibehalten hatte, berichtigt).

wissen, welchem Antrieb ein so beweglicher Mensch wie er gehorchte, als er in einem Testament die Verfügung über sein Grab traf, das er auf seinem Grund und Boden an einem entlegenen Ort wünschte. Doch welcher Zufall sie auch veranlaßt haben mag, diese endgültigen Sätze beherrschen und *beenden* sein Leben:

«Wenn das Grab zugeschaufelt ist, sollen Eicheln darauf gesät werden, damit später, wenn der Boden des besagten Grabes neu bewachsen und das Gebüsch dicht wie zuvor ist, die Spuren meiner Gruft von der Erdoberfläche verschwinden, wie ich mir schmeichle, daß mein Andenken aus dem Gedächtnis der Menschen verschwinden wird.»[6]

Zwischen den «blutigen Tränen» um die ‹Cent vingt journées› und diesem Erheischen des Nichts liegt nur die Entfernung, die den Pfeil von der Zielscheibe trennt. Ich werde weiter unten zeigen, daß die Bedeutung eines unendlich tiefen Werkes in dem Verlangen des Verfassers lag, zu *verschwinden* (sich aufzulösen, ohne eine menschliche Spur zu hinterlassen): denn nichts anderes wäre ihm gerecht geworden.

DAS DENKEN SADES

Wohlgemerkt wäre nichts fruchtloser, als Sade buchstäblich zu nehmen. Von welcher Seite man sich ihm auch nähert, er hat sich im voraus entzogen. Man kann ihn auf keine der Philosophien festlegen, die er seine Figuren vertreten läßt, wie die Analysen Klossowskis deutlich machen. Anhand von Romangestalten entwickelt er bald eine Theologie des *Höchsten Wesens der Bosheit*, bald ist er Atheist, aber kein kaltblütiger: sein Atheismus fordert Gott heraus und zieht Genuß aus dieser Lästerung. An die Stelle Gottes setzt er im allgemeinen die *Natur im Zustand unaufhörlicher Bewegung*, aber bald glaubt er daran, bald verabscheut er sie. Der Chemiker Almani sagt: «Ihre barbarische Hand weiß also nur das Böse zu gestalten: das Böse ergötzt sie also: und ich sollte eine solche Mutter lieben! Nein: ich werde es ihr gleichtun: aber in-

6. Zitiert nach Apollinaire, a. a. O., S. 14 f.

dem ich sie verachte; ich ahme sie nach, wie sie es will, aber nur, indem ich sie verachte.»[7] Der Schlüssel zu diesen Widersprüchen dürfte in einem Satz enthalten sein, der sein Denken unmittelbar zum Ausdruck bringt (in einem Brief vom 26. Januar 1782 «aus dem Hühnerstall (sc. dem Turm) von Vincennes», der mit Des Aulnets unterzeichnet ist – als ob das Siegel seines wahren Namens mit einer moralischen Äußerung unvereinbar wäre): «Oh Mensch! Steht es dir zu, zu urteilen, was gut oder was böse ist... Du willst die Gesetze der Natur ergründen, und dein Herz..., dein Herz, in das sie sich einprägt, ist selbst ein Rätsel, das du nicht zu lösen vermagst.»[8] Für ihn war wahrlich keine Ruhe vorstellbar, und es gab sehr wenige Ideen, die er mit Entschiedenheit vertreten hätte. Daß er Materialist war, steht fest, das konnte aber *sein* Problem nicht lösen: das des Bösen, das er liebte, und des Guten, das ihn verdammte. Sade nämlich, der das Böse *liebte*, dessen gesamtes Werk das Böse begehrenswert erscheinen lassen will, konnte es nicht verurteilen, aber auch nicht rechtfertigen: die der Ausschweifung ergebenen *Philosophen*, die er schildert, versuchen es jeder auf seine Weise, aber sie finden kein Prinzip – und können auch keines finden –, das den Unternehmungen, deren Wohltaten sie rühmen, ihre Verfluchtheit nähme. Die Verfluchtheit ist es ja gerade, die sie in diesen Unternehmungen suchen. Und der bittere Ausruf Almanis beweist, daß er seinem Denken keine andere Richtung zu geben vermochte als die der Unsicherheit und Verwirrung. Gewißheit besteht für ihn nur in einem Punkt, nämlich daß nichts die Strafe rechtfertigt, zumindest nicht die menschliche Strafe. «Das Gesetz», sagt er, «das von sich aus kalt ist, kann niemals den Leidenschaften zugänglich sein, die die unmenschliche Tat des Mordes zu legitimieren vermögen.»[9] In dieser bedeutungsschweren Ansicht hat er sich nicht geändert. Schon in dem Brief vom 26. Januar 1782 schrieb er: «Du willst, daß das gesamte Universum tugendhaft sei, und du

7. *La Nouvelle Justine,* Bd. III; zitiert nach Pierre Klossowski, *Sade, mon prochain,* Paris: Seuil 1947, S. 72.

8. *Correspondance,* a. a. O., S. 182 f. Der Brief hat keinen Adressaten, war aber wohl an Mlle Rousset gerichtet, eine hübsche, höchst pikante Frau, mit der ihn eine kurzlebige Liebschaft verband. (Der Brief wird in den Sade-Ausgaben unter dem Titel *Etrennes philosophiques* (‹Philosophisches Neujahrsgeschenk›) aufgeführt. – Erg. d. Hrsg.)

9. In dem Traktat *Franzosen, noch eine Anstrengung, wenn ihr Republikaner werden wollt,* der in der *Philosophie dans le boudoir* von 1795 abgedruckt ist.

siehst nicht ein, daß alles augenblicklich zugrunde ginge, wenn es nur noch Tugenden auf der Welt gäbe... Du willst nicht verstehen, daß, nachdem Laster sein müssen, es ebenso ungerecht von dir wäre, sie zu bestrafen, wie dich über einen Einäugigen lustig zu machen... Genieße, mein Freund, genieße und urteile nicht... Genieße, sage ich dir, überlasse es der Natur, dich nach ihrem Belieben zu bewegen, und dem Ewigen, dich zu bestrafen.»[10] Wenn die «Entfesselung» der Leidenschaften verflucht ist, so hat wenigstens die Strafe, die ihr vorbeugen soll, ein Merkmal, das dem Verbrechen nicht eignet. (Heutzutage sagt man in Worten, die ihre Nachteile haben, aber genauer sind: das von der Leidenschaft diktierte Verbrechen ist zwar gefährlich, aber deshalb nicht weniger authentisch; anders liegen die Dinge bei der Strafverfolgung, die ihrerseits einer Bedingung unterworfen ist: nicht das Authentische anzustreben, sondern das Nützliche.)

Hierin werden sich viele Geister einig sein: dem Akt des Richters haftet etwas Eisiges an, etwas, das weit entfernt von jedem Verlangen und Wagnis ist und das Herz erstarren läßt. Sade, der entschieden das Gegenteil eines Richters war, muß man zugestehen, daß es in ihm weder die Mäßigung noch die Strenge gab, die erlaubt hätten, sein Leben auf ein Prinzip zu reduzieren. Er war maßlos großzügig, bekanntlich rettete er die Montreuils vor dem Schafott, obwohl ihn Madame de Montreuil, seine Schwiegermutter, durch königliche Verordnung hatte verhaften lassen, aber er ging mit ihr einig – und ließ sie sogar drängen –, um durch dasselbe Verfahren Nanon Sablonnière, sein Dienstmädchen, ausschalten zu lassen, die zuviel wußte.[11] Von 1792 bis 1793 legte er in der *Section des Piques*, deren Schriftführer und Vorstand er war, großen republikanischen Eifer an den Tag; man darf jedoch einen Brief von 1791 nicht vergessen, in dem er schreibt: «Sie fragen mich, was meine wirkliche Denkweise sei, um sie zu befolgen. Sicher ist nichts so delikat wie dieser Abschnitt Ihres Briefes, aber es kostet mich wahrhaft viel Mühe, diese Frage richtig zu beantworten. Als Schriftsteller zunächst bewirkt die Notwendigkeit, in der ich mich hier täglich befinde, bald für die eine Partei, bald zugunsten einer anderen zu arbeiten, eine Beweglichkeit in meinen Ansichten, die in meiner inneren Denkweise spürbar

10. *Correspondance,* a. a. O., S. 183.

11. In einem Brief an Gaufridy vor dem 15. Juli 1775 (*Correspondance,* a. a. O., S. 37).

wird. Will ich sie wirklich ergründen? Sie ist in Wirklichkeit für keine Partei, sondern eine Mischung aus allen. Ich bin Antijakobiner, ich hasse sie tödlich, ich verehre den König, aber ich verabscheue die früheren Mißbräuche; ich liebe zahllose Artikel der Verfassung, andere empören mich, ich will, daß man dem Adel seinen Glanz zurückgibt, denn daß man ihm diesen genommen hat, führt zu nichts, ich will, daß der König das Oberhaupt der Nation ist; ich will keine Nationalversammlung, sondern zwei Häuser wie in England, was dem König eine gemilderte Machtbefugnis gibt, die durch die Mitwirkung einer notwendig in zwei Stände unterteilten Nation ausgeglichen wird, der dritte ist überflüssig, ich will ihn nicht. Dies ist mein Glaubensbekenntnis. Was bin ich nun? Aristokrat oder Demokrat? Sagen Sie es mir bitte ..., denn ich selbst weiß es nicht.»[12] Natürlich läßt sich daraus nichts entnehmen (er schrieb an einen Bourgeois, den er für seine Renten brauchte), es sei denn die «Beweglichkeit in seinen Ansichten», das «Was bin ich?» ... das der «göttliche Marquis» zur Devise hätte wählen können.[13]

Mir scheint, daß Pierre Klossowski in seiner Untersuchung über ‹Sade et la Révolution› oder in seiner ‹Esquisse du système de Sade› ein etwas konstruiertes Bild vom Verfasser der ‹Justine› gegeben hat: er ist nur noch ein Element in einem Räderwerk, in dem eine wohldurchdachte Dialektik Gott, die theokratische Gesellschaft und die Revolte des Grandseigneurs (der seine Vorrechte erhalten und seine Verpflichtungen leugnen will) ineinandergreifen läßt. Dies ist in gewissem Sinne sehr hegelianisch, aber ohne die Strenge Hegels. Das Vorgehen der ‹Phänomenologie des Geistes› – dem diese Dialektik ähnelt – bildet ein kreisförmiges Ganzes, das die gesamte Entwicklung des Geistes in der Geschichte umspannt. Etwas voreilig zieht Klossowski Folgerungen

12. Brief an Gaufridy vom 5. Dezember 1791 (ebd., S. 301 f.). Folgender Abschnitt aus einem Brief von 1776 an denselben ist auch nicht aufschlußreicher: «Ich fand es nicht angebracht, einem Menschen nachzugeben, der mich als erstes beleidigte, was in der Folge ein äußerst schlechtes Beispiel hätte geben können, insbesondere auf meinem Gut und einem solchen Gut, wo es unerläßlich ist, die Vasallen in gehörigem Respekt zu halten, dem sie sich nur zu gerne ständig zu entziehen versuchen.» (Ebd., S. 67.)

13. Von diesen Vorbehalten wird sein fundamentaler Haß auf die Geistlichkeit nicht berührt («der dritte ist überflüssig»).

aus einer brillanten Stelle der ‹Philosophie dans le boudoir›, in der Sade den republikanischen Staat auf das Verbrechen zu gründen vorgibt. Davon ausgehend war es verlockend, aus der Tötung des Königs, der Ersatzhandlung für die Tötung Gottes, ein soziologisches Konzept abzuleiten, das sich auf die Theologie gründet, von der Psychoanalyse bestimmt wird (und das den Ideen Joseph de Maistres verpflichtet ist...). All das steht auf schwachen Beinen. Der Ausspruch, den Sade Dolmancé in den Mund legt, ist nichts weiter als ein logischer Hinweis, einer der tausend Beweise für den Irrtum einer Menschheit, die der Zerstörung und dem Bösen nicht Rechnung trägt. Klossowski geht am Ende so weit, von der Bemerkung Dolmancés zu behaupten, sie könne sogar nur dastehen, um die Falschheit des republikanischen Prinzips zu zeigen: solcher überklugen Divination setzt der Marquis nur seine Unbekümmertheit entgegen. Es geht um etwas ganz anderes.

«Ich frage mich», schreibt Jean Paulhan, «wenn ich heutzutage so viele Schriftsteller so eifrig bemüht sehe, die Kunstfertigkeit und das literarische Spiel abzulehnen zugunsten einer unbeschreiblichen Begebenheit, die uns als ebenso erotisch wie entsetzlich suggeriert wird, bestrebt, sich bei jeder Gelegenheit der Schöpfung entgegenzustellen, und ganz damit beschäftigt, das Sublime im Infamen, das Große im Subversiven zu suchen, wobei sie im übrigen verlangen, daß jedes Werk seinen Autor auf immer engagiere und kompromittiere..., so frage ich mich, ob in einem so extremen Terror nicht weniger eine Erfindung als eine Erinnerung, weniger ein Ideal als ein Rückblick zu erkennen sei, kurz, ob unsere moderne Literatur in dem Teil, der uns am lebendigsten – zumindest am aggressivsten – scheint, nicht völlig der Vergangenheit zugewandt und gerade durch Sade bestimmt sei.»[14] Paulhan hat vielleicht unrecht, wenn er Sade in unserer Zeit *Nachahmer* unterstellt (man spricht von ihm, man bewundert ihn, doch *niemand* fühlt sich gedrängt, ihm zu gleichen: man denkt an andere Arten des «Terrors»), aber er liefert eine gute Definition der Einstellung Sades. Die Möglichkeiten und Gefahren der Sprache berührten ihn nicht: er konnte das Werk nicht unabhängig von dem Gegenstand betrachten, den es beschrieb, denn er war von seinem Gegenstand *besessen* – in dem Sinne, in dem der Teufel das Wort gebraucht. Er schrieb in glühendem

14. *Les infortunes de la vertu,* a. a. O., Einleitung, S. 11 f.

Verlangen nach diesem Gegenstand mit der Hingabe eines religiösen Eiferers. Klossowski bemerkt treffend: «Sade träumt nicht mehr nur, er lenkt seinen Traum und führt ihn zu dem Gegenstand zurück, von dem seine Träumerei ausgegangen war, mit der vollendeten Methode eines kontemplativen Mönchs, der seine Seele in die Anbetung des göttlichen Mysteriums versenkt. Die christliche Seele wird sich vor Gott ihrer selbst bewußt. Wenn jedoch die romantische Seele, die nur noch ein nostalgischer Zustand des Glaubens ist[15], sich ihrer selbst bewußt wird, indem sie ihre Leidenschaft als Absolutes betrachtet, so daß der pathetische Zustand zur Funktion des Lebens wird, so wird dagegen die «sadistische» Seele sich ihrer selbst nur noch durch den Gegenstand bewußt, der ihre Männlichkeit aufs äußerste erregt und sie im Zustand dieser äußersten Erregung erhält, die gleichfalls zu einer paradoxen Funktion des Lebens wird: sie fühlt ihr Leben nur in der äußersten Erregung.»[16] An dieser Stelle müssen wir präzisieren: der fragliche Gegenstand, der Gott vergleichbar ist (ein Christ, Klossowski, stellte diesen Vergleich als erster auf), ist nicht *gegeben* wie Gott für den Frommen. Der Gegenstand *als solcher* (ein Mensch) wäre noch gleichgültig: man muß ihn verändern, um von ihm das gewünschte Leiden zu erhalten. Ihn verändern, das heißt ihn zerstören.

Ich werde weiter unten zeigen, daß Sade (worin er sich vom einfachen *Sadisten* unterscheidet, der unreflektiert ist) die Erreichung des klaren Bewußtseins dessen anstrebte, was einzig die Entfesselung zu erreichen vermag (doch die Entfesselung führt zum Bewußtseinsverlust), nämlich die Aufhebung des Unterschieds zwischen Subjekt und Objekt. So wich sein Ziel von dem der Philosophie nur durch den Weg zu ihm ab (Sade ging von tatsächlichen Entfesselungen aus, die er verständlich machen wollte, und die Philosophie geht vom ruhigen Bewußtsein aus – von der deutlichen Verständlichkeit –, um sie zu einem Schmelzpunkt zu bringen). Zuvor werde ich jedoch auf die offenkundige Eintönigkeit der Sadeschen Bücher eingehen, die aus dem Entschluß herrührt, das literarische Spiel dem Ausdruck einer *unbeschreiblichen Begebenheit* unterzuordnen. Seine Bücher unterscheiden sich in der Tat nicht weniger von dem, was gemeinhin als

15. Ich teile diese Einschränkung Klossowskis nicht.
16. Klossowski, a. a. O., S. 123.

Literatur angesehen wird, als sich eine öde, felsige Weite, farblos und ohne Überraschungen, von den abwechslungsreichen Landschaften, den Bächen, Seen und Feldern, die wir lieben, unterscheidet. Wären wir aber in der Lage, eine solche Weite zu ermessen?

DIE SADISTISCHE RASEREI

Sade, der sich von der Menschheit ausschloß, kannte in seinem langen Leben nur eine Beschäftigung, die ihn wirklich fesselte, nämlich bis zur Erschöpfung die Möglichkeiten aufzuzählen, Menschen zu zerstören, sie zu zerstören und den Gedanken an ihren Tod und ihr Leiden zu genießen. Eine mustergültige Schilderung, wäre sie auch noch so gelungen, hätte wenig Sinn für ihn gehabt. Einzig die endlose, langweilige Aufzählung vermochte vor ihm die Leere auszubreiten, die *Wüste*, die sein Rasen begehrte (und die seine Bücher immer noch jenen erschließen, die sie öffnen).

Die Langeweile ergibt sich aus der Monstrosität des Sadeschen Werkes, doch gerade diese Langeweile ist dessen Sinn. Wie der Christ Klossowski bemerkt, ähneln diese endlosen Romane eher den Andachtsbüchern als der Unterhaltungsliteratur. Die «vollendete Methode», die sie strukturiert, ist die des «Mönchs, der seine Seele in die Anbetung des göttlichen Mysteriums versenkt».[17] Man muß sie lesen, wie sie geschrieben wurden, in dem Bestreben, ein Mysterium zu ergründen, das weder weniger tief noch vielleicht weniger «göttlich» ist als das der Theologie. Dieser Mann, der in seinen Briefen sprunghaft und drollig ist, verführerisch oder aufbrausend, begeistert oder belustigt, zu Zärtlichkeit und vielleicht sogar zu Gewissensbissen fähig, beschränkt sich in seinen Büchern auf ein unabänderliches Exerzieren, in dem sich eine immer gleiche Hochspannung von Anfang an aus den uns beschränkenden Bedenken löst. Von Anfang an finden wir uns auf verwirrenden, unzugänglichen Höhen. Es bleibt kein Zögern, keine Mäßigung mehr. Ein Wirbelsturm ohne Rast und ohne Ende treibt die Objekte der Begierde unweigerlich in Folter und Tod. Der einzig denkbare Abschluß ist die Begierde, die der

17. Ebd.

Henker selbst empfinden könnte, zum Opfer der Folter zu werden. In dem bereits erwähnten Testament erheischt dieser Trieb an seinem Höhepunkt, daß selbst das Grab nicht überdaure, er läßt verlangen, daß sogar der Name aus dem Gedächtnis der Menschen verschwinde.

Wenn wir diese Gewaltsamkeit als Ausdruck einer schwer zugänglichen Wahrheit betrachten, die denjenigen, der sie zu ergründen sucht, so durch und durch ergreift, daß er von ihr als von einem Mysterium spricht, müssen wir sie umgehend mit der Vorstellung in Verbindung bringen, die Sade selbst von ihr vermittelte.

Zu Beginn der ‹Cent vingt journées› schreibt er: «Jetzt, lieber Leser, muß sich dein Herz und dein Verstand auf die unsittlichste Erzählung gefaßt machen, die es je gegeben hat, seit die Welt besteht, ein solches Buch findet sich weder bei den Alten noch bei den Neuen. Stell dir vor, daß jeder anständige Genuß oder jeder, den jene Bestie verordnet, von der du immer redest, ohne sie zu kennen, und die du Natur nennst, daß all diese Genüsse also aus diesem Band ausdrücklich verbannt sind, und wenn du ihnen zufällig doch begegnen solltest, so nur in Begleitung irgendeines Verbrechens oder von irgendwelchen Schändlichkeiten gefärbt.»[18]

Sade treibt die Perversion so weit, aus seinen Helden mehr als Schurken, nämlich Feiglinge zu machen. Hier die Schilderung eines der vollkommensten:

«Von Geburt an falsch, hart, herrisch, barbarisch, egoistisch, so verschwenderisch für seine eigenen Vergnügungen wie geizig zum Nutzen anderer, lügnerisch, gefräßig, versoffen, feige, sodomitisch, blutschänderisch, ein Mörder, Brandstifter, Dieb.» Dies ist der Herzog Blangis, einer der vier Peiniger in den ‹Cent vingt journées›! «Ein entschlossenes Kind hätte diesem Koloß Angst eingejagt, und sobald er sich nicht der List oder des Verrats bedienen konnte, um seinen Gegner loszuwerden, wurde er zaghaft und feige.»[19]

Blangis ist im übrigen nicht der widerlichste der vier Wüstlinge.

«Der Präsident Curval war der Älteste der Gesellschaft. Mit seinen fast sechzig Jahren und von Ausschweifungen beispiellos

18. Ausg. 1931 (hrsg. von Maurice Heine), S. 74; Ausg. Pauvert, 1953, Bd. I, S. 99.

19. Ausg. 1931, S. 11 und 17; Ausg. 1953, Bd. I, S. 21 und 27.

verbraucht, stellte er fast nur noch ein Skelett dar. Er war groß, hager, dürr, mit eingefallenen, glanzlosen Augen, einem fahlen, ungesunden Mund, vorspringendem Kinn und langer Nase. Haarig wie ein Satyr, mit plattem Rücken und schlaffem, hängendem Gesäß, das eher an Schmutzlappen erinnerte, die auf die Schenkel herabhingen..., war Curval so völlig im Sumpf des Lasters und der Libertinage versunken, daß es ihm unmöglich geworden schien, von etwas anderem zu sprechen. Er führte stets die schmutzigsten Ausdrücke im Mund wie im Herzen und vermischte sie kräftigst mit Lästerungen, die ihm der wahre Abscheu eingab, den er wie seine Genossen für alle Angelegenheiten der Religion empfand. Diese geistige Liederlichkeit, die noch vergrößert wurde durch die ständige Trunkenheit, in der er sich zu erhalten liebte, verlieh ihm seit einigen Jahren ein Aussehen des Stumpfsinns und der Verblödung, das ihm zur höchsten Wonne gereichte, wie er behauptete.»[20]

«Unsauber in seiner ganzen Erscheinung», zunächst sogar «ziemlich übelriechend», war der Präsident Curval «völlig abgestumpft», während Herzog Blangis dagegen Furore und Gewaltsamkeit verkörperte: «War er schon gewaltsam in seinen Begierden, was wurde er dann erst, großer Gott!, wenn ihn die Trunkenheit der Wollust ergriff, das war kein Mensch mehr, das war ein rasender Tiger, weh dem, der dann seinen Leidenschaften ausgesetzt war, furchtbare Schreie, entsetzliche Lästerungen entrangen sich seiner geschwellten Brust, seine Augen schienen Flammen zu schleudern, er schäumte, er wieherte, man hätte ihn geradezu für den Gott der Geilheit halten können.»[21]

Sade war nicht von einer solch grenzenlosen Wildheit. Er hatte häufig mit der Polizei zu tun, die ihm nicht traute, ihn aber keines wirklichen Verbrechens überführen konnte. Wir wissen, daß er einer jungen Bettlerin, Rose Keller, Messerstiche beibrachte und heißes Wachs in ihre Wunden goß. Im Schloß La Coste in der Provence wurden anscheinend Orgien veranstaltet, jedoch ohne die Exzesse, die nur die Erfindung des Schlosses Silling erlaubte, das als in ferner Felseneinsamkeit abgelegen geschildert wurde. Eine Leidenschaft, die er vielleicht bisweilen verfluchte, ließ ihn

20. Ausg. 1931, S. 20–22; Ausg. 1953, Bd. I, S. 31–33.
21. Ausg. 1931, S. 15 f.; Ausg. 1953, Bd. I, S. 26.

beim Anblick des Leidens anderer in unvorstellbare Zustände geraten. Rose Keller berichtete in einer Zeugenaussage von den entsetzlichen Schreien, die ihm der Orgasmus entriß. In diesem Merkmal zumindest ähnelt er Blangis. Ich weiß nicht, ob es im Zusammenhang mit solchen Entfesselungen überhaupt berechtigt ist, von Lust zu sprechen. In einem gewissen Stadium geht der Exzeß über die gewöhnlichen Begriffe hinaus. Spricht man etwa von der Lust der Wilden, die sich einen Haken mit einem Strick in die Brust bohren und so aufgehängt um einen Mast wirbeln? Die Marseiller Zeugenaussagen berichten von den Hieben mit nadelbewehrten Peitschen, die den Marquis blutig schlugen. Das ist jedoch nicht alles: die Phantasien Sades gehen oft so weit, daß sie die abgehärtetsten Fakire abgeschreckt hätten. Es wäre Angeberei, wenn jemand behauptete, er beneide das Leben der Wüstlinge von Silling. Mit ihnen verglichen ist Benoit Labre[22] zimperlich, dabei gibt es keinen Asketen, der den Ekel in diesem Ausmaß überwunden hätte.

VON DER ENTFESSELUNG ZUM KLAREN BEWUSSTSEIN

Sade war in dieser moralischen Verfassung: Ganz anders als seine Helden, insofern er häufig menschliche Gefühle bewies, erlebte er Zustände der Entfesselung und Ekstase, die ihm verglichen mit den normalen Möglichkeiten von großer Bedeutung erschienen. Diese gefährlichen Zustände, in die ihn unüberwindliche Begierden brachten, glaubte er nicht aus dem Leben verbannen zu können oder zu sollen. Statt sie in seinen normalen Momenten zu vergessen, wie dies üblich ist, wagte er, ihnen ins Gesicht zu sehen und sich die abgründige Frage zu stellen, die sie in Wirklichkeit allen Menschen stellen. Andere hatten vor ihm dieselben Verirrungen gekannt, aber ein grundlegender Widerspruch blieb zwischen der Entfesselung der Leidenschaften und

22. Der heilige Benoit Labre trieb die Schmutzigkeit angeblich so weit, sein Ungeziefer zu essen. Klossowski stellte seinem Buch folgendes Motto voran: *«Wenn es irgendeinem Freidenker eingefallen wäre, den heiligen Benoit Labre zu fragen, was er von seinem Zeitgenossen, dem Marquis de Sade halte, hätte der Heilige, ohne zu zögern, geantwortet:* ‹Er ist mein Nächster.›»

dem Bewußtsein bestehen. Der menschliche Geist hat nie aufgehört, gelegentlich dem Verlangen nachzugeben, das zum Sadismus führt, es geschah jedoch verstohlen, in der Nacht, die aus der Unvereinbarkeit zwischen der Blindheit der Gewalt und der Hellsichtigkeit des Bewußtseins entsteht. Die Raserei verdrängte das Bewußtsein. Das Bewußtsein wiederum leugnete und ignorierte in seiner furchtsamen Verurteilung die Bedeutung der Raserei. In der Einsamkeit des Gefängnisses verlieh Sade als erster jenen unkontrollierbaren Triebkräften durchdachten Ausdruck, auf deren Negierung das Bewußtsein das Gesellschaftsgebäude – und das Menschenbild – errichtete. Zu diesem Zweck mußte er alles, was die anderen für unumstößlich hielten, ins Gegenteil verkehren und bestreiten. Bei seinen Büchern hat man das Gefühl, er habe mit erbitterter Entschlossenheit das *Unmögliche* und die *Kehrseite* des Lebens gewollt: er ging mit der festen Entschiedenheit der Hausfrau vor, die eilig ein Kaninchen mit sicherer Bewegung abzieht (auch die Hausfrau enthüllt die Kehrseite der Wahrheit, und in diesem Fall ist die Kehrseite auch das Herz der Wahrheit). Sade stützt sich auf eine allgemeine Erfahrung: die Sinnlichkeit – die von den normalen Zwängen befreit – wird nicht nur durch die Gegenwart, sondern durch eine *Veränderung* des möglichen Objekts geweckt. Mit anderen Worten, ein erotischer Trieb, der eine *Entfesselung* ist (im Vergleich zum Arbeitsverhalten oder allgemeiner zur Schicklichkeit), wird durch die entsprechende *Entfesselung* seines Objekts ausgelöst. «Das Geheimnis ist leider nur allzu gewiß», bemerkt Sade, «und kein etwas im Laster verwurzelter Libertin wüßte nicht, wie groß die Gewalt des Mordes über die Sinne ist.»[23] Blangis ruft aus: «Es ist also wahr, daß das Verbrechen in sich selbst eine solche Anziehungskraft besitzt, daß es unabhängig von jeder Wollust genügen kann, um alle Leidenschaften zu entflammen.»[24] *Entfesselt* zu sein, ist nicht immer, aktiv, die Auswirkung des Objekts einer Leidenschaft. Was ein Wesen zerstört, *entfesselt* es auch; die *Entfesselung* ist übrigens immer die Zerrüttung eines Wesens, das sich die Grenzen der Schicklichkeit gesetzt hatte. Die Entblößung stellt allein schon das Durchbrechen dieser Grenzen dar (sie ist Zeichen der Ausschweifung, die das Objekt, das sich ihr aussetzt, verursacht). Die sexuel-

23. *Les cent vingt journées,* Ausg. 1931, S. 19.
24. Ebd., Ausg. 1931, S. 257.

le Ausschweifung löst die kohärenten Strukturen auf, die uns als bestimmte Wesen für uns selbst und für die anderen etablieren (sie läßt uns bereits in ein Unendliches gleiten, das der Tod ist). Es gibt in der Sinnlichkeit eine Verwirrung und ein Gefühl des Ertrinkens, ähnlich dem Unbehagen, das von Leichen ausgeht. In der Verwirrung des Todes indes verliert sich etwas und entschwindet, eine Unruhe beginnt in uns, ein Eindruck der Leere, und der Zustand, in den wir uns begeben, ist jenem verwandt, der einer sinnlichen Begierde vorausgeht. Ein junger Mann konnte keine Beerdigung sehen, ohne physische Erregung zu empfinden: er mußte aus diesem Grund den Leichenzug seines Vaters verlassen. Sein Verhalten entsprach nicht den gewöhnlichen Verhaltensweisen. Auf alle Fälle können wir den Sexualtrieb nicht auf das Angenehme und Nützliche beschränken. Es gibt in ihm ein Element der Ausschweifung, des Exzesses, das sogar das Leben jener aufs Spiel setzen kann, die ihm nachgeben.

Die Phantasie Sades hat diese Ausschweifung und diesen Exzeß bis ins Schlimmste gesteigert. Niemand – es sei denn, er wäre gefühllos – beendet die ‹Cent vingt journées› ohne Übelkeit: am übelsten ist sicher der daran, den diese Lektüre sinnlich erregt. All diese abgehackten Finger, ausgerissenen Augen und Fingernägel, diese durch das moralische Entsetzen verschärften Foltern, diese Mutter, die durch List und Terror zum Mord an ihrem Sohn getrieben wird, die Schreie, das im Gestank vergossene Blut, all das endet schließlich im Ekel. Es ist zuviel, es erstickt und bewirkt wie ein stechender Schmerz eine zersetzende Erschütterung – die tötet. Wie wagte er es? Vor allem, warum *mußte* er? Derjenige, der diese wahnwitzigen Seiten schrieb, wußte es, er ging so weit, wie man sich nur vorstellen kann: es gibt nichts Achtunggebietendes, das er nicht verhöhnte, nichts Reines, das er nicht in den Schmutz zöge, nichts Heiteres, das er nicht mit Entsetzen erfüllte. Jeder von uns ist persönlich betroffen: wenn es überhaupt noch etwas Menschliches hat, greift dieses Buch wie eine Gotteslästerung das Kostbarste, das Heiligste an, was jeder besitzt, oder befällt es wie eine Gesichtskrankheit. Wenn er aber darüber hinausginge? Dieses Buch ist wahrlich das einzige, in dem der Geist des Menschen *dem, was ist,* gewachsen ist. Die Sprache der ‹Cent vingt journées› ist die des gemächlichen Alls, das die Gesamtheit der Wesen, die es hervorbrachte, mit Sicherheit entkräftet, peinigt und zerstört.

In der Verwirrung der Sinnlichkeit vollzieht der Mensch einen geistigen Aufschwung, in dem er *dem, was ist, gleich* ist.

Der Verlauf eines Menschenlebens läßt uns zu einfachen Anschauungen neigen: wir stellen uns uns selbst als wohldefinierte Wesenheiten vor. Nichts erscheint uns besser gewährleistet als das *Ich*, auf dem das Denken beruht. Und wenn es zu den *Gegenständen* in Beziehung tritt, so nur, um diese zu seinem Gebrauch zu verändern: es gleicht niemals dem, was es nicht selbst ist. Was außerhalb unserer endlichen Wesen steht, ist bald ein unergründliches Unendliches, das uns unterordnet, bald der *Gegenstand*, den wir gebrauchen, der uns untergeordnet ist. Außerdem kann das Individuum auf Umwegen, indem es sich den manipulierten Dingen gleichstellt, sich auch einer endlichen Ordnung unterordnen, die es innerhalb einer Unermeßlichkeit *fesselt*. Wenn es nun versucht, diese Unermeßlichkeit in wissenschaftlichen Gesetzen zu fesseln (die ein *Gleichheits*zeichen zwischen die Welt und die endlichen Dinge setzen), gleicht es seinem Gegenstand nur dann, wenn es sich in einer Ordnung *fesselt*, die es zermalmt (die es negiert, die das negiert, was sich in ihm vom endlichen, untergeordneten Ding unterscheidet). Es verfügt nur über ein Mittel, diesen verschiedenen Begrenzungen zu entfliehen: die Zerstörung von unseresgleichen (in dieser Zerstörung wird die Begrenzung von unseresgleichen negiert; wir können in der Tat einen leblosen Gegenstand nicht zerstören, er verändert sich, aber verschwindet nicht, nur ein Wesen wie wir verschwindet im Tode). Die von einem Wesen wie wir erlittene Gewalttat entzieht es der Ordnung der endlichen, gegebenenfalls nützlichen Dinge und gibt es der Unermeßlichkeit zurück.

Dies traf schon für das Opfer zu. In der schreckensvollen Annäherung an das Heilige deutete der Geist bereits jenen Aufschwung an, in dem er *dem, was ist,* gleicht (der grenzenlosen Totalität, die wir nicht erkennen können). Doch das Opfer ist ebensosehr Furcht vor der Entfesselung wie Entfesselung selbst. Es stellt jene Handlung dar, durch die sich die Welt der vernünftigen Tätigkeit (die profane Welt) von einer Gewalt befreit, die sie zerstören könnte. Und wenn sich beim Opfer die Aufmerksamkeit auch auf das Gleiten konzentriert, das vom isolierten Individuum weg hin zum Grenzenlosen führt, so wird sie dennoch zu verschwommenen Interpretationen hin abgelenkt, die in krassem

Widerspruch zum klaren Bewußtsein stehen. Das Opfer ist übrigens passiv, es gründet sich auf eine elementare Furcht; einzig die Begierde ist aktiv, sie allein macht uns gegenwärtig.

Nur wenn der Geist durch ein Hindernis aufgehalten wird und seine verlangsamte Aufmerksamkeit dem Gegenstand der Begierde zuwendet, erhält die klare Erkenntnis eine Chance. Voraussetzung hierzu sind Erbitterung und Überdruß, die Zuflucht zu immer abwegigeren Möglichkeiten. Voraussetzung ist schließlich ein Denken in der momentanen Unmöglichkeit, die Begierde zu befriedigen, und die Neigung zu einer bewußteren Befriedigung.

«Für die wahren Libertins steht fest», bemerkte Sade, «daß die durch das Gehör vermittelten Eindrücke die lebhaftesten sind. Folglich hatten unsere vier Wüstlinge, die ihr Herz so weit und so tief wie möglich von Wollust durchdringen lassen wollten, zu diesem Zweck eine sonderbare Einrichtung ersonnen.» Es handelt sich um die «Historikerinnen», deren Aufgabe es war, zwischen den Orgien von Silling den Geist durch die Aufzählung aller Laster zu ermuntern, die ihnen begegnet waren. Die lange, schmutzige Erfahrung dieser alten Prostituierten lieferte ein vollkommenes Bild, das die wissenschaftliche Beobachtung vorwegnahm und durch diese bestätigt wurde. Aber vom Standpunkt des Bewußtseins aus haben die «Historikerinnen» nur den einen Sinn, dem Irrgarten, den Sade bis ins letzte ausleuchten wollte, die Form einer peinlich genauen Darlegung ex cathedra zu verleihen, objektiviert durch eine andere Stimme. Das wichtigste: diese sonderbare Erfindung wurde aus der Einsamkeit eines Kerkers geboren. In der Tat bedurfte das klare, deutliche, unablässig erneuerte und rekapitulierte Bewußtsein dessen, was dem erotischen Trieb zugrunde liegt, zu seiner Bildung der unmenschlichen Lage eines Gefangenen. Als freier Mann hätte Sade die Leidenschaft stillen können, die ihn erregte, doch die Gefangenschaft hinderte ihn daran. Wenn die angeführte Leidenschaft denjenigen, der sie anführt, nicht verwirrt, ist eine objektive, äußere Erkenntnis möglich, aber das volle Bewußtsein wird nicht erreicht, das das Empfinden der Begierde erfordert. Die berühmte ‹Psychopathia sexualis› Krafft-Ebings oder andere Werke derselben Gattung haben ihre Bedeutung im Hinblick auf ein objektives Wissen von den menschlichen Verhaltensweisen, jedoch außerhalb der Erfahrung einer tiefen Wahrheit, wie sie diese Verhaltensweisen enthüllen. Diese Wahrheit ist die der ihnen zugrunde liegenden Begierde, welche der systematische Katalog eines Krafft-Ebing nicht erfaßt. Offensichtlich ist das Bewußtsein der Begierde schwer zugänglich, denn die Begierde allein schon beeinträchtigt die Klarheit des Bewußtseins, und die Möglichkeit einer Befriedigung schaltet sie völlig aus. Für die gesamte Animalität scheint die sexuelle Befriedigung in einer großen «Verwirrung der Sinne» zu erfolgen. Andererseits liegt die Hemmung, mit der sie beim Menschen verbunden ist, an ihrer wenn nicht unbewußten, so zumindest nicht deutlich bewußten Natur. Dieses Bewußtsein wurde von der wesentlich reflektierten Eigenart Sades vorbereitet: geduldig verfolgte er einen Gedankengang, verbunden mit seinem Bestreben, sich die meisten Kenntnisse seiner Zeit anzueignen. Doch ohne die Gefangenschaft hätte ihm sein ausschweifendes Leben keine Möglichkeit gelassen, die unendliche Begierde zu nähren, die sein Denken in Anspruch nahm, ohne daß er sie hätte befriedigen können.

Um die Schwierigkeit besser hervorzuheben, möchte ich hinzufügen, daß Sade sich der Vollendung des Bewußtseins nur annäherte: die vollkommene Klarheit konnte er nicht erreichen. Hierzu muß der Geist noch, wenn nicht zur Begierdelosigkeit, so zumindest zu jener Verzweiflung gelangen, die bei einem Leser Sades durch das Gefühl einer letztlichen Ähnlichkeit zwischen den Begierden Sades und seinen eigenen hervorgerufen wird, die nicht dieselbe Intensität haben, die normal sind.

DIE POESIE IM SCHICKSAL SADES

Es ist nicht erstaunlich, daß sich eine so seltsame, so schwierige Wahrheit zunächst in aufsehenerregender Weise offenbarte. Die Möglichkeit des Bewußtseins ist ihre Grundbedeutung, doch sie mußte sich stets auf den Hintergrund beziehen, dessen Ausdruck sie war. Wie hätte diese erwachende Wahrheit des poetischen Glanzes entbehren können? Ohne poetischen Glanz hätte diese Wahrheit, menschlich gesehen, keine solche Tragweite gehabt. Uns ergreift, daß sich eine mythische Handlung mit dem verbindet, was letztlich den Kern der Mythen enthüllt. Es bedurfte einer Revolution – im Krachen der erbrochenen Bastilletore –, um uns durch den Zufall des Durcheinanders Sades Geheimnis preiszugeben, dem das Unglück jenen Traum zu erleben gestattete, dessen Verfolgung die Seele der Philosophie ausmacht: die Einheit von Subjekt und Objekt, in diesem Fall die Identität des begehrten Objekts mit dem begehrenden Subjekt in der Überschreitung der menschlichen Grenzen. Maurice Blanchot sagte zu Recht von Sade, er habe es «verstanden, aus seinem Gefängnis das Abbild der Einsamkeit des Alls zu machen», daß ihn dieses Gefängnis, diese Welt aber nicht mehr störte, da er daraus «alle Geschöpfe verbannt und ausgeschlossen» hatte.[25] So wurde die Bastille, in der Sade schrieb, zum Schmelztiegel, in dem die bewußten Grenzen der Menschen eine langsame Zerstörung erfuhren durch das Feuer einer Leidenschaft, die in Ohnmacht überging.

25. Maurice Blanchot, *Quelques remarques sur Sade,* in: *Critique* Nr. 1, Juni 1946, S. 249. (A. d. Ü.)

PROUST

DIE LIEBE ZUR WAHRHEIT UND GERECHTIGKEIT UND DER SOZIALISMUS PROUSTS

Die Leidenschaft für Wahrheit und Gerechtigkeit versetzt diejenigen, die sie empfinden, häufig in Empörung.

Diejenigen, die sie empfinden?

Ist es denn nicht dasselbe, Mensch zu sein und Wahrheit und Gerechtigkeit zu wollen? Diese Leidenschaft ist ungleichmäßig unter den Sterblichen verteilt und zeigt allerdings, in welchem Maße jeder einzelne von ihnen menschlich, in welchem Maße er der Menschenwürde teilhaftig ist. Marcel Proust schreibt in ‹Jean Santeuil›: «Wir werden stets von einer freudigen, männlichen Bewegung ergriffen, wenn wir außergewöhnliche, kühne Worte aus dem Mund von Wissenschaftlern vernehmen, die aus reiner Berufsehre die Wahrheit sagen, eine Wahrheit, um die sie sich nur deshalb kümmern, weil es die Wahrheit ist, der sie sich in ihrer Kunst zu weihen haben ohne Rücksicht auf das Mißfallen jener, für die sie sich ganz anders darstellt, nämlich als einer Betrachtungsweise eigen, die ihnen ziemlich gleichgültig ist.»[1] Stil und Inhalt dieses Satzes haben mit der ‹Recherche› wenig gemein... Im selben Buch indessen ändert sich der Stil, nicht aber das Denken: «Was uns im ‹Phaidon› so sehr erschüttert, ist, daß wir beim Verfolgen des sokratischen Gedankengangs plötzlich das außerordentliche Gefühl haben, einem Gedankengang zu lauschen, dessen Reinheit kein persönlicher Wunsch beeinträch-

1. Proust, *Jean Santeuil,* Paris: Gallimard 1952, Bd. II, S. 156.

tigte, als ob die Wahrheit über allem stünde: wir sehen Sokrates in der Tat zu der Schlußfolgerung gelangen, daß er sterben müsse.»[2]

Marcel Proust schrieb dies im Zusammenhang mit der Dreyfus-Affäre, um 1900. Seine Parteinahme für Dreyfus ist bekannt, doch von der etwa zehn Jahre später begonnenen ‹Recherche› an verloren seine Gefühle die aggressive Naivität. Wir selbst haben heute diese Einfachheit verloren. Dieselbe Leidenschaft bringt uns bisweilen auf, aber wir sind überdrüssig. In unserer Zeit würde die Dreyfus-Affäre wohl wenig Aufsehen erregen...

Bei der Lektüre von ‹Jean Santeuil› verwundert die Bedeutung der Politik im damaligen Denken Prousts: er war dreißig Jahre alt. Viele Leser werden erstaunt sein, den jungen Marcel vor Wut kochen zu sehen, weil er bei einer Sitzung des Abgeordnetenhauses den Worten Jaurès' nicht zustimmen konnte. In ‹Jean Santeuil› heißt Jaurès Couzon. Sein schwarzes Haar ist kraus, aber es besteht kein Zweifel: es handelt sich um den «Vorsitzenden der sozialistischen Partei im Abgeordnetenhaus ..., den einzigen großen Redner heute, ebenbürtig den größten von einst». Proust erwähnt in diesem Zusammenhang «das Gerechtigkeitsgefühl, das ihn manchmal wie eine Art Erleuchtung durchzuckte»[3]; er schildert «die widerwärtigen Dummköpfe» – die Abgeordneten der Mehrheit – «ironisch ihre zahlenmäßige Überlegenheit und die Macht ihrer Dummheit benutzend, um die Stimme der pulsierenden, zum Ertönen bereiten Gerechtigkeit zu ersticken».[4] Die Äußerung solcher Gefühle verwundert um so mehr, als sie durch einen Mann erfolgt, der sich später auf politischem Gebiet eher lau zeigen sollte. Die Gleichgültigkeit, in die er verfiel, hatte mehrere Gründe: von seinen sexuellen Zwangsvorstellungen abgesehen, fühlte sich die Bourgeoisie, der er angehörte, von Arbeiterunruhen bedroht, aber auch sein Scharfblick spielte eine Rolle für das Erlahmen seines revolutionären Edelmuts.

Stellen wir zunächst fest, daß dieser Edelmut aus Launen herrührte, die mit der Politik nichts zu tun hatten: es ist «die Feindseligkeit seiner Eltern, die ihn in grenzenlose Begeisterung für die Unternehmungen (von Jaurès) stürzt».[5] Hier spricht zwar Jean

2. Ebd., S. 145.
3. Ebd., S. 316 f.
4. Ebd.
5. Ebd., S. 318.

Santeuil, sein Charakter ist aber der des Verfassers der ‹Recherche›. Wir wissen jetzt, was uns ohne die Veröffentlichung von ‹Jean Santeuil› verborgen geblieben wäre, nämlich, daß Proust in seiner Jugend eine sozialistische Anwandlung hatte, wenn auch nicht ohne Vorbehalte: «Wenn er allein ist und nachdenkt, wundert sich Jean, daß (Jaurès) so heftige, vielleicht verleumderische, fast blutrünstige Angriffe gegen gewisse Mitglieder der Mehrheit in seinen Zeitungen duldet, in seinen Zwischenrufen sogar selbst vorbringt.»[6] In der Tagespolitik stößt die Wahrheit nicht auf die großen Schwierigkeiten. Diese sind seit langem bekannt. Sie auszudrücken, wäre banal, geschähe es nicht in der Sprache Prousts mit so viel Ungeschicklichkeit: «Ist das Leben und vor allem die Politik nicht ein Kampf? Und da die Bösen auf alle Fälle bewaffnet sind, ist es die Pflicht der Guten, es ebenfalls zu sein, schon um die Gerechtigkeit nicht zugrundegehen zu lassen. Man könnte vielleicht sagen ..., daß ihre Art des Zugrundegehens gerade darin bestehe, bewaffnet zu sein, ohne sich um die Art der Bewaffnung zu kümmern. Man wird Ihnen aber darauf antworten, daß die Gerechtigkeit nie einen Sieg davongetragen hätte, wenn die großen Revolutionäre so genau darauf bedacht gewesen wären.»[7]

Von Anfang an nagt der Zweifel an ihm. Es steht im übrigen fest, daß diese Anliegen keine Dauerhaftigkeit bei ihm hatten, sie beunruhigten ihn nur. Wenn er sie vergessen konnte, so nicht, ohne ihre Bedeutung erwogen, ohne seine Gründe angegeben zu haben. Im fünften Teil von ‹Jean Santeuil› konnte Jaurès, der sich anfangs «geschämt hätte, einem unehrenhaften Menschen die Hand zu reichen», der im Verlauf der Erzählung «für Jean (den Helden des Buches) das Maß der Gerechtigkeit dargestellt hatte», sich schließlich «der Tränen nicht erwehren, als er daran dachte, was ihn seine Pflicht als Parteivorsitzender alles zu opfern zwang».[8] Der Handlung des Buches gemäß hätte sich Jaurès-Couzon einer Verleumdungskampagne gegen den Vater Jeans eigentlich widersetzen können, doch der Politiker vermochte es bei aller ihm vom Autor zugebilligten Zuneigung nicht, «all jene gegen sich aufzubringen, die für ihn kämpften, sein Lebenswerk

6. Ebd.
7. Ebd., S. 322 f.
8. Ebd., S. 94.

zunichte zu machen und den Triumph seiner Ideen aufs Spiel zu setzen, nur um einen zu Unrecht verdächtigten Gemäßigten zu rehabilitieren, ein unnützes Unterfangen, an dem er, allein, sowieso scheitern mußte.» «Die Leidenschaft für die Anständigkeit, die Schwierigkeiten, ihr zum Siege zu verhelfen, hatten ihn gezwungen, sein Verhalten dem einer stärkeren Partei anzupassen, der er für ihre Hilfeleistung persönliche Anliegen opfern mußte.» Die Stimme Jeans, die aus einer Zeit zu uns dringt, in der solche Widersprüche noch einen Sinn hatten, schließt mit einer heutzutage seltsam anmutenden Einfachheit: «Sie opfern das Allgemeinwohl nicht einer Einzelfreundschaft, sondern einem Einzelinteresse, Ihrer politischen Stellung. Wohlgemerkt, das Allgemeinwohl. Denn in ihrer Ungerechtigkeit gegenüber meinem Vater sind die Journalisten nicht nur ungerecht. Sie machen ihre Leser ungerecht. Sie machen sie böse. Sie flößen ihnen die Lust ein, am nächsten Tag zu sagen, daß einer ihrer Nachbarn, den man für gut hielt, böse sei ... Ich glaube wohl, daß sie eines Tages herrschen werden. Und diese Herrschaft wird die der Ungerechtigkeit sein. Bis dahin, bis die Regierung ungerecht wird, bis die Gesetze ungerecht werden, bis die Ungerechtigkeit zur Tatsache wird, bereiten sie diesen Tag vor, indem sie durch Verleumdung den Geschmack an Skandal und Grausamkeit alle Herzen beherrschen lassen.»[9]

DIE BINDUNG DER MORAL AN DIE ÜBERSCHREITUNG DES MORALGESETZES

Dieser naive Ton überrascht bei einem Autor, der dies so wenig war. Dürfen wir uns aber von dem gefangennehmen lassen, was einen Augenblick lang sein tiefstes Denken gewesen zu sein scheint? Es bleibt das Eingeständnis einer spontanen Regung... Niemand wird sich über folgenden Satz im dritten Band von ‹Jean Santeuil› wundern: «Wie viele Briefe schreiben wir doch, in denen wir sagen: ‹Es gibt nur eine wirklich schändliche Sache, die das Wesen entehrt, das Gott nach seinem Ebenbilde schuf, die Lüge›, und meinen damit, daß uns am meisten daran liegt, von

9. Ebd., S. 102 f.

diesem Wesen nicht belogen zu werden, nicht etwa, daß wir das glauben.» Proust schreibt weiter: «Jean gesteht (seiner Mätresse) nicht, daß er ihren Brief durch den Umschlag hindurch gelesen hat, und da er sich nicht enthalten kann, ihr zu sagen, daß ein junger Mann sie besucht habe, behauptet er, es von jemandem zu wissen, der sie gesehen hat: Lüge. Was ihn nicht hindert, Tränen in den Augen zu haben, wenn er ihr sagt, das einzig Abscheuliche sei die Lüge.»[10] Unter dem Eindruck der Eifersucht wird derjenige, der Jaurès anklagte, zynisch. Die anfängliche naive Anständigkeit verdient deshalb nicht weniger Aufmerksamkeit. In der ‹Recherche› häufen sich die Beweise für den Zynismus Marcels, den die Eifersucht zu unlauteren Manövern verleitete. Aber diese so gegensätzlichen Verhaltensweisen, die uns zunächst unvereinbar schienen, ergeben zusammen ein Ganzes. Ohne Skrupel – wenn wir nicht bestrebt wären, strenge Verbote einzuhalten – wären wir keine Menschen. Doch ebensowenig können wir diese Verbote immer einhalten – wenn wir nicht manchmal den *Mut* hätten, sie zu übertreten, gäbe es für uns keinen Ausweg mehr. Dazu kommt noch, daß wir nicht menschlich wären, wenn wir nie gelogen hätten, wenn wir kein einziges Mal beherzt genug gewesen wären, ungerecht zu sein. Wir machen uns lustig über den Widerspruch zwischen dem Krieg und dem universellen Verbot, das den Mord verurteilt, aber der Krieg ist so universell wie das Verbot. Der Mord ist überall verabscheuungswürdig, und überall gelten kriegerische Taten als tapfer. Nicht anders steht es um Lüge und Ungerechtigkeit. Gewiß wurden Verbote mancherorten streng beobachtet, der Schüchterne jedoch, der das Gesetz niemals zu übertreten wagt, der die Augen abwendet, wird überall mit Verachtung angesehen. In der Idee der Männlichkeit ist stets das Bild des Mannes gegeben, der sich innerhalb seiner Grenzen, vorsätzlich, doch ohne Furcht und gleichgültig über die Gesetze zu stellen vermag. Hätte Jaurès der Gerechtigkeit ihren Lauf gelassen, würde dies nicht nur seinen Anhängern geschadet haben: diese hätten ihn dann für unfähig gehalten. Eine taube Seite der Männlichkeit verpflichtet dazu, sich niemals zu verantworten, Erklärungen zu verweigern. Wir müssen loyal, gewissenhaft, selbstlos sein, aber jenseits dieser Gewissenhaftigkeit, dieser Loyalität und dieser Selbstlosigkeit müssen wir souverän sein.

10. Ebd., Bd. III, S. 143.

Die Notwendigkeit, das Verbot, selbst wenn es heilig wäre, einmal zu übertreten, macht sein Prinzip durchaus nicht zunichte. Derselbe Mann, der kräftig log, der lügnerisch vorgab, «das einzig Abscheuliche sei die Lüge», war bis zu seinem Tode von der Leidenschaft für die Wahrheit besessen. Emmanuel Berl schildert den tiefen Eindruck, den er davon empfing: «Eines Nachts, als ich gegen drei Uhr morgens von Proust kam (es war während des Krieges), noch ermüdeter als gewöhnlich durch ein Gespräch, das meine physischen wie intellektuellen Möglichkeiten überstieg, gänzlich aus der Fassung gebracht, hatte ich, allein auf dem Boulevard Haussmann, den Eindruck, am äußersten Ende meiner selbst zu sein. Genauso verstört, glaube ich, wie nach dem Einsturz meines Unterstands im Bois-le-Prêtre. Ich konnte nichts mehr ertragen, angefangen bei mir selbst, erschöpft und meiner Erschöpfung mich schämend dachte ich an diesen Mann, der kaum etwas zu sich nahm, den das Asthma erstickte, den der Schlaf floh und der nichtsdestotrotz seinen Kampf gegen die Lüge wie gegen den Tod weiterkämpfte, ohne vor der Analyse zurückzuschrecken oder vor der Schwierigkeit, ihre Ergebnisse zu formulieren, und der sich darüberhinaus noch bereit fand, dem feigen Durcheinander meiner Gedanken etwas entgegenzuwirken. Nicht meine Verwirrung stieß mich am meisten ab, sondern meine Schlappheit, sie zu ertragen.» Diese Begierde steht nicht im Gegensatz zur gelegentlichen Überschreitung des Prinzips, dem sie sich unterwirft, im Gegenteil. Sie ist zu groß, um das Prinzip zu bedrohen, sogar das Zögern wäre eine Schwäche. Die Grundlage jeder Tugend ist unsere Fähigkeit, ihre Kette zu zerbrechen. Die traditionelle Lehre verkannte diese geheime Triebkraft der Moral, wodurch ihre Idee farblos wurde. Was die Tugend angeht, erscheint das moralische Leben als furchtsamer Konformismus, andererseits wird die Verachtung der Fadheit als Unmoral gewertet. Die traditionelle Lehre fordert vergeblich eine oberflächliche Strenge auf der Grundlage des logischen Formalismus, sie ist dem Geist der Strenge fremd. Nietzsche, der die Lehrmoral verwarf, glaubte nicht überleben zu können, wenn er ein Verbrechen beginge. Bei der echten Moral steht immer deren Existenz auf dem Spiel. Der wahre Abscheu vor der Lüge läßt, nicht ohne überwundenen Widerwillen, das Risiko gelten, das mit einer gegebenen Lüge verbunden ist. Die Gleichgültigkeit dem Risiko gegenüber ist nichts als scheinbare Unbekümmertheit. Es ist das

Gegenteil der Erotik, die die Verdammung zuläßt, ohne die sie reizlos wäre. Die Vorstellung von unverletzlichen Gesetzen benimmt die moralische Wahrheit ihrer Kraft, die wir anerkennen müssen, ohne uns zu fesseln. Im erotischen Exzeß verehren wir die Regel, die wir übertreten. Ein Spiel immer neu aufbrechender Gegensätze bildet die Grundlage der Wechselbeziehung zwischen Loyalität und Revolte, die das Wesen des Menschen ausmacht. Außerhalb dieses Spiels ersticken wir in der Logik der Gesetze.

DER DURCH DIE FREVELHAFTE BEDEUTUNG DER EROTIK BEGRÜNDETE GENUSS

In der Schilderung seiner Erfahrung des erotischen Lebens hinterließ uns Proust ein eindringliches Bild von einem solchen Spiel faszinierender Gegensätze.

Man hat willkürlich ein Anzeichen für Krankhaftigkeit in der Assoziation von Mord und Frevel mit der absolut heiligen Gestalt der Mutter zu sehen vermeint.[11] «Während die Lust mich mehr und mehr ergriff», schreibt der Erzähler der ‹Recherche›, «fühlte ich im Grunde meines Herzens eine unendliche Traurigkeit und Trostlosigkeit erwachen; es schien mir, daß ich die Seele meiner Mutter zum Weinen brachte...»[12] Dieser Schrecken war Voraussetzung für die Wollust. Irgendwo in der ‹Recherche› verschwindet Marcels Mutter, ohne daß später ihr Tod erwähnt würde: nur vom Tod der Großmutter ist die Rede, als ob der Tod der Mutter selbst für den Verfasser übermächtige Bedeutung gewonnen hätte. Von seiner Großmutter schreibt er: «Wenn ich den Tod meiner Großmutter zusammen mit dem Albertines betrachtete, so schien es mir, daß mein Leben durch einen Doppelmord besudelt sei.»[13] Zu der Besudelung des Mords gesellte sich eine zweite, tiefere, die der Profanierung. Mit Recht betont man den Abschnitt in ‹Sodome et Gomorrhe›, in dem es heißt, «die ihren Vätern nicht immer ähnlichen Söhne vollziehen in ihrem Gesicht die Schändung der Mutter». Wir müssen darauf eingehen, denn

11. André Frétet, *L'aliénation poétique. Rimbaud, Mallarmé, Proust,* Paris: Janin 1946.

12. Zitiert nach Bataille. (A. d. Ü.)

13. Proust, *A la recherche du temps perdu,* Ed. Pléiade, Paris 1963–64, Bd. III, S. 496. (A. d. Ü.)

der Autor schließt: «Belassen wir es hier bei dem, was eines eigenen Kapitels bedürfte: ‹Die geschändeten Mütter›.»[14] Der Schlüssel zu diesem Tragödientitel findet sich in der Episode, in der die Tochter Vinteuils, deren Liederlichkeit den Vater soeben aus Gram hatte sterben lassen, wenige Tage später in ihren Trauerkleidern die Zärtlichkeiten einer homosexuellen Geliebten genießt, die auf die Photographie des Toten spuckt.[15] Die Tochter Vinteuils verkörpert Marcel, Vinteuil ist Marcels Mutter.[16] Der Einzug der Geliebten Mademoiselle Vinteuils zu Lebzeiten des Vaters entspricht dem Albertines in die Wohnung des Erzählers (Albertine ist in Wirklichkeit der Chauffeur Albert Agostinelli). Nichts verlautet – was man als Mangel empfindet – über die Reaktionen der Mutter auf die Anwesenheit der Eindringlingin (bzw. des Eindringlings). Keinem Leser dürfte es wohl entgangen sein, daß die Erzählung in diesem Punkt zu wünschen übrig läßt. Das Leiden und der Tod Vinteuils werden dagegen ausführlich geschildert. Proust hat mit Stillschweigen übergangen, was sich aus einigen erschütternden Stellen über Vinteuil herauslesen läßt, wenn man die Namen auswechselt: «Wir alle, die damals sahen, wie (die Mutter Marcels ihren) Bekannten auswich, wie (sie) sich bei ihrem Anblick abwandte, in wenigen Monaten alterte, sich im Kummer verzehrte, unfähig zu jeder Anstrengung, die nicht unmittelbar dem Wohlergehen (ihres Sohnes) diente, wie sie ganze Tage am Grab (ihres Mannes) verbrachte – mußten begreifen, daß (sie) daran war, vor Gram zu sterben, und vermuten, daß (sie) sich über die umlaufenden Gerüchte im klaren war. (Sie) kannte sie, vielleicht glaubte (sie) sie sogar. Es gibt wohl kaum jemanden, wäre er auch noch so tugendhaft, den die Umstände nicht dazu zwingen könnten, eines Tages in nächster Nachbarschaft des Lasters zu leben, das er doch ausdrücklich verurteilt – ohne daß er es übrigens wirklich erkennen würde unter der besonderen Verkleidung, derer es sich bedient, um sich ihm zu nähern und ihm Leid zuzufügen: sonderbare Reden, ein unerklärliches Verhalten, eines Abends, jenes Wesens, das er sonst aus so vielen Gründen liebt. Doch für (eine Frau) wie (Marcels Mutter) mußte viel mehr Leiden als für (eine andere) damit verbunden sein, sich mit einer

14. Frétet, a. a. O., S. 239. – Proust, a. a. O., Bd. II, S. 908.

15. Proust, a. a. O., Bd. I, S. 162 *(Du côté de chez Swann).* (A. d. Ü.)

16. Marie-Anne Cochet und Henri Massis haben diese Identifikation seit langem angeregt, die als gesichert gelten darf.

Situation abzufinden, die man zu Unrecht ausschließlich der Bohème zuschreibt: sie tritt immer dann ein, wenn ein von der Natur selbst beim Kinde entwickeltes Laster genötigt ist, sich den Platz und die Sicherheit zu schaffen, die es braucht ... Daraus aber, daß (die Mutter Marcels) vielleicht über die Veranlagung (ihres Sohnes) Bescheid wußte, folgt noch nicht, daß (ihre) Verehrung für (ihn) deshalb abgenommen hätte. Die Tatsachen haben keinen Zugang zu jener Welt, in der unsere Überzeugungen leben; sie haben sie weder geschaffen noch können sie sie zerstören.»[17] Gleichermaßen müssen wir im Hinblick auf Marcel lesen, was die ‹Recherche› von Mademoiselle Vinteuil sagt: «... im Herzen (Marcels) war das Böse, zumindest anfangs, nicht ungemischt. (Ein Sadist wie er) ist Gestalter des Bösen, was ein völlig schlechtes Wesen nicht sein könnte, denn das Böse stünde nicht außerhalb von ihm, es schiene ihm völlig natürlich und würde sich nicht einmal von ihm unterscheiden; und die Tugend, das Andenken der Toten, die Kindesliebe zu schänden, würde (ihm) kein frevlerisches Vergnügen bereiten, da (er) keine Verehrung für sie empfände. Die Sadisten vom Schlage (Marcels) sind rein gefühlvolle Wesen, die mit einer solch natürlichen Tugendhaftigkeit begabt sind, daß ihnen sogar die sinnliche Lust als etwas Schlechtes erscheint, als das Vorrecht des Bösen. Und wenn sie es sich für einen Augenblick gestatten, sich ihr hinzugeben, so versuchen sie, in die Haut der Bösen zu schlüpfen und auch ihren Partner schlüpfen zu lassen, um einen Augenblick lang die Illusion zu nähren, ihrer skrupelhaften, empfindsamen Seele in die unmenschliche Welt der Lust entflohen zu sein.»[18] Außerdem schreibt Proust in ‹Le temps retrouvé›: «Der Sadist – so gut er auch sein mag, mehr noch, je besser er ist – empfindet im übrigen einen Durst nach dem Bösen, den die um anderer Ziele willen handelnden Bösen (wenn sie aus irgendeinem vernünftigen Grund böse sind) nicht zu stillen vermögen.»[19] Wie der Schrecken das Maß der Liebe ist, ist die Begierde nach dem Bösen das Maß des Guten.

17. Proust, a. a. O., Bd. I, S. 147 f. (A. d. Ü.)
18. Ebd., Bd. I, S. 163 f. (A. d. Ü.)
19. Ebd., Bd. III, S. 827. (A. d. Ü.)

Die Anschaulichkeit dieses Charakterbildes ist faszinierend. Was sie ausschließt, ist die Möglichkeit, einen Aspekt ohne den komplementären zu erfassen.

Das Böse scheint faßbar, aber nur in dem Maße, wie das Gute den Schlüssel dazu liefert. Wenn die leuchtende Intensität des Guten der Nacht des Bösen nicht ihre Schwärze verliehe, besäße das Böse keine Anziehungskraft mehr. Diese Wahrheit ist schwer zu verkraften. Etwas empört sich in dem, der sie vernimmt. Dabei wissen wir, daß die stärksten Eindrücke auf die Empfindsamkeit von Kontrasten herrühren. Die Triebkraft des sinnlichen Lebens gründet sich auf die Furcht, die das Männliche dem Weiblichen einflößt, und auf den brutalen Schmerz der Paarung (die weniger Harmonie als Gewaltsamkeit ist, vielleicht in Harmonie mündet, jedoch durch Exzeß). Zunächst muß zerbrochen werden, die Vereinigung erfolgt am Ausgang von Kämpfen, deren Einsatz der Tod ist. Aus vielfältigen Wandlungen ergibt sich gewissermaßen der erschütternde Aspekt der Liebe. Wenn die Liebe manchmal rosig erscheint, ist das Rosa auf das Schwarze abgestimmt, ohne das es Fadheit zum Ausdruck brächte. Hätte Rosa ohne Schwarz jene Bedeutung, die die Empfindsamkeit erregt? Ohne das ihm wie der Schatten dem Licht verhaftete Unglück würde das Glück nichts als Gleichgültigkeit hervorrufen. So sehr trifft dies zu, daß die Romane unablässig das Leid beschreiben, kaum je Zufriedenheit. Letzten Endes besteht der Wert des Glücks in seiner Seltenheit. Wäre es leicht zu erlangen, würde man es geringschätzen, es als langweilig empfinden. Das Durchbrechen der Regel allein verfügt über jene unwiderstehliche Anziehungskraft, die dem ungestörten Glück abgeht.

Die drastischste Szene der ‹Recherche› (die sie der schwärzesten Tragödie zur Seite stellt) hätte nicht ihren tiefen Sinn für uns, hätte der erste Aspekt nicht sein Gegenstück. Wenn die rosa Farbe, um dem Verlangen Ausdruck zu verleihen, des schwarzen Kontrastes bedarf, wäre dieses Schwarz so schwarz, wenn uns nicht zuvor nach Reinheit gedürstet, wenn es unseren Traum nicht *gegen unseren Willen* getrübt hätte? Die Unreinheit offenbart sich nur durch Kontrast, und zwar jenen, die auf ihr Gegenteil, die Reinheit, nicht verzichten zu können meinten. Die absolute Begierde nach Unreinheit, die Sade künstlich erzeugte, brachte ihn zu einer Übersättigung, in der jedes Empfinden abgestumpft war und sich selbst die Möglichkeit des Genusses entzog. Nicht einmal die unerschöpfliche Hilfsquelle der Literatur (die imaginären Romanszenen) konnte ihn befriedigen, da ihm die höchste Lust des moralischen Bewußtseins fehlte, das den Verbrechen die frevelhafte Würze verleiht, ohne die sie natürlich scheinen, ohne die sie *natürlich sind*. Raffinierter als Sade, beließ der genußbegierige Proust dem Laster die abscheuliche Farbe des Lasters, die Verwerfung der Tugend. Wenn er aber tugendhaft war, so nicht, um die Lust zu erreichen, und wenn er die Lust erreichte, so deshalb, weil er zuvor die Tugend hatte erreichen wollen. Übeltäter kennen vom Bösen nur dessen materiellen Vorteil. Wenn sie anderen zu schaden suchen, so schließlich nur um ihres egoistischen Nutzens willen. Wir bringen in den Wirrwarr, in dem sich das Böse verbirgt, nur dann Klarheit, wenn wir der Verknüpfung der auf einander angewiesenen Gegensätze gewahr werden. Ich habe weiter oben gezeigt, daß das Glück für sich allein nicht begehrenswert ist und Langeweile erzeugen würde, wenn uns die Prüfung des Unglücks – oder des Bösen – nicht begierig danach machte. Umgekehrt gilt, daß das Böse, wären wir nicht wie Proust (und im Grunde vielleicht sogar Sade) auf das Gute begierig, uns eine Reihe gleichgültiger Empfindungen vermitteln würde.

GERECHTIGKEIT, WAHRHEIT UND LEIDENSCHAFT

Aus diesem unerwarteten Komplex ergibt sich eine Korrektur der verbreiteten Ansicht, die das Gute dem Bösen achtlos gegenüberstellt. Wenn Gut und Böse einander ergänzen, folgt daraus keine Gleichwertigkeit. Nicht zu Unrecht unterscheiden wir *menschlich* verständliche Verhaltensweisen von solchen, die niederträchtig erscheinen. Doch der Gegensatz zwischen diesen Verhaltensweisen ist nicht derselbe, der theoretisch Gut und Böse einander gegenüberstellt.

Das Elend der Tradition liegt darin beschlossen, sich auf die Schwäche zu stützen, die die Sorge für die Zukunft veranlaßt. Die Sorge für die Zukunft rühmt den Geiz und verurteilt die verschwenderische Sorglosigkeit. Die vorsorgende Schwäche widersetzt sich dem Prinzip, das «Genuß des gegenwärtigen Augenblicks» lautet. Die traditionelle Moral steht im Einklang mit dem

Geiz, sie sieht in der Bevorzugung des unmittelbaren Genusses die Wurzel des Bösen. Die geizige Moral begründet das Einverständnis zwischen Recht und Polizei. Gebe ich dem Genuß den Vorzug, verabscheue ich die Unterdrückung. Das Paradox der Gerechtigkeit besteht darin, daß die geizige Moral sie mit der Borniertheit der Unterdrückung verbindet; die großzügige Moral erblickt in ihr den spontanen Antrieb dessen, der will, daß jeder das Seine bekomme, der dem Opfer der Ungerechtigkeit zu Hilfe eilt. Könnte die Gerechtigkeit ohne diese Großzügigkeit *pulsieren*? Könnte man von ihr sagen, sie sei *bereit zu ertönen*?

Und wäre ebenso die Wahrheit, was sie ist, wenn sie sich nicht *großzügig* gegen die Lüge behauptete? Häufig ist die Leidenschaft für Wahrheit und Gerechtigkeit nicht identisch mit dem Schrei der politischen Masse, denn die bisweilen durch Großmut bewegte Masse erliegt bisweilen auch dem gegenteiligen Hang. Die Großzügigkeit stellt sich in uns stets der Neigung zum Geiz entgegen, wie die Leidenschaft der überlegten Berechnung. Wir können uns nicht blind der Leidenschaft überlassen, die sich auch auf den Geiz erstreckt, doch die Großmut geht über die Vernunft hinaus und ist immer leidenschaftlich. In uns ist etwas Leidenschaftliches, Großzügiges und *Heiliges,* das die Vorstellung des Verstandes überschreitet, und durch diese Überschreitung sind wir menschlich. In einer Welt intelligenter Automaten sprächen wir vergeblich von Gerechtigkeit und Wahrheit.

Nur weil er von ihr etwas Heiliges erwartete, erregte die Wahrheit in Marcel Proust den Zornausbruch, der Emmanuel Berl erschreckte. Berl hat in bewegenden Worten die Szene beschrieben, als Proust ihn aus seiner Wohnung jagte, wobei er «Hinaus! Hinaus!» schrie. Berl, der zu heiraten vorhatte, schien ihm für die Wahrheit verloren. War das nun Raserei? Vielleicht, aber könnte die Wahrheit dem zuteil werden, der sie nicht bis zur Raserei liebte? Ich übernehme seine Schilderung dieses Ausbruchs: «Sein ohnehin fahles Gesicht wurde noch fahler. Seine Augen funkelten vor Wut. Er stand auf und zog sich in seinem Ankleidezimmer an. Er mußte ausgehen. Mir fiel die Körperkraft dieses Kranken auf. Bis dahin hatte ich nicht darauf geachtet. Sein Haar war viel schwärzer und dichter als das meine, seine Zähne fester, sein schwerer Kiefer schien äußerst beweglich, seine wohl vom Asthma gewölbte Brust unterstrich die Breite seiner Schultern.[20] Wenn es zu Handgreiflichkeiten zwischen uns gekommen wäre, wie ich einen Augenblick lang glaubte, wäre ich nicht sicher gewesen, für mich zu wetten.»[21] Die Wahrheit – wie die Gerechtigkeit – erfordern Ruhe, und doch gehören sie nur den Gewaltsamen.

Unsere Momente der Leidenschaft entfernen uns zwar von den – gröberen – Tatsachen des politischen Kampfes, wie sollte man aber verkennen, daß das Volk manchmal im Grunde von einem großherzigen Zorn aufgestachelt wird? Unerwarteter-, aber bezeichnenderweise hat Proust selbst die Unvereinbarkeit der Polizei mit der Großmut des Volkes deutlich gemacht. Der von Wahrheitswut besessene Proust brachte die Gerechtigkeitswut zum Ausdruck, von der er einmal ergriffen wurde: dabei stellte er sich vor, wie er «mit der Begeisterung des Zornes alle Schläge zurückgab, die der Schwächere abbekommt, wie er am Tage, als er erfuhr, daß ein Dieb angezeigt, umzingelt und nach verzweifeltem Widerstand von den Polizisten gebunden worden war, wünschte, stark genug gewesen zu sein und die Polizisten umgebracht zu haben...»[22] Diese von seiten Prousts unerwartete Bewegung der Empörung hat mich ergriffen. Ich sehe darin die Annäherung des Zorns, der durch längere Überlegung erstickt wird, an die Weisheit, ohne die der Zorn vergeblich ist. Wenn die Nacht des Zorns und die Hellsicht der Weisheit nicht schließlich in Einklang gebracht werden, wie sollen wir uns in dieser Welt zurechtfinden? Doch auf dem Gipfel bilden die Fragmente ein Ganzes: wir erkennen die Wahrheit, die sich aus den Gegensätzen, aus dem Guten und dem Bösen zusammensetzt.

20. Eine der jüngst veröffentlichten Photographien Marcel Prousts scheint mir diese verwirrende Beschreibung zu bestätigen. Vgl. Georges Cattaui, *Marcel Proust,* Paris: Julliard 1952, S. 177.

21. Emmanuel Berl, *Sylvia,* Paris: Gallimard 1952, S. 152.

22. Proust, *Jean Santeuil,* a. a. O., Bd. I, S. 318.

KAFKA

SOLL MAN KAFKA VERBRENNEN?

Kurz nach dem Krieg stellte eine kommunistische Wochenzeitung (‹Action›) eine Umfrage zu einem erstaunlichen Thema an: *Soll man Kafka verbrennen?* Die Frage war um so verrückter, als sie keineswegs im Zusammenhang mit anderen gestellt wurde, die auf sie vorbereitet hätten, wie: Soll man die Bücher verbrennen? Oder: Welche Art Bücher sind generell zu verbrennen? Wie auch immer, die Wahl der Redakteure war geschickt. Es war überflüssig, daran zu erinnern, daß der Verfasser des ‹Prozesses› als «eines der größten Genies unserer Zeit» gilt. Doch die zahlreichen Antworten bewiesen, daß sich ihre Kühnheit gelohnt hatte. Übrigens war auf die Umfrage lange vor ihrer Formulierung eine Antwort gegeben worden, die ‹Action› zu veröffentlichen unterließ, die des Autors, der mit dem Wunsch, seine Bücher zu verbrennen, lebte oder zumindest starb.

Nach meiner Ansicht blieb Kafka bis zuletzt unentschlossen. Diese Bücher schrieb er zunächst einmal; man kann sich denken, daß es Zeit braucht von dem Tag, an dem man schreibt, bis zu dem, an dem man zu verbrennen beschließt. Dann beließ er es bei einer zweideutigen Entscheidung, indem er die Durchführung des Autodafés jenem Freund übertrug, der ihm von vornherein seine Weigerung mitgeteilt hatte. Er starb jedoch nicht, ohne den anscheinend ausdrücklichen Willen geäußert zu haben, sein Nachlaß solle dem Feuer übergeben werden.

Wie dem auch sei, die – selbst provokatorische – Idee, Kafka zu verbrennen, war aus der Sicht der Kommunisten logisch. Die imaginären Flammen vermitteln sogar ein besseres Verständnis dieser Bücher: es sind Bücher für das Feuer, die in der Tat brennen müßten, sie sind da, aber *um zu verschwinden*, so, als ob sie schon vernichtet wären.

KAFKA, DAS GELOBTE LAND UND DIE REVOLUTIONÄRE GESELLSCHAFT

Unter allen Schriftstellern war Kafka vielleicht der schlauste: er zumindest ließ sich nicht erwischen! ... Im Unterschied zu vielen Modernen zunächst war Schriftsteller sein genau das, was er *wollte*. Er begriff, daß die Literatur, *das, was er wollte*, ihm die erwartete Befriedigung verweigerte, aber er hörte nicht auf zu schreiben. Man könnte nicht einmal sagen, daß ihn die Literatur enttäuschte. Sie enttäuschte ihn jedenfalls nicht im Vergleich zu anderen möglichen Zielen. Nehmen wir an, daß sie ihm das war, was das Gelobte Land für Moses war.

Kafka schreibt über Moses: «... daß er das Land erst vor seinem Tode sehen wollte, ist unglaubwürdig. Diese letzte Aussicht kann nur den Sinn haben, darzustellen, ein wie unvollkommener Augenblick das menschliche Leben ist, unvollkommen, weil diese Art des Lebens [die Erwartung des Gelobten Landes] endlos dauern könnte und doch wieder nichts anderes sich ergeben würde als ein Augenblick. Nicht weil sein Leben zu kurz war, kommt Moses nicht nach Kanaan, sondern weil es ein menschliches Leben war.»[1] Dies ist nicht mehr nur die Entlarvung der Nichtigkeit eines bestimmten Guten, sondern aller, gleichermaßen sinnentleerten Ziele: ein Ziel ist immer hoffnungslos *in der Zeit*, wie der Fisch im Wasser, wie irgendein Punkt in der Bewegung des Universums: *weil es sich um ein menschliches Leben handelt.*

Gibt es etwas der kommunistischen Einstellung Entgegengesetzteres? Vom Kommunismus können wir sagen, er sei die Aktion schlechthin, die Aktion, die die Welt verändert. Das Ziel, die veränderte, in der Perspektive von Zeit und Zukunft gesehene

1. Franz Kafka, *Gesammelte Werke*. Hg. von Max Brod, 7 Bände, New York: Schocken Books 1948–49; Frankfurt: Fischer 1976, VII, S. 399 (19. 10. 1921).

Welt hat in ihm Vorrang vor der Existenz, vor der gegenwärtigen Tätigkeit, deren Sinn nur im angestrebten Ziel liegt, *in der zu verändernden Welt.* Hierin bereitet der Kommunismus keine grundsätzliche Schwierigkeit. Die ganze Menschheit schickt sich an, die Gegenwart der imperativen Macht eines Zieles unterzuordnen. Niemand bezweifelt die Bedeutung der Aktion, und niemand macht ihr die letzte Autorität streitig.

Es bleibt höchstens ein winziger Vorbehalt: wir sagen uns, daß das Handeln niemals das Leben verhinderte... So hat die Welt der Aktion nie ein anderes Anliegen als das angestrebte Ziel. Die Ziele weichen je nach der Absicht voneinander ab, aber ihre Verschiedenheit und sogar ihre Widersprüchlichkeit ließen der individuellen Konvenienz stets Raum. Man muß schon absonderlich, nahezu aberwitzig sein, um ein Ziel anders als zugunsten eines besseren auszuschlagen. Kafka selbst gibt zunächst zu verstehen, daß Moses deshalb lächerlich war, weil er, der Prophezeiung gemäß, in dem Augenblick sterben sollte, wo er das Ziel erreichte. Doch er fügt logisch hinzu, daß der tiefere Grund seines Mißgeschicks in seinem «menschlichen Leben» lag. Das Ziel wird in die Zeit versetzt, die Zeit ist begrenzt: das allein schon bringt Kafka dazu, das Ziel an sich für trügerisch zu halten.

Dies ist so paradox – und so vollkommen gegensätzlich zur kommunistischen Einstellung (Kafkas Einstellung steht nicht nur im Gegensatz zum politischen Wollen, nach dem nichts zählt, wenn die Revolution nicht stattfindet) –, daß wir uns eingehender damit beschäftigen müssen.

DIE VOLLKOMMENE KINDLICHKEIT KAFKAS

Diese Aufgabe ist nicht leicht.

Kafka brachte seine Gedanken, wenn er es wirklich wollte (in seinem Tagebuch oder in seinen Betrachtungen), immer so zum Ausdruck, daß jedes Wort eine Falle war (er errichtete gefährliche Gebäude, in denen die Worte keiner logischen Ordnung folgen, sondern sich übereinandertürmen, als ob sie nur verblüffen, in die Irre führen wollten, als ob sie sich an den Autor selbst richteten, der es offenbar nie müde wurde, vom Erstaunen zur Verirrung überzugehen).

Am vergeblichsten ist es wohl, den eigentlich literarischen Schriften einen Sinn unterlegen zu wollen, indem man häufig Nichtvorhandenes herauslas oder bestenfalls etwas sah, das, kaum skizziert, sich auch schon der zurückhaltendsten Behauptung entzog.[2]

Wir müssen zunächst diese Vorbehalte machen. Nichtsdestoweniger verfolgen wir in einem Irrgarten eine allgemeine Richtung, die natürlich erst in dem Augenblick deutlich wird, wo wir aus diesem Irrgarten herausfinden: dann glaube ich, einfach sagen zu können, daß Kafkas Werk im ganzen genommen eine völlig kindliche Haltung aufweise.

Nach meiner Ansicht ist die schwache Stelle unserer Welt, die Kinderei im allgemeinen für einen abgesonderten Bereich zu halten, der uns in gewissem Sinne zwar nicht fremd ist, der aber außerhalb von uns bleibt und aus sich selbst seine Wahrheit, das, was er wirklich ist, weder darstellen noch bedeuten kann. Ebenso sieht normalerweise niemand den Irrtum für wahrheitsbegründend an ... «Das ist kindlich» wird gleichbedeutend gebraucht mit «das ist nicht seriös». Doch kindlich sind wir zunächst einmal alle, absolut, rückhaltlos und, wir müssen sogar sagen, in der erstaunlichsten Weise: solchermaßen (durch Kinderei) bekundet die entstehende Menschheit ihr Wesen. Genaugenommen ist das Tier niemals kindlich, der kleine Mensch dagegen überträgt leidenschaftlich den vom Erwachsenen vorgegebenen Sinn auf etwas anderes, das sich seinerseits auf nichts übertragen läßt. Dies war unsere Welt, die uns anfangs mit ihrer Unschuld bis zum Entzükken berauschte: in der jedes Ding eine Zeitlang jenen Daseinsgrund beurlaubte, der es zum *Ding* machte (im Räderwerk der Sinngebung des Erwachsenen).

Kafka hinterließ ein Fragment, das der französische Herausgeber «Skizze einer Autobiographie» betitelte und das nur von seiner Kindheit und einer Eigentümlichkeit handelt. «Man wird zum Beispiel einem Jungen, der abends mitten im Lesen einer aufregenden Geschichte ist, niemals durch eine bloß auf ihn eingeschränkte Beweisführung begreiflich machen können, daß er das Lesen unterbrechen und schlafen gehn muß.» Etwas weiter heißt

2. Ich kann Josef Gabel, der mich angreift (in *Critique,* Nr. 78, Nov. 1953, S. 959), nichts anderes entgegenhalten. Der Zirkus von Oklahoma ist nicht hinreichend, um eine historische Perspektive in Kafkas Werk zu bringen.

es: «Die Hauptsache aber war, daß ich die Verurteilung, die meine Eigentümlichkeit des langen Lesens erfahren hatte, nun mit eigenen Mitteln auf die verborgen gehaltene Eigentümlichkeit der Pflichtversäumnis weiterführte und dadurch zu dem niederdrückendsten Ergebnis kam.» Der erwachsene Autor betont die Tatsache, daß sich die Verurteilung auf Neigungen bezog, die Eigentümlichkeiten des Kindes waren: der Zwang brachte ihn entweder dazu, daß er «den Unterdrücker haßte», oder aber «die [verbotene] Eigentümlichkeit als nicht vorhanden erkannte». Er schreibt: «Hielt ich aber eine Eigentümlichkeit verborgen, dann war die Folge die, daß ich mich oder mein Schicksal haßte, mich für schlecht oder verdammt ansah.»[3]

Der Leser von ‹Der Prozeß› und ‹Das Schloß› erkennt unschwer die Atmosphäre der Kafkaschen Romane wieder. Auf das Verbrechen des Lesens folgte im Mannesalter das Verbrechen des Schreibens. Wenn es um Literatur ging, war die Reaktion seiner Umgebung, vor allem die des Vaters, von einer ähnlichen Mißbilligung wie beim Lesen. Kafka verzweifelte darüber in gleicher Weise. Hierzu bemerkte Michel Carrouges treffend: «Was er als so furchtbar empfand, war diese Gleichgültigkeit gegenüber seinen tiefsten Anliegen...»[4] Zu einer Szene, bei der die Verachtung der Seinen unverhohlen zum Ausdruck kam, schreibt Kafka: «Ich blieb zwar sitzen und beugte mich wie früher über mein... Blatt, aber aus der Gesellschaft war ich tatsächlich mit einem Stoß vertrieben...»[5]

DIE AUFRECHTERHALTUNG DER KINDLICHEN SITUATION

Eigenartig ist im Charakter Kafkas, daß er vor allem wünschte, sein Vater möge ihn verstehen und die Kinderei seines Lesens, später die der Literatur billigen, er möge das nicht aus der einzig

3. *Ges. Werke,* op. cit., VI, S. 165–167. [Bataille bezieht sich hier auf die Ausgabe, die Pierre Klossowski veranstaltet hat: Franz Kafka, *Journal intime,* suivi de *Esquisse d'une autobiographie, Considérations sur le péché, Méditations.* Introduction et traduction par Pierre Klossowski, Paris: Grasset 1945, S. 235 ff. (A. d. Ü.)]
4. Michel Carrouges, *Franz Kafka,* Paris: Labergerie 1949, S. 83.
5. *Ges. Werke,* op. cit., VII, S. 32 (19. 1. 1911).

unzerstörbaren Gesellschaft der Erwachsenen ausstoßen, was er von Kindheit an in Zusammenhang mit seinem Wesen, mit der Besonderheit seines Seins brachte. Sein Vater war für ihn der Mann der Autorität, dessen Interesse sich auf die Werte effizienter Tätigkeit beschränkte. Sein Vater bedeutete den Primat eines Ziels, das sich das gegenwärtige Leben unterwirft und nach dem die meisten Erwachsenen streben. *Auf kindliche Weise* lebte Kafka, wie jeder echte Schriftsteller, unter dem entgegengesetzten Primat des augenblicklichen Wünschens. Er nahm zwar die Qual der Büroarbeit auf sich, aber nicht ohne sich zu beklagen, wenn nicht über jene, die ihn dazu zwangen, so doch wenigstens über sein widriges Geschick. Er fühlte sich stets von der Gesellschaft ausgeschlossen, die ihn beschäftigte, aber er hielt das, was er in seinem Innersten mit ausschließlicher Leidenschaft war, für nichtig – für Kinderei. Natürlich reagierte der Vater mit der schroffen Verständnislosigkeit der Welt der Tätigkeit. 1919 schrieb Franz Kafka seinem Vater einen Brief, der diesen – wohl zum Glück – nicht erreichte und von dem Fragmente erhalten sind. «Ich war ein ängstliches Kind; trotzdem war ich gewiß auch störrisch, wie Kinder sind; gewiß verwöhnte mich die Mutter auch, aber ich kann nicht glauben, daß ich besonders schwer lenkbar war, ich kann nicht glauben, daß ein freundliches Wort, ein stilles Bei-der-Hand-Nehmen, ein guter Blick mir nicht alles hätten abfordern können, was man wollte ... Du kannst ein Kind nur so behandeln, wie Du eben selbst geschaffen bist, mit Kraft, Lärm und Jähzorn ... Du hattest Dich allein durch eigene Kraft so hoch hinaufgearbeitet, infolgedessen hattest Du unbeschränktes Vertrauen zu Deiner Meinung ... Ich bekam vor Dir eine stockende, stotternde Art des Sprechens ... Ich hatte vor Dir das Selbstvertrauen verloren, dafür ein grenzenloses Schuldbewußtsein eingetauscht. (In Erinnerung an diese Grenzenlosigkeit schrieb ich von jemandem einmal richtig[6]: ‹Er fürchtet, die Scham werde ihn noch überleben.›) ... Mein Schreiben handelte von Dir, ich klagte dort ja nur, was ich an Deiner Brust nicht klagen konnte. Es war ein absichtlich in die Länge gezogener Abschied von Dir.»[7]

6. Von der Hauptfigur im *Prozeß,* Josef K., dem offenkundigen Doppelgänger des Autors.

7. «Brief an den Vater» in: *Er. Prosa von Franz Kafka,* New York: Schocken 1953; Frankfurt/M.: Suhrkamp 1966, S. 135–192. (Die von Bataille zitierten Stellen finden sich auf S. 138 f., 141, 147, 166, 173. – A. d. Ü.)

Kafka wollte sein Gesamtwerk unter den Titel stellen: «Fluchtversuch vor dem Vater».[8] Wir dürfen uns aber nicht täuschen lassen: Kafka wollte niemals wirklich entfliehen. Was er wollte, war, *als Ausgeschlossener* in dieser Sphäre leben. Grundsätzlich wußte er, daß er vertrieben war. Man kann nicht sagen, von den anderen, man kann nicht sagen, daß er sich selbst vertrieb. Er benahm sich einfach so, daß er für die eigennützige, industrielle und kommerzielle Welt der Tätigkeit unerträglich wurde, er wollte in der Kindlichkeit des Traumes bleiben.

Die Flucht unterscheidet sich in diesem Fall wesentlich von der, wie sie in literarischen Feuilletons gesehen wird: es ist eine Flucht, die scheitert, die sogar scheitern muß, die scheitern will. Was der gewöhnlichen Flucht fehlt, was sie auf einen Kompromiß, auf Wichtigtuerei beschränkt, ist das Gefühl tiefer Schuld, der Verletzung eines ehernen Gesetzes, ist die Hellsichtigkeit eines erbarmungslosen Selbstbewußtseins. Der Entflohene der Feuilletons ist ein Dilettant, es genügt ihm zu amüsieren; er ist noch nicht frei, er ist es nicht im starken Sinn des Wortes, in dem die Freiheit souverän ist. Um frei zu sein, müßte er von der herrschenden Gesellschaft als frei anerkannt werden.

In der überlebten Welt des österreichischen Feudalismus war die einzige Gesellschaft, die den jungen Israeliten hätte anerkennen können, die der väterlichen Geschäftswelt, die den Schwindel eines literaturvernarrten Snobismus ausschloß. Das Milieu, in dem die Macht des Vaters unwidersprochen zur Geltung kam, bedeutete den harten Wettbewerb der Arbeit, der der Laune nichts zugesteht und die geduldete, innerhalb ihrer Grenzen sogar gern gesehene Kinderei auf die Kindheit beschränkt, sie aber grundsätzlich verurteilt. Wir müssen nun die Haltung Kafkas präzisieren und ihren Extremcharakter betonen. Nicht nur wollte er von jener Autorität anerkannt werden, von der man das am wenigsten erwarten konnte (da er ja bedingungslos entschlossen war, nicht nachzugeben), sondern er hatte auch niemals die Absicht, diese Autorität zu zerstören, nicht einmal, sich ihr zu widersetzen. Er wollte sich dem Vater nicht widersetzen, der ihm die Möglichkeit zu leben nahm, er wollte seinerseits nicht *Erwachsener*

8. Max Brod, *Franz Kafka*, New York: Schocken 1954; Frankfurt/M.: Fischer 1954, S. 34.

und Vater sein. Auf diese Weise unternahm er einen tödlichen Kampf, um in die väterliche Gesellschaft mit allen ihren Rechten aufgenommen zu werden, er wollte dies aber nur unter der Bedingung, *das unverantwortliche Kind zu bleiben, das er war.*

Er kämpfte kompromißlos, bis zum letzten Atemzug, einen aussichtslosen Kampf. Er hatte niemals Hoffnung: der einzige Ausweg war, durch den Tod, unter völliger Preisgabe der Eigentümlichkeit (der Laune, der Kinderei) in die Welt des Vaters zu gelangen. 1917 formulierte er sogar diese Lösung, die seine Romane vielfach widerspiegelten: «*Dem Tod* also würde ich mich anvertrauen. Rest eines Glaubens. *Rückkehr zum Vater.* Großer Versöhnungstag.»[9] Das Mittel, selbst die Rolle des Vaters zu übernehmen, war – für ihn zumindest – die Ehe. Doch trotz seines Verlangens danach entzog er sich aus gutem Grund: zweimal machte er seine Verlobung rückgängig. Er lebte «isoliert von den früheren Generationen» und «konnte auch nicht zum neuen Ursprung von Generationen werden».[10]

«Das wichtigste Ehehindernis [für mich] aber ist die schon unausrottbare Überzeugung, daß zur Familienerhaltung und gar zu ihrer Führung alles das notwendig gehört, was ich an Dir erkannt habe...»[11], schreibt er in dem «Brief an den Vater». Anders ausgedrückt, man muß sein, was Du bist, verraten, was ich bin.

Kafka hatte die Wahl zwischen dem – infantilen, diskreten – Skandalon der Laune, der souveränen Stimmung, die einem zukünftigen Glück nichts unterordnet, da sie sich um nichts kümmert, und dem Streben nach jenem Glück, das tatsächlich der beschwerlichen Tätigkeit und der männlichen Autorität vorbehalten ist. Er hatte die Wahl, denn er lieferte den Beweis dafür; er vermochte zwar nicht, sich im Getriebe undankbarer Arbeit zu verleugnen und zu verlieren, aber er verrichtete sie zumindest mit Sorgfalt. Er entschied sich für die unbezwingbare Laune seiner Helden, für ihre Kindereien, ihre ängstliche Sorglosigkeit, ihr skandalöses Benehmen und die offenkundige Verlogenheit ihrer Haltung. Er wollte mit einem Wort, daß die Existenz einer grundlosen Welt, deren Bedeutungen nicht einzuordnen sind, die souveräne Existenz bleibe, die nur möglich ist, insofern sie den Tod verlangt.

9. *Ges. Werke,* op. cit., VII, S. 390. (Hervorhebungen von mir.)
10. Carrouges, op. cit., S. 85.
11. «Brief an den Vater», op. cit., S. 188.

Er wollte es ohne Ausflucht, ohne Schwäche, er lehnte es ab, dem souveränen Sinn seiner Wahl irgendeine Chance im Wege der Verstellung zu lassen. Er machte niemals Winkelzüge, indem er das Vorrecht des Seriösen für das beanspruchte, was nur rechtlos souverän ist. Was wären denn durch Gesetze und durch die Macht garantierte Launen anderes, als Raubtiere im zoologischen Garten? Er spürte, daß die Wahrheit, die Echtheit der Laune Krankheit, Zerrüttung bis in den Tod erforderte. Das Recht, wie Maurice Blanchot von ihm sagte, ist Sache der Aktion, «die Kunst [die Laune] ist rechtlos gegenüber der Aktion».[12] Die Welt ist zwangsläufig das Gut jener, denen ein *Gelobtes Land* in Aussicht gestellt wurde, die gegebenenfalls gemeinsam arbeiten und kämpfen, um es zu erlangen. Es war die stumme, verzweifelte Stärke Kafkas, die Autorität nicht in Abrede zu stellen, die ihm die Möglichkeit zu leben verweigerte, und den üblichen Fehler zu vermeiden, mit der Autorität rivalisieren zu wollen. Wer den Zwang ablehnte und schließlich siegt, wird seinerseits – für sich wie für die anderen – identisch mit denen, die er bekämpfte, die den Zwang ausüben. Das infantile Leben, die souveräne, nicht berechnende Laune können ihren Triumph nicht überleben. Souverän ist etwas nur unter der Bedingung, die Wirksamkeit der Macht nicht zu besitzen, die Aktion ist, Primat der Zukunft vor dem gegenwärtigen Augenblick, Primat des Gelobten Landes. Nicht zu kämpfen, um einen grausamen Gegner zu vernichten, ist sicherlich am schwersten, heißt, sich dem Tod darbringen. Um zu ertragen, ohne sich selbst zu verraten, ist ein rückhaltloser, harter und angstvoller Kampf vonnöten: es ist die einzige Möglichkeit, die rauschhafte Reinheit aufrechtzuerhalten, die niemals an logische Absicht gebunden ist, die immer zwischen die Räder der Aktion gerät, jene Reinheit, die all ihre Helden im Sumpf einer wachsenden Schuld versacken läßt. Gibt es etwas Kindischeres oder verstohlen Unschicklicheres als K. im ‹Schloß›, als Josef K. im ‹Prozeß›? Diese Doppelfigur, «dieselbe in den beiden Büchern», ist insgeheim aggressiv, aggressiv ohne Berechnung, ohne Grund: eine aberwitzige Laune, ein blinder Starrsinn werden ihr zum Verhängnis. K. erwartet alles vom Wohlwollen unerbittlicher Autoritäten, «er benimmt sich wie der schamloseste Wüstling mitten im Wirtshaussaal [und das im Wirtshaus der Beamten],

12. Blanchot, *La part du feu,* Paris: Gallimard 1949, S. 33.

mitten in der Schule, bei seinem Anwalt, ... im Verhandlungssaal des Gerichts».[13] Der Vater wird in ‹Das Urteil› vom Sohn lächerlich gemacht, doch er ist immer gewiß, daß die gründliche, erschöpfende, fatale, unbeabsichtigte Zerstörung der Autorität seiner Ziele bezahlt werden wird; der Initiator der Unordnung, der die Hunde losließ, ohne sich eine Zuflucht gesichert zu haben, und im Finstern selbst verwirrt ist, wird ihr erstes Opfer sein. Dies ist wohl das Verhängnis alles menschlich Souveränen, das Souveräne kann nicht dauern, es sei denn in der Selbstverneinung (die kleinste Berechnung, und alles ist aus, es gibt nur noch Knechtschaft, Primat des berechneten Gegenstandes über die Gegenwart) oder im beständigen Augenblick des Todes. Der Tod ist das einzige Mittel, der Souveränität die Abdankung zu ersparen. Im Tod gibt es keine Knechtschaft; im Tod gibt es *nichts* mehr.

DAS HEITERE UNIVERSUM FRANZ KAFKAS

Kafka beschreibt kein souveränes Leben, sondern dieses bis in die launenhaftesten Augenblicke verkrampfte Leben ist hartnäkkig traurig. Die Erotik im ‹Prozeß› oder im ‹Schloß› ist eine Erotik ohne Liebe, ohne Begehren und ohne Kraft, eine trostlose Erotik, der man um jeden Preis entfliehen müßte.[14] Doch alles verwickelt sich. 1922 schreibt Kafka in sein ‹Tagebuch:› «Als ich noch zufrieden war, wollte ich unzufrieden sein und stieß mich mit allen Mitteln der Zeit und der Tradition, die mir zugänglich waren, in die Unzufriedenheit, nun wollte ich zurückkehren können. Ich war also immer unzufrieden, auch mit meiner Zufriedenheit. Merkwürdig, daß aus Komödie bei genügender Systematik Wirklichkeit werden kann. Mein geistiger Niedergang begann mit kindischem, allerdings kindisch-bewußtem Spiel. Ich ließ zum Beispiel Gesichtsmuskeln künstlich zusammenzucken, ich ging mit hinter dem Kopf gekreuzten Armen über den Graben. Kindlichwiderliches, aber erfolgreiches Spiel. (Ähnlich war es mit der Entwicklung des Schreibens, nur daß diese Entwicklung leider

13. Carrouges, op. cit., S. 26.
14. Vgl. ebd., S. 26 f.

später stockte.) Wenn es möglich ist, auf diese Weise das Unglück herbeizuzwingen, sollte alles herbeizwingbar sein.»[15] Doch an anderer Stelle findet sich folgendes undatierte Fragment: «... ich hoffe nicht auf Sieg und mich freut nicht der Kampf als Kampf, mich freut es nur als das einzige, was zu tun ist. Als solcher freut er mich allerdings mehr als ich in Wirklichkeit genießen kann, mehr als ich verschenken kann, vielleicht werde ich nicht am Kampf, sondern an dieser Freude zugrunde gehn.»[16]

Im Grunde wollte er unglücklich sein, um sich zu befriedigen. Das Geheimste an diesem Unglück war eine so intensive Freude, daß er sagt, er werde daran sterben. Etwas weiter findet sich folgendes Fragment: «Den Kopf hat er zur Seite geneigt, in dem dadurch freigelegten Hals ist eine Wunde, siedend in brennendem Blut und Fleisch, geschlagen durch einen Blitz, der noch andauert.»[17] Der blendende Blitz – der andauernde Blitz – ist wohl bedeutungsvoller als die Depression, die ihm voranging. Im ‹Tagebuch› (1917) wird die überraschende Frage aufgeworfen: «Mir immer unbegreiflich, daß es jedem fast, der schreiben kann, möglich ist, im Schmerz den Schmerz zu objektivieren, so daß ich zum Beispiel im Unglück, vielleicht noch mit dem brennenden Unglückskopf mich setzen und jemandem schriftlich mitteilen kann: Ich bin unglücklich. Ja, ich kann noch darüber hinausgehn und in verschiedenen Schnörkeln je nach Begabung, die mit dem Unglück nichts zu tun haben scheint, darüber einfach oder antithetisch oder mit ganzen Orchestern von Assoziationen phantasieren. Und es ist gar nicht Lüge und stillt den Schmerz nicht, ist einfach gnadenweiser Überschuß der Kräfte in einem Augenblick, in dem der Schmerz doch sichtbar alle meine Kräfte bis zum Boden meines Wesens, den er aufkratzt, verbraucht hat. Was für ein Überschuß ist es also?»[18] Greifen wir die Frage auf: Was ist das für ein Überschuß?

Wenige Erzählungen Kafkas sind so aufschlußreich wie ‹Das Urteil›:

«Diese Geschichte», steht im Tagebuch am 23. September 1912, «habe ich in der Nacht vom 22. bis 23. von zehn Uhr abends bis

15. *Ges. Werke,* op. cit., VII, S. 411 f. (24. 1. 1922).
16. *Ges. Werke,* op. cit., VI, S. 245 f.
17. Ebd., S. 248.
18. *Ges. Werke,* op. cit., VII, S. 387.

sechs Uhr früh in einem Zug geschrieben. Die vom Sitzen steif gewordenen Beine konnte ich kaum unter dem Schreibtisch hervorziehn. Die fürchterliche Anstrengung und Freude, wie sich die Geschichte vor mir entwickelte, wie ich in einem Gewässer vorwärtskam. Mehrmals in dieser Nacht trug ich mein Gewicht auf dem Rücken. Wie alles gesagt werden kann, wie für alle, für die fremdesten Einfälle ein großes Feuer bereitet ist, in dem sie vergehn und auferstehn.»[19]

«Diese Novelle», schreibt Carrouges, «erzählt die Geschichte eines jungen Mannes, der mit seinem Vater um die Existenz eines Freundes streitet und am Ende verzweifelt Selbstmord begeht. In wenigen Zeilen, so kurz wie die Schilderung des Streits lang war, wird uns berichtet, wie sich dieser junge Mann umbringt.»[20]

«Aus dem Tor sprang er, über die Fahrbahn zum Wasser trieb es ihn. Schon hielt er das Geländer fest, wie ein Hungriger die Nahrung. Er schwang sich über, als der ausgezeichnete Turner, der er in seinen Jugendjahren zum Stolz seiner Eltern gewesen war. Noch hielt er sich mit schwächer werdenden Händen fest, erspähte zwischen den Geländerstangen einen Autoomnibus, der mit Leichtigkeit seinen Fall übertönen würde, rief leise: ‹Liebe Eltern, ich habe euch doch immer geliebt›, und ließ sich hinabfallen.

In diesem Augenblick ging über die Brücke ein geradezu unendlicher Verkehr.»[21]

Michel Carrouges betont mit Recht die poetische Bedeutung des Schlußsatzes. Kafka selbst lieferte dem frommen Max Brod einen anderen Sinn: «Weißt du», sagte er ihm, «was der Schlußsatz bedeutet? – Ich habe dabei an eine starke Ejakulation gedacht.»[22] Läßt diese «ungewöhnliche Erklärung» auf «erotische Hintergedanken» schließen? Zeigt sie «im Akt des Schreibens eine Art Kompensation für die Niederlage vor dem Vater und für den gescheiterten Traum von Fortpflanzung» an?[23] Ich weiß es nicht, aber im Lichte dieser «Erklärung» bringt der wiedergelesene Satz die Souveränität der Freude zum Ausdruck, das souveräne Gleiten des Menschen ins *Nichts* – das die *Anderen* für ihn sind.

19. Ebd., S. 214.
20. Carrouges, op. cit., S. 27.
21. *Ges. Werke,* op. cit., IV, S. 53.
22. Brod, op. cit., S. 158.
23. Carrouges, op. cit., S. 103.

Diese Souveränität der Freude wird durch das Sterben bezahlt.[24] Die Angst ging ihr voraus – als ein Bewußtsein von der Fatalität des Ausgangs – und schon als Vorahnung von dem Augenblick der Trunkenheit, den die Verurteilung darstellen wird, von dem befreienden Schwindel, der der Tod sein wird. Doch das Unglück ist nicht nur Strafe. Der Tod Georg Bendemanns hatte für dessen Doppelgänger, Kafka, die Bedeutung der Glückseligkeit: die freiwillige Annahme des Urteils setzte die Maßlosigkeit fort, die sie verursacht hatte, aber sie hob die Angst auf, indem sie dem Vater endgültige Liebe, endgültigen Respekt zuteil werden ließ. Es gab keine andere Möglichkeit, die tiefe Verehrung und den vorsätzlichen Verstoß gegen diese Verehrung zu versöhnen. Dies ist der Preis der Souveränität, sie kann sich kein anderes Recht gewähren als das, zu sterben: niemals kann sie handeln, niemals Rechte beanspruchen, die allein der Aktion vorbehalten sind, der Aktion, die nie wirklich souverän ist, da sie den knechtischen Sinn der Zielstrebigkeit hat, der stets untergeordneten Aktion. Könnte es irgendetwas Überraschendes in dieser Komplicenschaft zwischen Tod und Lust geben? Da die Lust – das, was gefällt ohne Berechnung, gegen jede Berechnung – das Attribut oder das Emblem des souveränen Wesens ist, steht auf sie der Tod, der zugleich das Mittel zu ihr ist.

Alles ist gesagt. Nicht die erotischen Momente bringen Blitz oder Freude hervor. Wenn die Erotik gegenwärtig ist, so um die Verwirrung zu gewährleisten. Wie die künstlichen Gesichtszukkungen, mit denen Kafka als Kind versuchte, «das Unglück herbeizuzwingen». Denn nur tiefes Unglück, das absolut unhaltbare Leben bringen die Notwendigkeit des Kampfes und jene würgende Angst, ohne die es weder zum Überschuß noch zur Gnade käme. Unglück, Sünde sind bereits Kampf in sich selbst; der auf

24. Ich glaube, hier einen Abschnitt zitieren zu müssen, der in ein anderes Buch gehört: «Dem Übergang eines Wesens von einer Form zur anderen messen wir zu Unrecht gesteigerte Aufmerksamkeit bei. Unserer Unvollkommenheit halber erkennen wir die Anderen so, als ob sie nur *Äußeres* wären, dabei sind sie nicht weniger als wir *Inneres.* Wenn wir an den Tod denken, ruft die Leere, die er hinterläßt, in uns eine persönliche Betroffenheit hervor, während die Welt doch nur aus Fülle besteht. Aber der irreale Tod, der ein Gefühl der Leere hinterläßt, wirkt auf uns sowohl ängstigend als auch anziehend, denn diese Leere steht unter dem Zeichen der Fülle des Seins.» Das *Nichts* oder die *Leere* oder die *Anderen* beziehen sich in gleicher Weise auf eine unpersönliche – *der Erkenntnis entzogene* – Fülle.

Tugend gerichtete Kampf hängt von keinem Ausgang ab. Ohne die Angst wäre der Kampf nicht «das einzige, was zu tun ist», daher wird Kafka nur im Unglück von einer Freude erfüllt, die mehr ist, als er «in Wirklichkeit genießen kann, mehr als [er] verschenken kann», von einer so intensiven Freude, daß er von ihr – nicht vom Kampf – den *Tod* erwartet.

DER GLÜCKLICHE ÜBERSCHWANG DES KINDES FINDET SICH IN DER SOUVERÄNEN FREIHEIT DES TODES WIEDER

Die Erzählung «Kinder auf der Landstraße» zeigt einen paradoxen Aspekt von Kafkas glücklichem Überschwang. Wie bei allem, was er beschreibt, ist hier nichts der etablierten Ordnung, den definierbaren Beziehungen verhaftet. Immer das gleiche, manchmal langsame und manchmal schnelle, formlose Zerreißen des Nebels im Wind: niemals verleiht ein erkennbares, offen angestrebtes Ziel einer derart passiv souveränen Grenzenlosigkeit einen Sinn. Als Kind schloß sich Kafka der Bande seiner Spielkameraden an.

«Wir durchstießen den Abend mit dem Kopf. Es gab keine Tages- und Nachtzeit. Bald rieben sich unsere Westenknöpfe aneinander wie Zähne, bald liefen wir in gleichbleibender Entfernung, Feuer im Mund, wie Tiere in den Tropen. Wie Kürassiere in alten Kriegen, stampfend und hoch in der Luft, trieben wir einander die kurze Gasse hinunter und mit diesem Anlauf in den Beinen die Landstraße weiter hinauf. Einzelne traten in den Straßengraben, kaum verschwanden sie vor der dunklen Böschung, standen sie schon wie fremde Leute oben auf dem Feldweg und schauten herab.»[25]

Dieser Gegensatz (so ist die Sonne der Gegensatz der undurchdringlichen Nebel, deren verschleierte Wirklichkeit sie doch ist) vermag vielleicht dieses anscheinend traurige Werk zu erhellen. Der souveräne, jauchzende Schwung seiner Kindheit verwandelte sich in der Folge zu einer Bewegung, die der Tod absorbierte. Der Tod allein war weit genug, dem zweckverfolgenden Handeln

25. *Ges. Werke,* op. cit., IV, S. 22.

genügend entzogen, um die verteufelte Laune Kafkas noch insgeheim zu erregen. Mit anderen Worten, in der Annahme des Todes wird das größere Recht des effizienten, zweckorientierten Handelns anerkannt, doch mit dem Tod wird ihm zugleich eine Grenze gesetzt: innerhalb dieser Grenze erlangt die souveräne Haltung, die nichts bezweckt, nichts will, für einen blitzartigen Augenblick den Überfluß zurück, den ihr die endgültige Verirrung verschafft: wenn das Geländer übersprungen wird, ist der Schwung der der vagabundierenden Kindheit. Die souveräne Haltung ist schuldig, sie ist unglücklich in dem Maße, wie sie dem Tod zu entfliehen sucht, doch im Augenblick des unprovozierten Sterbens berauscht sich die heftige Schwingung der Kindheit neuerlich an unnützer Freiheit. Der Lebendige verweigerte hartnäckig, was der Tod gewährt, der allein der vollen Autorität des Handelns weicht, ohne dessen Buße sein zu müssen.

BERECHTIGUNG DER FEINDSELIGKEIT DER KOMMUNISTEN

Wir können in Kafkas Werk durchaus einen *sozialen,* einen *familiären* und *sexuellen,* schließlich einen *religiösen* Apsekt unterscheiden. Doch diese Unterscheidungen erscheinen mir lästig, sie sind vielleicht überflüssig: ich wollte in Vorstehendem eine Sicht eröffnen, in der diese verschiedenen Aspekte zu einem einzigen verschmelzen. Der soziale Charakter der Erzählungen Franz Kafkas kann sicherlich nur in einer allgemeinen Vorstellung erfaßt werden. Im ‹Schloß› das «Epos des Arbeitslosen» oder «das des verfolgten Juden» sehen zu wollen, im ‹Prozeß› «das Epos des Angeklagten im bürokratischen Zeitalter», und diese quälenden Erzählungen in Verbindung mit Roussets ‹Univers concentrationnaire› zu bringen, ist wohl nicht völlig abwegig. Carrouges führt dies zur Untersuchung der Feindseligkeit der Kommunisten. «Es wäre ein leichtes gewesen», schreibt er, «Kafka von jeder Beschuldigung, konterrevolutionär zu sein, freizusprechen, wenn man ihm wie anderen zugestanden hätte, daß er sich auf die Schilderung der kapitalistischen Hölle beschränkte.»[26] Er schreibt weiter:

26. Carrouges, op. cit., S. 76.

«Wenn Kafkas Haltung so vielen Revolutionären verhaßt ist, so nicht deshalb, weil sie nicht ausdrücklich den bürgerlichen Bürokraten und die bürgerliche Justiz in Frage stellt, das hätten sie mit Vergnügen ergänzt, sondern weil sie jede Bürokratie und jede Pseudojustiz in Frage stellt.»[27] Wollte Kafka gewisse Institutionen besonders in Frage stellen, die wir durch andere, weniger unmenschliche ersetzen sollten? Carrouges schreibt weiter: «Widerrät er der Revolte? Genausowenig, wie er sie empfiehlt. Er stellt nur die Zermalmung des Menschen fest, die Schlußfolgerung bleibt dem Leser vorbehalten. Und wie sollte man sich nicht auflehnen gegen die abscheuliche Macht, die den Landvermesser daran hindert, sich an die Arbeit zu machen?» Ich meine dagegen, daß die Idee der Revolte im ‹Schloß› überhaupt nicht existiert. Carrouges weiß das, denn er sagt etwas weiter: «Die einzige Kritik, die man ... Kafka vorhalten könnte, wäre die Verleitung zur Skepsis gegenüber jeder revolutionären Aktion, weil er Probleme aufwirft, die keine politischen, sondern menschliche und ewig postrevolutionäre Probleme sind.»[28] Dabei ist es noch wenig, von Skepsis zu reden und den Problemen Kafkas einen Sinn auf jener Ebene beizumessen, wo die politische Menschheit handelt und spricht.

Die keineswegs überraschende kommunistische Feindseligkeit ist wesentlich an das Kafkaverständnis gebunden.

Ich möchte noch weiter gehen. Die Einstellung Kafkas zur väterlichen Autorität bezieht ihren Sinn einzig aus der allgemeinen Autorität der *effizienten Tätigkeit.* Anscheinend ist die zur Strenge eines Vernunftsystems erhobene effiziente Tätigkeit, die den Kommunismus ausmacht, die Lösung für alle Probleme, doch sie kann die eigentlich souveräne Haltung weder absolut verurteilen noch in der Praxis tolerieren, in der sich der gegenwärtige Augenblick von den kommenden löst. Dies stellt eine große Schwierigkeit dar für eine Partei, die nichts als die Vernunft respektiert, die in den irrationalen Werten, in denen das luxuriöse, nutzlose Leben und die Kinderei zutage treten, nur das versteckte Privatinteresse sieht. Die einzige, im Rahmen des Kommunismus zugelassene souveräne Haltung ist die des Kindes, aber es handelt sich dabei um ihre *unbedeutende* Form. Sie wird den

27. Ebd., S. 77.
28. Ebd., S. 77 f.

Kindern zugestanden, die sich nicht zur Seriosität der Erwachsenen erheben können. Wenn der Erwachsene dem Infantilismus eine höhere Bedeutung beimißt, wenn er Literatur mit dem Gefühl betreibt, an die Souveränität zu rühren, so hat er keinen Platz in der kommunistischen Gesellschaft. In einer Welt, aus der die bürgerliche Individualität verbannt ist, läßt sich die unerklärliche, kindliche Laune des Erwachsenen Kafka nicht verfechten. Der Kommunismus ist seinem Prinzip nach die vollkommene Verneinung, das Gegenteil der Bedeutung Kafkas.

DOCH KAFKA SELBST STIMMT DAMIT ÜBEREIN

Es gibt nichts, was er hätte behaupten, in dessen Namen er hätte sprechen können: was er ist, was nichts ist, ist nur in dem Maße, wie es von der effizienten Tätigkeit verurteilt wird, ist nichts als die Verweigerung effizienter Tätigkeit. Deshalb verneigt er sich tief vor einer Autorität, die ihn verwirft, selbst wenn seine Art, sich zu verneigen, gewaltsamer ist als eine lautstarke Bejahung; er verneigt sich liebend, sterbend und indem er das Schweigen der Liebe und des Todes dem entgegensetzt, was ihn nicht zum Nachgeben bringen kann, denn das *Nichts,* das trotz Liebe und Tod nicht nachzugeben vermöchte, ist *auf souveräne Weise,* was er ist.[29]

29. Siehe oben.

GENET

GENET UND DIE UNTERSUCHUNG SARTRES ÜBER IHN

«Ein Findelkind legt von zartester Jugend an schlechte Neigungen an den Tag, es bestiehlt die armen Bauern, die es adoptierten. Trotz allen Tadels beharrt der Junge dabei, bricht aus der Jugendstrafanstalt aus, in die man ihn wohl oder übel stecken mußte, stiehlt und plündert nur noch mehr und prostituiert sich obendrein. Er lebt im Elend, von Bettelei, von Diebstählen, schläft mit allen und verrät jeden, doch nichts vermag seinen Eifer zu bremsen: in diesem Augenblick beschließt er, sich vorsätzlich dem Bösen zu weihen; er nimmt sich vor, bei jeder Gelegenheit das Schlechteste zu tun, und da er bemerkt hat, daß die größte Schandtat nicht darin besteht, das Böse zu tun, sondern es zu demonstrieren, schreibt er im Gefängnis Verherrlichungen des Bösen, die strafbar sind. Ausgerechnet dadurch entrinnt er dem Schmutz, dem Elend, dem Gefängnis. Seine Bücher werden gedruckt, sie werden gelesen, ein mit der Ehrenlegion ausgezeichneter Regisseur inszeniert in seinem Theater eines seiner Stücke, das zum Mord ermuntert. Der Präsident der Republik erläßt ihm die Strafe, die er für seine letzten Vergehen verbüßen sollte, gerade weil er sich in seinen Büchern rühmt, sie begangen zu haben; und als man ihm eines seiner letzten Opfer vorstellt, sagt dieses zu ihm: ‹Sehr erfreut, mein Herr. Machen Sie doch weiter so.›»[1]

1. Jean-Paul Sartre, *Saint Genet, comédien et martyr,* Paris: Gallimard 1952, S. 253 (*Oeuvres complètes de Jean Genet,* Bd. I). [Dt. Ausg.: *Saint Genet. Komödiant und*

Sartre fährt fort: «Sie werden diese Geschichte für unwahrscheinlich halten: dennoch ist es das, was Genet widerfuhr.»

Nichts ist erstaunlicher als Persönlichkeit und Werk des Autors von ‹Journal du voleur›. Jean-Paul Sartre widmet ihnen heute eine sehr ausführliche Arbeit, und ich möchte ohne Umschweife hinzufügen, daß es kaum lesenswertere gibt. Alles trägt dazu bei, dieses Buch zu einem Monument zu machen: zunächst sein Umfang und die außergewöhnliche Intelligenz, die der Verfasser darin beweist, die Neuheit und Brisanz des Themas, aber auch die erstickende Aggressivität und der überstürzte Rhythmus, akzentuiert durch Wiederholungen, welche die geäußerte Selbstsicherheit bisweilen penibel macht. Am Ende hinterläßt das Buch einen Eindruck dunklen Unheils und universeller Täuschung, es beleuchtet jedoch die Lage des heutigen Menschen, der alles ablehnt, sich empört, außer sich ist.

Seiner intellektuellen Überlegenheit bewußt, deren Geltendmachung in einer Zeit der Auflösung und der Erwartung selbst in seinen Augen wenig sinnvoll ist, hat Sartre jetzt mit ‹Saint Genet› endlich das Buch geschrieben, das ihn zum Ausdruck bringt. Seine Mängel traten niemals krasser zutage: nie hat er seine Gedanken weitschweifiger heruntergeleiert, nie verschloß er sich jenen bescheidenen Freuden mehr, die das Glück zustande bringt, die das Leben durchziehen und es flüchtig erhellen: der Entschluß, das Abscheuliche mit Wohlgefallen zu malen, läßt diese Stimmung deutlich werden. Das Wiederkäuen ergibt sich teilweise aus einer ungewöhnlichen Technik. Andererseits halte ich den Starrsinn für ungerechtfertigt, der die Augenblicke naiven Glücks hemmt, doch wer durch die Naivität beschränkt wird, steht im Gegensatz zum *wachen Bewußtsein*. Selbst wenn ich mich manchmal wundere, sogar lache, entziehe ich mich deshalb nicht der Ansteckung durch diese bitteren Ansprüche, die die Versuchung des Ausruhens aus dem Geist verbannen. Schließlich bewundere ich in den Ausführungen des ‹Saint Genet› nichts mehr als die «Zerstörungswut», die Negierung der verlockendsten Werte, der die stets erneute Schilderung der Niedertracht eine Art Vollkommenheit verleiht. Selbst von seiten Jean Genets, der von

Märtyrer (dt. v. Ursula Dörrenbächer), Reinbek 1982.] Sartre stellt dieser Art Kurzbiographie folgende Bemerkung voran: «Hier ist eine Erzählung für eine Anthologie des Schwarzen Humors.»

dem Vergnügen sprach, das er dabei empfand, hat die Aufzählung dieser Gemeinheiten etwas Bestürzendes, aber von seiten eines Philosophen?... Es geht darum, scheint mir – zumindest teilweise –, sich vom Möglichen abzuwenden und sich – ohne Vergnügen – dem Unmöglichen zu öffnen.

Für mich ist diese endlose Studie nicht nur eines der ergiebigsten Bücher unserer Zeit, sondern darüberhinaus das Meisterwerk Sartres, der nichts so Außergewöhnliches geschrieben hat, nichts, das so kraftvoll dem üblichen Versanden des Denkens entginge. Die monströsen Bücher Jean Genets lieferten einen günstigen Ausgangspunkt: sie erlaubten ihm, die Schockwirkung und die Turbulenz voll zu nutzen, deren Effekt auf ihn zugeschnitten ist. Mittels seines Untersuchungsobjekts vermochte er, die brisantesten Anliegen anzusprechen. Dies mußte gesagt werden, denn ‹Saint Genet› ist weit davon entfernt, sich als das bedeutende Werk eines Philosophen darzustellen. Sartre hat sich in einer Weise darüber geäußert, daß es uns nicht zu verübeln wäre, wenn wir uns täuschten. Genet, schreibt er, «gestattete die offizielle Veröffentlichung seiner Gesammelten Werke mit einer biographisch-kritischen Einleitung, wie dies etwa für Pascal oder Voltaire in der Reihe Große Französische Schriftsteller erfolgte».[2] Ich will nicht auf Sartres Absicht eingehen, einen Schriftsteller hochzuspielen, der zwar eigenartig, zweifellos begabt und menschlich beängstigend ist, deshalb aber noch lange nicht von allen als den Größten ebenbürtig angesehen wird. Genet ist vielleicht das Opfer einer Schwärmerei; ohne die Aureole, mit der ihn ein gewisser literarischer Snobismus umgibt, verdient Genet selbst mehr Interesse. Lassen wir es dabei. In jedem Fall wäre es ungerechtfertigt, in der umfangreichen Studie Sartres nichts als eine Einleitung sehen zu wollen. Selbst wenn sie keiner hintergründigeren Absicht entspricht, stellt diese literarische Arbeit die zwangloseste, die abenteuerlichste Untersuchung dar, die ein Philosoph je dem Problem des Bösen gewidmet hat.

2. Ebd., S. 528.

Dies hängt zunächst (aber nicht ausschließlich) mit der Erfahrung Jean Genets zusammen, die die Grundlage dazu bildet. Jean Genet verschrieb sich dem Streben nach dem Bösen wie andere dem nach dem Guten. Hier handelt es sich um eine Erfahrung, deren Absurdität auf den ersten Blick einleuchtet, was Sartre wohl bemerkte: wir streben nach dem Bösen in dem Maße, wie wir es für das Gute halten. Ein solches Streben wird notwendig enttäuscht oder zur Farce. Wenn es aber auch dem Scheitern geweiht ist, verliert es deshalb nicht an Interesse.

Es ist zuallererst die Form der Revolte bei einem von der Gesellschaft Ausgeschlossenen. Der von seiner Mutter ausgesetzte und von der Fürsorge aufgezogene Jean Genet hatte um so weniger Aussicht, sich seiner moralischen Umwelt anzupassen, als er mit Intelligenz begabt war. Er klaute, und das Gefängnis, angefangen mit der Besserungsanstalt, wurde sein Los. Doch wenn die Parias einer Rechtsgesellschaft nicht «die Mittel haben, die bestehende Ordnung umzustürzen…, so können sie sich auch keine andere vorstellen» und bewundern nichts so sehr wie «die Werte, die Kultur und die Sitten der privilegierten Schichten…: nur statt ihr Schandmal mit Beschämung zu tragen, geben sie stolz damit an.» «Dreckiger Nigger, sagt ein schwarzer Dichter. Ganz recht! Ja, ich bin ein dreckiger Nigger, und meine Negritude ist mir lieber als das Weiß eurer Haut.»[3] Sartre erblickt in dieser spontanen Reaktion das «ethische Stadium der Revolte»[4]: sie beschränkt sich auf die «Würde». Doch diese *Würde* ist der gewöhnlichen Würde diametral entgegengesetzt, die Würde Jean Genets besteht in der «Beanspruchung des Bösen». Er könnte daher nicht mit der zornigen Schlichtheit Sartres von «unserer abscheulichen Gesellschaft» reden. Für ihn ist die Gesellschaft nicht *abscheulich*. Man mag sie so bezeichnen, wenn einem an berechtigter Verachtung mehr gelegen ist als an Genauigkeit; vom gepflegtesten Menschen kann ich mir immer noch sagen: «er ist ein Sack voll Exkrementen», und die Gesellschaft würde das ihrer Ansicht nach Abscheuliche ausstoßen, wäre sie nicht ohnmächtig. Für Genet ist nicht die Gesellschaft abscheulich, sondern er selbst: er würde das Ab-

3. Ebd., S. 59 f.
4. Ebd., S. 60.

scheuliche gerade durch das definieren, *was er ist,* was er passiv ist – wenn nicht mit Stolz. Im übrigen ist die Abscheulichkeit, derer man die Gesellschaft bezichtigt, geringfügig, da sie von oberflächlich verdorbenen Menschen herrührt, deren Tun stets einen «positiven Inhalt» hat. Hätten diese Menschen dieselben Ziele mit anständigen Mitteln erreichen können, wäre ihnen das lieber gewesen. Genet dagegen will die Abscheulichkeit, selbst wenn sie ihm nur Leiden einbringt, er will sie um ihrer selbst willen, jenseits der Annehmlichkeiten, die er darin findet, er will sie wegen eines schwindelerregenden Hangs zum Abscheulichen, in dem er sich nicht weniger vollständig verliert als der Mystiker während seiner Ekstase in Gott.

DIE SOUVERÄNITÄT UND HEILIGKEIT DES BÖSEN

Der Vergleich ist vielleicht überraschend, aber so naheliegend, daß Sartre zu einem Zitat Jean Genets ausruft: «Denkt man dabei nicht an die Klagen eines Mystikers in Augenblicken der Gottesferne?»[5] Dies entspricht dem fundamentalen Verlangen Genets nach Heiligkeit, dem «schönsten Wort der französischen Sprache», wie er es in einer Mischung aus Lust am Sakralen und am Skandal nennt, und erklärt den Titel, den Sartre seinem Buch gab: *Der «heilige» Genet.* Der Entschluß zum höchsten Bösen verband sich in der Tat mit dem zum höchsten Guten, die einander durch die jeweils vom anderen behauptete Unerbittlichkeit verpflichtet sind. Es gibt jedoch keinen Zweifel über die Bedeutung dieser Unerbittlichkeit; nie hatten Würde oder *Heiligkeit* Jean Genets einen anderen Sinn: ihr einziger Weg ist die Abscheulichkeit. Die Heiligkeit ist die eines Hanswursts, geschminkt wie ein Weib, entzückt, zum Gespött zu werden. Genet hat sich in erbärmlicher Weise mit einer Perücke auf dem Strich gezeigt, umgeben von ebensolchen Komparsen und mit einem Baronessendiadem aus falschen Perlen geschmückt. Als das Diadem herunterfällt, die Perlen sich zerstreuen, holt er ein Gebiß aus dem Mund, setzt es auf den Kopf und ruft mit eingezogenen Lippen:

5. Ebd., S. 108.

«Sehr wohl, meine Damen! Ich werde trotzdem Königin sein!»[6] Denn das Streben nach einer gräßlichen Heiligkeit geht Hand in Hand mit dem Geschmack an einer *lächerlichen Souveränität.* Der erbitterte Wille zum Bösen erweist sich in der Enthüllung der tiefen Bedeutung des Heiligen, die niemals größer als in der Umkehrung ist. In diesem Grauen ist ein Schwindel und eine Askese, die Genet selbst auszudrücken suchte: «Culafroy und Divine, von delikatem Geschmack, werden stets gezwungen sein zu lieben, was sie verabscheuen, und das macht etwas von ihrer Heiligkeit aus, denn es ist Entsagung.»[7] Der Wunsch nach Souveränität, souverän zu sein, das Souveräne zu lieben, es zu berühren und sich davon durchdringen zu lassen, betört Genet.

Diese elementare Souveränität hat mannigfaltige trügerische Aspekte. Sartre zeigt eine ihrer grandiosen Seiten, indem er die Gegenposition zur Schamhaftigkeit Genets bezieht, die zwar nichts als das Gegenteil der Schamhaftigkeit, dennoch aber die Schamhaftigkeit selbst ist. Sartre schreibt: «Die Erfahrung des Bösen ist ein fürstliches *Cogito,* das dem Bewußtsein seine Einzigartigkeit gegenüber dem Sein entdeckt. Ich will ein Ungeheuer sein, ein Orkan, alles Menschliche ist mir fremd, ich übertrete alle von Menschen gemachten Gesetze, ich trete alle Werte mit Füßen, nichts Seiendes kann mich erfassen oder begrenzen; ich existiere jedoch, ich werde der eisige Atem sein, der alles Leben vernichtet.»[8] Klingt das hochtrabend? Gewiß, es ist aber von der schärferen (und schmutzigeren) Würze nicht zu trennen, die ihm Genet verleiht: «Ich war sechzehn... in meinem Herzen gab es keinen Winkel mehr, in dem sich das Gefühl meiner Unschuld hätte festsetzen können. Ich gebe zu, daß ich der Feigling, der Verräter, der Dieb, der Schwule war, für den man mich hielt... Und ich stellte mit Verblüffung fest, daß ich aus Dreck zusammengesetzt war. Ich wurde abscheulich.»[9] Sartre hat den der Person Jean Genets innewohnenden königlichen Charakter wohl gesehen und wohl begriffen. Wenn, schreibt er, «er das Gefängnis so oft mit einem Palast vergleicht, so deshalb, weil er sich als einen gedan-

6. In *Notre-Dame-des-Fleurs,* Oeuvres complètes, Bd. II, Paris: Gallimard 1951. [Dt. Ausg.: *Notre-Dame-des-Fleurs* (dt. von Gerhard Hock), Hamburg: Merlin 1960.] Sartre hat diese Krönungsart ausführlich analysiert.

7. Ebd., S. 79.

8. *Saint Genet,* op. cit., S. 221.

9. Zitiert in *Saint Genet,* op. cit., S. 79.

kenvollen, gefürchteten Monarchen betrachtet, den wie so viele archaische Herrscher unüberwindliche Mauern, Tabus, die Ambivalenz des Geheiligten von seinen Untertanen trennen».[10] Unschärfe, Nachlässigkeit und Ironie dieser Annäherung entsprechen der Gleichgültigkeit Sartres gegenüber dem Problem der Souveränität.[11] Genet dagegen, der jeden Wert leugnet, ist deshalb in der Verzauberung durch den höchsten Wert, durch das Heilige, nicht weniger souverän und göttlich. Im einfachen Sinn des Wortes ist er vielleicht nicht aufrichtig – aufrichtig ist er nie, niemals gelingt es ihm, es zu sein –, aber er ist besessen, wenn er sagt, die grüne Minna sei vom «Reiz stolzen Unglücks», «königlichen Unglücks» umgeben, wenn er darin «einen würdebeladenen Wagen» sieht, «der bei [seinem] Transport langsam durch die Reihen einer ehrfurchtsgebeugten Menge glitt».[12] Die Fatalität der Ironie – aber diese Ironie hat Genet eher *erlitten* als *gewollt* – vermag nicht, die tragische Beziehung zwischen Strafe und Souveränität zu verbergen: nur im Bösen kann Genet souverän sein, die Souveränität selbst ist vielleicht das Böse, und das Böse ist nie eindeutiger das Böse, als wenn es bestraft wird. Doch der Diebstahl hat wenig Ansehen neben dem Mord, das Gefängnis verglichen mit dem Schafott. Das wahre Königtum des Verbrechens ist das des hingerichteten Mörders. Die Phantasie Genets bemüht sich, es auf eine Weise zu verherrlichen, die willkürlich anmuten könnte; wenn er jedoch im Gefängnis der Strafe des Kerkers trotzt und ausruft: «ich lebe zu Pferde... ich trete in das Leben der anderen ein wie ein spanischer Grande in die Kathedrale von Sevilla»[13], erscheint seine Herausforderung gebrechlich und bedeutungsschwer. Wenn es auf allen Seiten um den Tod geht,

10 Ebd., S. 343.

11. Die Souveränität irritiert ihn weniger als die Heiligkeit, deren Geruch er mit dem von Exkrementen verbindet. Er ist sich zwar ihrer Ambivalenz bewußt, schließt sie aber in den Widerwillen ein, den er, «was man auch behaupten mag», gegen Fäkalien empfindet. Von der Souveränität spricht er sogar in unmißverständlichen Worten: «Wenn der Verbrecher starke Nerven hat, wird er bis zuletzt böse bleiben wollen. Das heißt, er wird ein System errichten, um die Gewalttätigkeit zu rechtfertigen: nur daß diese dann auf einmal ihre Souveränität verliert.» (S. 223.) Doch er kümmert sich nicht um das Problem der Souveränität, wie es sich allgemein jedem Menschen stellt (die jeder für sich erreichen muß).

12. *Miracle de la rose,* in: Oeuvres complètes, Bd. II, S. 190 f. [Dt. Ausg.: *Wunder der Rose* (dt. von Manfred Unruh), Hamburg: Merlin 1963.]

13. Ebd., S. 212.

wenn ihn der Verbrecher gebracht hat und ihn nun seinerseits erwartet, verleiht seine Trauer der vorgestellten Souveränität ihre Fülle; das ist zweifellos ein weiterer Schwindel, aber ist die Welt des Menschen jenseits eines reizlosen, freudlosen *Gegebenen* nicht gänzlich die Auswirkung der Phantasie, einer Fiktion? Eine häufig wunderbare, noch häufiger beängstigende Wirkung. Der subtilere Prunk Harcamones in seiner Zelle imponiert sozial weniger als der Ludwigs XVI. in Versailles, er beruht aber auf denselben Grundlagen. Das Wortgeklingel, auf das Genet selten verzichtet, wird dennoch durch Ernst gedämpft, wenn er Harcamone im Dunkel des Kerkers «ähnlich dem unsichtbaren Dalai-Lama» schildert.[14] Und wem würde es nicht unbehaglich bei folgendem kurzen Satz, der die Hinrichtung des Mörders allegorisch darstellt: «Man hüllte ihn in Schwarz, mehr noch als eine Hauptstadt, deren König soeben ermordet worden ist.»[15]

Diese Besessenheit von der königlichen Würde ist gleichermaßen ein Leitmotiv im Werk Genets wie die von der Heiligkeit. Es gibt zahlreiche Beispiele dafür. Von einem «Kolonisten» in der Besserungsanstalt Mettray schreibt Genet: «Er sagte ein einziges Wort, das ihn seines Kolonistenstatus enthob und mit herrlichem Flittergold umkleidete. Er war ein König.»[16] Anderswo spricht er von «den Kerlen, die die schlimmsten Schweinehunde sind und auf deren Kopf man, wie einen Heiligenschein, eine Königskrone zu erblicken wähnt».[17] Von Mignon les Petits-Pieds, der seine Freunde verkauft, heißt es: «Leute, denen er begegnet ..., und die ihn nicht kennen ..., gestehen diesem Unbekannten eine Art zusammenhangloser, vorübergehender Souveränität zu; all diese Hoheitsfragmente werden schließlich doch bewirken, daß er am Ende seiner Tage sein Leben als Souverän gelebt haben wird.»[18]

14. Durch Ernst gedämpft ..., aber dennoch Wortgeklingel. Hier ist die vollständige Stelle: «Aus der Tiefe seiner Zelle, wo ich ihn mir ähnlich dem unsichtbaren Dalai-Lama vorstelle, mächtig und gegenwärtig, strahlte er auf das gesamte Zuchthaus seine aus Traurigkeit und Freude gemischten Befehle aus. Er war ein Schauspieler, der auf seinen Schultern die Last eines solchen Meisterwerkes trug, daß man es knacken hörte. Fasern zerrissen. Meine Begeisterung durchlief ein leises Zittern, eine Art Wellenfrequenz, die meine abwechselnde und gleichzeitige Angst und Bewunderung war.» (Ebd., S. 217.)

15. *Miracle de la rose,* op. cit., S. 390.

16. Ebd., S 329.

17. *Notre-Dame-des-Fleurs,* op. cit., S. 143. 18. Ebd., S. 141.

Stillitano, zu dem jemand sagte, der eine Laus auf seinem Kragen bemerkte: «ein toller Kerl besteigt dich da», ist gleichfalls König, ein «Vorstadtmonarch».[19] Métayer, Kolonist in Mettray, war vor allen anderen «königlich wegen der souveränen Idee, die er von seiner Person hatte». Achtzehnjährig, häßlich, von roten Geschwüren bedeckt, erzählte Métayer «den Aufmerksamsten, vor allem mir, daß er der Nachkomme der Könige Frankreichs sei». Und Genet fügt hinzu: «Niemand hat die Idee des Königtums unter den Kindern untersucht. Dabei muß ich sagen, daß es keinen Jungen gibt, der die ‹Geschichte Frankreichs› von Lavisse oder Bayet oder jede beliebige andere durchgeblättert und sich nicht für den Thronfolger oder irgendeinen Prinzen von Geblüt gehalten hätte. Besonders die Legende des aus dem Gefängnis ausgebrochenen Ludwig XVII. leistete solchen Träumereien Vorschub. Métayer mußte das beeindruckt haben.» Die Geschichte von Métayer hätte jedoch wenig mit dem Königtum der Verbrecher zu tun, wenn er nicht – vielleicht zu Unrecht – beschuldigt worden wäre, einen Ausbruchsplan verraten zu haben. «Wahr oder falsch», schreibt Genet, «eine derartige Beschuldigung war entsetzlich. Schon der Verdacht wurde grausam bestraft. Man richtete hin; der Thronfolger wurde hingerichtet. Dreißig Jungen umringten ihn brüllend, erbitterter als die Marktweiber gegen seinen Vorfahren. In einem Augenblick der Stille, wie sie oft in den Wirbelstürmen vorkommen, hörten wir ihn murmeln: Das hat man auch Christus angetan. Er weinte nicht, sondern war auf diesem Thron mit einer so plötzlichen Majestät bekleidet, daß er vielleicht Gott selbst ihm sagen hörte: ‹Du wirst König sein, aber die drückende Krone auf deinem Kopf wird aus glühendem Eisen sein.› *Ich sah ihn.*[20] Ich liebte ihn.»[21] Die gezierte, aber echte Leidenschaft Genets verband dieses Komödien- (oder Tragödien-)königtum mit dem der gebißgekrönten Königin Divine, das er mit dem gleichen Licht und der gleichen Lüge ausstattete. Sogar die Polizei schmückt der verirrte Mystizismus Genets mit dieser düsteren, souveränen Würde: die Polizei, eine «dämonische Organisation, widerwärtig wie Leichenzeremonien, wie Trauerschmuck, zauberhaft wie königliche Herrlichkeit».[22]

19. *Journal du voleur,* Paris: Gallimard 1949, S. 378. [Dt. Ausg.: *Tagebuch eines Diebes,* von Gerhard Hock und Helmut Vosskämpfer, Hamburg: Merlin 1961.]
20. Hervorhebung von Genet.
21. *Miracle de la rose,* op. cit., S. 349 f. 22. *Journal du voleur,* op. cit., S. 200 f.

Den Schlüssel zu diesen *archaischen* Haltungen (archaisch sind sie aber insofern, als die anscheinend tote Vergangenheit lebendiger ist als der augenblickliche Anschein) finden wir in jenem perversesten Teil des ‹Journal du voleur›, in dem der Autor von seinem Verhältnis mit einem Polizeiinspektor berichtet. («Eines Tages», schreibt er, «verlangte er von mir, ihm Kumpel zu ‹verzinken›. Wenn ich mich bereitfand, es zu tun, mußte das meine Liebe zu ihm vertiefen, es wird Ihnen aber nicht vergönnt sein, mehr darüber zu erfahren.»[23] Hierüber wollte Sartre keinen Zweifel bestehen lassen: Genet liebt den Verrat, er sieht im Verrat das *Beste* und *Schlimmste* seiner selbst.) Eine Unterhaltung zwischen Genet und Bernardini, seinem Liebhaber, erhellt den Kern des Problems. «Bernard», schreibt er, «war mein Leben bekannt, das er mir nie zum Vorwurf machte. Einmal jedoch versuchte er, sich zu rechtfertigen, weil er Bulle war, er kam mir mit Moral. Da ich jede Handlung rein vom Standpunkt der Ästhetik aus betrachtete, konnte ich ihn nicht verstehen. Der gute Wille der Moralisten zerschellt an dem, was sie meine *mauvaise foi* (Unredlichkeit) nennen (hier spielt Genet vielleicht auf Gespräche mit Sartre, seinem Freund an). Wenn sie mir beweisen können, daß eine Handlung verabscheuungswürdig sei wegen des Unheils, das sie anrichtet, kann nur ich dagegen, wegen der Begeisterung, die sie in mir weckt, über ihre Schönheit, ihre Eleganz entscheiden; ich allein kann sie ablehnen oder annehmen. Man bringt mich nicht mehr auf den rechten Weg. Man könnte es höchstens mit meiner künstlerischen Umerziehung versuchen, allerdings mit dem Risiko für den Erzieher, von meinem Standpunkt überzeugt und für ihn gewonnen zu werden, wenn die Schönheit durch die *souveräne*[24] von zwei Persönlichkeiten nachgewiesen wird.»

Genet zögert nicht, welche Autorität er anerkennen soll. Er weiß sich selbst souverän. Die Souveränität, die er genießt, kann nicht angestrebt werden (sie könnte nicht Frucht einer Bemühung sein), sie wird, wie die Gnade, offenbart. Genet erkennt sie an der Begeisterung, die sie erweckt. Die Begeisterung erwecken-

23. Ebd., S. 207 f.

24. Hervorhebung von mir.

de Schönheit ist die Übertretung des Gesetzes, die Übertretung des Verbots, die auch das Wesen der Souveränität ausmacht. Souveränität ist die Fähigkeit, sich unbekümmert um den Tod über die Gesetze zu erheben, die die Erhaltung des Lebens gewährleisten. Sie unterscheidet sich nur scheinbar von der Heiligkeit, denn der Heilige wird vom Tod angezogen, während der König ihn selbst anzieht. Wir müssen uns übrigens stets vor Augen halten, daß das «Heilige» das Verbotene bezeichnet, das Gewaltsame, das Gefährliche, dessen Berührung allein schon die Vernichtung ankündigt: es ist das Böse. Genet ist sich wohl bewußt, daß er eine umgekehrte Vorstellung von der Heiligkeit hat, aber er weiß, daß sie wahrer ist als die andere: in diesem Bereich heben die Gegensätze einander auf und verbinden sich. Diese Aufhebungen, diese Verbindungen allein vermitteln uns ihre Wahrheit. Die Heiligkeit Genets ist die tiefste, es ist jene, die das Böse, das «Heilige», das Verbotene in die Welt bringt. Ein souveräner Imperativ in ihm liefert ihn all jenem aus, was eine über den Gesetzen stehende göttliche Kraft offenbart. Gewissermaßen im Zustand der Gnade, betritt er so die unbequemen Wege, auf die ihn sein «Herz und die Heiligkeit» führen. «Die Wege der Heiligkeit», bemerkt er, «sind eng, das heißt, es ist unmöglich, sie zu umgehen und, wenn man sich unglücklicherweise darauf befindet, umzukehren und zurückzukommen. Man ist zwangsweise heilig, durch den Zwang Gottes!»[25] Die «Moral» Genets hängt eng mit dem Gefühl des Durchblitztseins, der heiligen Berührung zusammen, das ihm das Böse vermittelt. Er lebt in der Verzauberung, in der Faszination der Vernichtung, die sich daraus ergibt; nichts könnte in seinen Augen diese Souveränität oder Heiligkeit ersetzen, die von ihm selbst oder von anderen ausstrahlt. Das Prinzip der klassischen Moral ist mit der *Dauer* des Menschen verknüpft, das der Souveränität (oder Heiligkeit) mit dem Menschen, dessen Schönheit darin besteht, der Dauer gegenüber gleichgültig zu sein und sogar vom Tode angezogen zu werden.

Es ist nicht einfach, dieser paradoxen Einstellung auf die Schliche zu kommen.

Er liebt den Tod, er liebt Bestrafung und Vernichtung... Er liebt die souveränen Galgenvögel, denen er sich hingibt und deren Niederträchtigkeit er genießt. «Das Gesicht Armands war

25. *Miracle de la rose*, op. cit., S. 376.

falsch, heimtückisch, böse, betrügerisch, brutal... Er war ein Tier... Er lachte selten und niemals ungezwungen... In seinem Inneren, in seinen Organen, die ich mir primitiv, aber aus soliden Geweben in herrlichen Farben dachte, in warmen, ergiebigen Eingeweiden, glaube ich, brütete er seinen Willen aus, Heuchelei, Dummheit, Bosheit, Grausamkeit, Unterwürfigkeit aufzuzwingen, anzuwenden, sichtbar zu machen und daraus den obszönsten Erfolg für seine gesamte Erscheinung zu ziehen.» Diese widerwärtige Gestalt hat Genet wohl mehr als jede andere fasziniert: «Armand wurde nach und nach zur Allmacht, was die Moral angeht.»[26] Robert sagt zu Genet, der sich an Greise verkaufte und sie bestahl: «Das nennst du Arbeit? ... Alte Knacker überfallen, die nur ihr Stehkragen und ihr Stock aufrecht hält?» Doch die Entgegnung Armands sollte «eine der kühnsten Revolutionen in der Moral bewirken». «Was bildest du dir ein? sagt Armand. Wenn es was bringt, hörst du, überfalle ich nicht die alten Knakker, sondern die alten Weiber. Nicht die Männer, sondern die Frauen. Und ich suche mir die schwächsten aus. Was ich brauche, ist der Zaster. Ganze Arbeit ist, wenn es klappt. Wenn du kapiert hast, daß wir nicht mit Samthandschuhen arbeiten, ist das schon 'ne Menge.»[27] Auf Armand gestützt, erschien Jean Genet «ein besonderer Ehrenkodex der Gauner... lächerlich». Eines Tages wendet er diesen «durch die Ideen und die Einstellung Armands von der Moral gelösten Willen» in seiner Art an, «die Polizei zu betrachten»: er stürzt sich in Heiligkeit und Souveränität, es gibt keine Abscheulichkeit mehr, bis hin zum Verrat, die ihm nicht, in schwindelnder Erregung, zu einer beängstigenden Majestät verhelfen würde.

So besteht also ein Mißverständnis: in seiner Art ist Armand durchaus souverän und beweist den Wert seiner Haltung durch die Schönheit. Die Schönheit Armands aber liegt in seiner Geringschätzung der Schönheit, seine Bevorzugung des Nützlichen macht seine Souveränität im Grunde zur Knechtschaft, zur bedingungslosen Unterwerfung unter den Gewinn. Das widerspricht zunächst der weniger paradoxen Göttlichkeit Harcamones, dessen Verbrechen niemals durch den Vorteil motiviert werden (das zweite, die Ermordung eines Aufsehers im Gefängnis, hat sogar

26. *Journal du voleur*, op. cit., S. 199.
27. Ebd., S. 198.

offensichtlich keinen anderen Sinn als den Schwindel der Bestrafung). Die Haltung Armands dagegen weist einen Vorzug auf, den die Morde Harcamones nicht haben, sie ist unverzeihlich, nichts entschuldigt ihre Niederträchtigkeit. Armand selbst würde seinem Handeln jeden geringsten Wert absprechen, abgesehen von dem niedrigsten Beweggrund, dem Geld: deshalb schreibt Genet seiner Person den unvergleichlichen Wert und eine authentische Souveränität zu. Dies setzt zwei widersprüchliche Gestalten voraus – zumindest zwei widersprüchliche Standpunkte. Genet fordert das radikale Böse, das dem Guten diametral entgegengesetzt ist, jenes vollkommene Böse, das die vollkommene Schönheit ist. Darum muß Harcamone ihn mehr oder weniger enttäuschen; Armand ist letztlich den menschlichen Regungen fremder, er ist gemeiner und schöner. Armand ist nichts als ein exakter Berechner, er ist kein Schuft, sondern bedient sich der Schuftigkeit, weil sie sich lohnt. Wäre die Niederträchtigkeit Armands eine versteckte Ästhetik, hätte er eine uneigennützige Vorliebe für sie? In diesem Fall würde er gegen sich selbst verstoßen. Einzig Genet, der ihn betrachtet, kann seine Niederträchtigkeit vom Standpunkt seiner Ästhetik aus würdigen. Genet schwärmt von ihm wie von einem bewundernswerten Kunstwerk, seine Bewunderung würde jedoch aufhören, wenn er in ihm das Bewußtsein entdeckte, ein Kunstwerk zu sein. Armand erwarb sich die Bewunderung Genets, weil er jede Bewunderungsmöglichkeit ausschloß: selbst Genet würde vor ihm das Gesicht verlieren, wenn er seine Ästhetisierung eingestünde.

DIE AUSWEGLOSIGKEIT DER GRENZENLOSEN TRANSGRESSION

Sartre hat deutlich gemacht, daß sich Genet mit seinem hartnäckigen Streben nach dem Bösen in eine Sackgasse verrannte. In dieser Sackgasse scheint er mit der *Faszination durch Armand* die am wenigsten haltbare Stellung gefunden zu haben, es steht jedoch fest, daß er das Unmögliche wollte. Für Genet ergab sich ein unleugbares Unbehagen aus der höheren Souveränität, die anscheinend dem am wenigsten souveränen seiner Liebhaber in seinen Augen eignete, wie Sartre treffend bemerkte: «Der Bösewicht muß das Böse um seiner selbst willen lieben..., in seinem Abscheu vor dem Bösen muß er den Reiz der Sünde entdecken» (dies ist Sartre zufolge der Begriff des radikalen Bösen, den die «anständigen Leute» erfunden haben). Wenn der Bösewicht jedoch «keinen Abscheu vor dem Bösen hat, wenn er es aus Leidenschaft tut, dann... wird das Böse zum Guten. In der Tat ist der, der Blut und Vergewaltigung liebt wie der Metzger von Hannover, ein geistesgestörter Verbrecher, aber kein echter Bösewicht.»[28] Ich persönlich zweifle, ob das Blut für den Metzger denselben Reiz gehabt hätte, wäre es nicht das des Verbrechens gewesen, das das Urgesetz verbietet, jenes Urgesetz, das die gesetzestreue Menschheit vom gesetzlosen Tier scheidet. Ich räume ein, daß sich für Genet seine Missetaten «gegen sein Gefühl» durchsetzten, einzig durch die Anziehungskraft der Sünde. Diese und andere Fragen sind nicht leicht zu entscheiden, Sartre unternimmt es jedoch. Genet hat jenen vertrauten, elementaren Schwindel des Verbots empfunden, der dem modernen Denken eigentlich fremd ist. Deshalb mußte er «seine Gründe [Böses zu tun] aus dem Abscheu schöpfen [den ihm die böse Tat einflößte] und aus seiner ursprünglichen Liebe zum Guten». Das ist nicht so absurd, wie Sartre meint, denn man muß schließlich nicht bei dieser abstrakten Vorstellung stehenbleiben. Ich kann von einer gewöhnlichen Tatsache ausgehen, dem Verbot der Nacktheit, das heute das Gesellschaftsleben beherrscht. Selbst wenn sich jemand dieser Schicklichkeit nicht bewußt ist, die für die meisten das Gute bedeutet, erregt die Entblößung einer Partnerin den Sexualtrieb in ihm: infolgedessen wird für ihn das Gute, die Schicklichkeit, zum Grund, das Böse zu tun, denn der erste Verstoß gegen die Regel reizt ihn durch einen Ansteckungseffekt zu weiteren Verstößen. Dieses Verbot, dem wir – zumindest passiv – gehorchen, legt einem unbedeutenden Willen zum Bösen wie der etwaigen Entblößung eines oder einer anderen nur ein schwaches Hindernis in den Weg, so daß das Gute, die Schicklichkeit, gerade der Grund für uns wird (was der Autor von ‹L'être et le néant› für absurd hält), das Böse zu tun. Dieses Beispiel kann nicht als Ausnahme hingestellt werden, im Gegenteil, es scheint mir sogar, daß sich das Problem von Gut und Böse um diese Grundfrage dreht, die der *Irregularität*, wie Sade sie nannte. Sade hat richtig

28. *Saint Genet*, op. cit., S. 148.

gesehen, daß die Irregularität die Grundlage der sexuellen Erregung ist. Das Gesetz (die Regel) ist gut, es ist das Gute selbst (das Mittel, durch das der Mensch sein Überleben sichert), aber ein anderer Wert, das Böse, ergibt sich aus der Möglichkeit, die Regel zu durchbrechen. Der Verstoß erschreckt – wie der Tod; er übt nichtsdestoweniger eine Anziehungskraft aus, als ob der Mensch nur aus Schwäche am Überleben hinge, als ob der Überfluß im Gegenteil eine Todesverachtung bewirkte, die erforderlich wird, sobald die Regel durchbrochen ist. Diese Prinzipien sind mit dem menschlichen Leben eng verbunden, sie sind die Grundlage des Bösen, die Grundlage des Heroismus oder der Heiligkeit. Sartres Denken jedoch verkennt sie.[29] Aus einem anderen Grund werden sie vor der Maßlosigkeit Genets zunichte, denn sie erfordern ein Maß (eine Heuchelei), das Genet ablehnt. Der Reiz der Irregularität erhält den der Regel aufrecht. Aber insoweit, als Armand ihn gefangennahm, versagte sich Genet beides, nichts als der Vorteil blieb. Diese Gier nach Missetaten gibt der Argumentation Sartres wieder einen Sinn. Das Wollen Genets ist nicht mehr das flüchtige Wollen des Erstbesten (des erstbesten «Sünders»), der sich mit einer winzigen Irregularität zufriedengibt, sondern es verlangt eine allgemeine Verneinung der Verbote, ein fortgesetztes, grenzenloses Streben nach dem Bösen, bis wir, nach Durchbrechung aller Schranken, zur totalen Verkommenheit gelangen. Damit befindet sich Genet in der Zwickmühle, wie Sartre richtig gesehen hat: jedes Handlungsmotiv geht ihm ab. Der Reiz der Sünde ist der Sinn seiner Raserei, wenn er nun aber die Legitimität des Verbots leugnet, wenn ihm die Sünde fehlt? Wenn sie fehlt, «verrät der Bösewicht das Böse» und «das Böse verrät den Bösewicht», das Verlangen nach dem Nichts, das keine Grenzen anerkennen will, ist verlorene Liebesmühe. Das Gemeine wird zwar verherrlicht, aber die Parteinahme für das Böse ist vergeblich geworden: was Böses sein sollte, ist nur noch eine Art Gutes, und nachdem sein Reiz in seiner Vernichtungskraft beschlossen lag, stellt es in der vollendeten Vernichtung überhaupt nichts mehr dar. Die Bosheit wollte «möglichst viele Menschen in Nichts verwandeln. Da ihr Tun jedoch *Realisierung* ist, verwandelt sie das

29. Ich entsinne mich einer Diskussion im Anschluß an einen Vortrag, während der mir Sartre ironisch vorwarf, das Wort «Sünde» zu verwenden: nachdem ich nicht gläubig war, schien ihm sein Gebrauch meinerseits unzulässig.

Nichts gleichzeitig in Sein, und die Souveränität des Bösewichts wird zur Sklaverei.»[30] Mit anderen Worten, das Böse ist zur Pflicht geworden, was ja das Gute ist. Damit beginnt eine unbegrenzte Abschwächung vom uneigennützigen Verbrechen bis zur niedrigsten Berechnung, bis zum offenen Zynismus des Verrats. Kein Verbot gibt ihm mehr das Gefühl des Verbotenen, und er versumpft schließlich in völliger Empfindungslosigkeit. Nichts bliebe ihm, wenn er nicht löge, wenn ihm ein literarischer Kunstgriff nicht erlaubte, das anderen gegenüber hochzuspielen, was er selbst als verlogen erkannte. In dem Entsetzen, nicht mehr getäuscht zu sein, stiehlt er sich in die letzte Zuflucht, andere zu täuschen, um sich nach Möglichkeit eine Zeitlang selbst täuschen zu können.

DIE UNMÖGLICHE KOMMUNIKATION

Sartre selbst hat eine sonderbare, grundlegende Schwierigkeit im Genetschen Werk aufgezeigt. Genet, der schreibt, hat weder die Fähigkeit noch die Absicht einer *Kommunikation* mit seinen Lesern. Sinn seines Schaffens ist die Negierung jener, die sein Werk lesen. Sartre fiel dies auf, ohne daß er daraus geschlossen hätte, daß dieses Werk unter diesen Umständen nicht eigentlich ein Werk ist, sondern ein Ersatz, auf halbem Wege zu jener tieferen *Kommunikation,* um die sich die Literatur bemüht. Literatur ist Kommunikation. Sie geht von einem souveränen Autor aus, über die Knechtschaft einem einzelnen Leser gegenüber erhaben, richtet sie sich an die souveräne Menschheit. Wenn dem so ist, negiert der Autor sich selbst, er negiert seine Partikularität zugunsten des Werkes, er negiert zugleich die Partikularität der Leser zugunsten der Lektüre. Die *literarische* Schöpfung – die literarisch ist, insofern sie an der Poesie teilhat – ist jenes *souveräne Unternehmen,* das die *Kommunikation* festhält wie einen geronnenen Augenblick – oder eine Folge von Augenblicken –, losgelöst nicht nur vom Werk, sondern gleichzeitig auch von der Lektüre. Sartre (der aus unerfindlichen Gründen die universelle Vorrangstellung der Kommunikation vor den kommunizierenden

30. *Saint Genet,* op. cit., S. 221.

Menschen einzig mit Mallarmé zu verbinden scheint, der sie nur klar zum Ausdruck brachte) hat dies sehr wohl gesehen, wenn er schreibt: «Bei Mallarmé heben Leser und Autor einander gleichzeitig auf, sie löschen sich gegenseitig aus, auf daß letztlich nur das WORT Bestand habe.»[31] Ich würde nicht sagen: «bei Mallarmé», sondern: «wo immer Literatur in Erscheinung tritt». Wie dem auch sei, selbst wenn das Unternehmen eine scheinbare Absurdität zur Folge hat, war der Autor dazu da, sich in seinem Werk auszuschalten, und er wandte sich an einen Leser, der um seiner eigenen Ausschaltung willen las (oder wenn man will: um durch diese Ausschaltung seines isolierten Daseins souverän zu werden). Sartre spricht ziemlich willkürlich von einer sakralen oder poetischen Kommunikationsweise, in der sich die Teilnehmer oder Leser «in ein Ding verwandelt fühlen».[32] Wenn eine Kommunikation erfolgt, so verwandelt sich die Person, an die sie sich richtet, teilweise und für diesen Augenblick selbst in Kommunikation (die Veränderung ist weder vollständig noch dauerhaft, aber *sie findet statt,* sonst gäbe es keine Kommunikation); jedenfalls ist die Kommunikation das Gegenteil *des Dings,* das durch seine Isolierbarkeit gekennzeichnet ist. In der Tat gibt es keine Kommunikation zwischen Genet und seinen Lesern mittels seines Werkes, und trotzdem betont Sartre dessen Wert: er vergleicht seine Wirkungsweise mit der Sakralisierung sowie der poetischen Schöpfung. Sartre zufolge läßt sich Genet «vom Leser heiligsprechen», er fügt jedoch hinzu: «Dieser ist sich der Heiligsprechung

31. Ebd., S. 509, Anm. 2.

32. Ebd., S. 508. Sartre gibt in diesem Zusammenhang nichtsdestoweniger eine ausgezeichnete Definition des Heiligen: «das Subjektive, das sich im Objektiven und durch es hindurch in der Zerstörung der Objektivität manifestiert». In der Tat bezieht sich die Kommunikation, deren höchste Form die sakrale Handlung ist, notwendig auf Dinge, die aber als solche geleugnet, vernichtet sind: die geheiligten Dinge sind subjektiv. Sartre begeht den Fehler, ohne dialektisches System in dialektische Vorstellungen hinüberzugleiten, so daß er die dialektische Bewegung, die er in Gang gesetzt hat, ständig willkürlich unterbricht. Er ist deshalb nicht weniger tiefschürfend, enttäuscht aber. Eine so wenig faßbare Wirklichkeit wie das Heilige außerhalb ihres Zusammenhangs mit dem langsamen Ablauf erörtern zu wollen, der sowohl unser Leben als auch das geschichtliche Leben umschließt, ist schlechterdings nicht möglich. Sartre hat in seiner Improvisationsfähigkeit den Gewinn dieser Schnelligkeit eingebüßt. Er blendet, doch die von der Blendung verbleibende Wahrheit muß kritisiert und *langsam* verdaut werden. Seine Ansichten sind immer bedeutsam, aber sie können stets nur den Weg ebnen.

eigentlich nicht bewußt.»[33] Das bringt ihn zu der Behauptung: «der Dichter... verlangt Anerkennung von einem Publikum, das er selbst nicht anerkennt.» Verschiebungen sind hier aber nicht statthaft: ich gelange zu der nachdrücklichen Feststellung, daß die sakrale Handlung oder die Poesie Kommunikation oder nichts ist. Das Werk Genets, was man auch zu seiner Bedeutung sagen kann, ist unmittelbar weder sakral noch poetisch, weil der Autor ihm die Kommunikation verweigert.

Die Idee der Kommunikation ist schwer zu erfassen in allen Möglichkeiten, die sie bezeichnet. Ich werde mich weiter unten bemühen, den Reichtum deutlich zu machen, dessen man sich gewöhnlich nie bewußt wird, ich möchte jedoch zunächst auf der Tatsache bestehen, daß die Idee der Kommunikation, die eine Dualität, besser noch eine Pluralität der Kommunizierenden voraussetzt, innerhalb einer bestimmten Kommunikation deren Gleichheit erfordert. Genet hat nicht nur keine Kommunikationsabsicht, wenn er schreibt, sondern falls es unabhängig von seiner Absicht zu einer Karikatur oder einem Ersatz von Kommunikation käme, verweigert der Autor seinen Lesern sogar diese fundamentale Ähnlichkeit, welche die Eigendynamik seines Werkes entwickeln könnte. «Sein Publikum», schreibt Sartre, «demütigt sich vor ihm, wenn es akzeptiert, eine Freiheit anzuerkennen, von der es genau weiß, daß sie die seine nicht anerkennt.» Genet seinerseits stellt sich wenn nicht über, so zumindest außerhalb jener, die ihn lesen sollen. Er sichert sich gegen mögliche Verachtung (was bei seinen Lesern dabei nur selten der Fall ist), indem er ihr zuvorkommt: «Ich gestehe den Dieben, Verrätern, Mördern, Betrügern eine innere Schönheit zu – eine negative Schönheit –, die ich Ihnen abspreche.»[34] Genet kennt keine Anstandsregel: er hat sich nicht vorgenommen, seinen Leser zu verspotten, tatsächlich verspottet er ihn aber. Daran nehme ich keinen Anstoß, doch es läßt mich das ungewisse Ausmaß absehen, in dem sich die besten Impulse Genets verlieren. Sartres Fehler besteht zum Teil darin, ihn beim Wort zu nehmen. Wir können uns nur selten – wenn es um akute Themen geht – auf seine Aussagen verlassen, und selbst dann dürfen wir die Gleichgültigkeit nicht vergessen, mit der er, zu jeder Täuschung bereit, aufs Geratewohl schreibt.

33. *Saint Genet,* op. cit., S. 508.

34. *Journal du voleur,* op. cit., S. 117.

Wir gelangen zu jener totalen Aufgabe der Regeln der Ehrlichkeit, die *Dada* vergeblich anstrebte, denn die Ehrlichkeit *Dadas* erforderte, daß nichts je einen Sinn annähme, daß jede stichhaltig erscheinende Aussage schnellstens ihren trügerischen Schein verlöre. Genet erzählt einmal von einem Jungen, «der ehrlich genug war, sich an Mettray als an ein Paradies zu erinnern».[35] Wir können den pathetischen Charakter nicht leugnen, mit dem hier das Wort *ehrlich* gebraucht wird: die Besserungsanstalt von Mettray war eine Hölle, in der zur Härte der Direktion noch die Gewalttätigkeiten der «Kolonisten» unter sich kamen! Genet selbst ist «ehrlich» genug, die Jugendstrafanstalten als jenen Ort zu schildern, wo er ein so teuflisches Vergnügen empfand, daß er für ihn zum Paradies wurde. Doch die Besserungsanstalt Mettray unterschied sich nicht wesentlich vom Zuchthaus Fontevrault (wo Genet eben den «Jungen» aus Mettray wiederfand): die Bevölkerung der beiden Vollzugsanstalten ist fast genau die gleiche. Nun schreibt aber Genet, der häufig die Gefängnisse und ihre Insassen verherrlichte: «Seines heiligen Ornats entkleidet, sehe ich das Gefängnis nackt, und seine Nacktheit ist grausam. Die Häftlinge sind nichts als arme Schlucker, die Zähne vom Skorbut zerfressen, von Krankheit gebeugt, spuckend, speiend, hustend. Sie gehen in riesigen, schweren, klappernden Holzschuhen vom Schlafsaal in die Werkstatt, sie schleppen sich in löchrigen Tuchpantoffeln, die steif sind von Dreck, gemischt aus Staub und Schweiß. Sie stinken. Sie sind feige gegenüber den Aufsehern, so feige wie diese selbst. Sie sind nur noch die beleidigende Karikatur der wundervollen Verbrecher, die ich mit zwanzig Jahren in ihnen sah, und ich werde nie genug die Schändlichkeiten und Abscheulichkeiten dessen aufdecken, was sie geworden sind, um mich für das Übel zu rächen, das sie mir angetan haben, für den Überdruß, den mir ihre unvergleichliche Dummheit verursachte.»[36] Es steht hier nicht zur Debatte, ob Genets Zeugnis der Wahrheit entspricht, sondern ob er ein literarisches Werk geschaffen hat, in dem Sinne als die Literatur Poesie, als sie zuinnerst, nicht formell, heilig ist. Ich muß zu diesem Zweck die unklare Absicht eines Verfassers betonen, der immer nur von einer ungewissen Bewegung getragen wird, zumindest von einer von Anfang an zersetzten, tumul-

35. *Miracle de la rose*, op. cit., S. 220.
36. Ebd., S. 208.

tuarischen, im Grunde aber gleichgültigen Bewegung, die nicht zur Intensität der Leidenschaft vorzudringen vermag, welche die Vollkommenheit der Ehrlichkeit unmittelbar offenkundig werden läßt.

Genet selbst bezweifelt seine Schwäche nicht. Ein literarisches Werk zu schaffen, kann meiner Ansicht nach nur ein *souveränes Unternehmen* sein, insofern als das Werk vom Autor erfordert, in sich die unzulängliche Person, die ihren souveränen Augenblikken nicht gewachsen ist, zu überschreiten. Anders gesagt, der Autor muß durch sein Werk und in ihm das suchen, was – seine eigenen Grenzen und Schwächen leugnend – nicht teilhat an seiner inneren *Knechtschaft.* In einer unanfechtbaren Wechselbeziehung kann er dann die Leser negieren, ohne deren Vorstellungen sein Werk nicht einmal hätte existieren können, er kann sie negieren in dem Maße, wie er sich selbst negiert hat. Das bedeutet, daß er beim Gedanken an diese wankelmütigen, von Knechtschaft bedrückten Wesen, *die er kennt,* an dem Werk, das er schreibt, verzweifeln kann, aber diese realen Wesen verweisen ihn stets über sich hinaus an die ewig menschliche Menschheit, die sich nie völlig unterwirft und immer über die *Mittel* triumphiert, deren *Zweck* sie ist. Sich literarisch betätigen heißt, der Knechtschaft den Rücken kehren, wie überhaupt jeder denkbaren Erniedrigung, es heißt die souveräne Sprache sprechen, die vom Souveränen im Menschen ausgeht und sich an die souveräne Menschheit wendet. Der Literaturliebhaber hat einen unklaren (oft sogar durch Einbildung verbogenen) Sinn für diese Wahrheit. Auch Genet hat ein Gefühl dafür, wenn er präzisiert: «Die Idee von einem literarischen Werk ließe mich mit den Achseln zucken.»[37] Die Haltung Genets ist einer unbefangenen Vorstellung von Literatur diametral entgegengesetzt, die als pedantisch gelten kann, aber trotz ihres hermetischen Charakters allgemeine Gültigkeit besitzt. Nicht etwa, daß wir uns empören sollten, wenn wir lesen: «... ich schrieb, um Geld zu verdienen». Die «schriftstellerische Arbeit» Genets verdient durchaus Beachtung. Genet liegt viel an der Souveränität, aber er hat nicht bemerkt, daß die Souveränität Regungen des Herzens und Ehrlichkeit erfordert, weil sie sich in der Kommunikation ereignet. Das Leben Genets ist ein Mißerfolg, und dasselbe gilt unter dem Anschein des Erfolgs

37. *Journal du voleur,* op. cit., S. 115.

von seinen Werken. Sie sind nicht unterwürfig, sie überragen die meisten als «literarisch» angesehenen Schriften, aber sie sind nicht souverän, da sie sich dem Grunderfordernis der Souveränität entziehen: der letztlichen Ehrlichkeit, ohne die das Gebäude der Souveränität zusammenbricht. Das Werk Genets zeigt die Unruhe eines argwöhnischen Menschen, von dem Sartre schreiben konnte: «Wenn man ihn in seiner Verschanzung zu hart bedrängt, wird er laut auflachen und ohne Umschweife zugeben, daß er sich auf unsere Kosten belustigte, daß er nur versuchte, uns noch mehr zu empören: wenn er darauf verfiel, die dämonische, verlogene Perversion eines geheiligten Begriffs Heiligkeit zu nennen...»[38]

DAS SCHEITERN GENETS

Die Gleichgültigkeit Genets der Kommunikation gegenüber bewirkt eine unumstößliche Tatsache: seine Erzählungen interessieren, aber sie *begeistern* nicht. Hinter dem funkelnden Wortgepränge gibt es nichts Kälteres, nichts weniger Ergreifendes, als die vielgerühmte Stelle, in der Genet vom Tod Haracamones berichtet.[39] Die Schönheit dieser Passage ist die von Schmuckstücken, sie ist zu prunkvoll und von ziemlich kalter Geschmacklosigkeit. Ihr Glanz erinnert an das Blendwerk, mit dem Aragon in der Frühzeit des Surrealismus um sich warf: dieselbe Wortgewandtheit, derselbe Rückgriff auf die Mittel des Skandals. Ich glaube nicht, daß diese Art Provokation eines Tages ihren Reiz verliert, aber die Wirkung dieses Reizes *hängt ab* vom Gefallen an äußerem Erfolg, von der Bevorzugung des falschen Scheins, der schneller wahrnehmbar ist. Die Unterwürfigkeit im Streben nach solchen Erfolgen ist dieselbe bei Autor und Lesern. Autor wie Leser vermeiden die Zerrissenheit, die Vernichtung, die die souveräne Kommunikation ausmacht, sie beschränken sich jeweils auf den Nimbus des Erfolgs.

Dies ist nicht der einzige Aspekt. Es wäre fruchtlos, Genet auf den Vorteil reduzieren zu wollen, den er aus seinen glänzenden

38. *Saint Genet,* op. cit., S. 225.

39. Am Ende von *Miracle de la rose,* op. cit.

Gaben zu ziehen wußte. Grundsätzlich war er vom Wunsch nach Widersetzlichkeit beseelt, aber dieser Wunsch, selbst wenn er aufrichtig war, hat sich in der Arbeit des Schriftstellers nicht immer durchgesetzt.

Am frappierendsten ist, daß ihn die moralische Einsamkeit und Ironie, in denen er steckenblieb, von jener verlorenen Souveränität fernhielten, deren Erstreben ihn in die erwähnten Paradoxien trieb. In der Tat ist das Verlangen des aufgrund der Zivilisation entfremdeten Menschen nach der Souveränität einerseits die Grundlage der Geschichtsbewegungen (ob es nun um Religion geht oder um politischen Kampf, der Marx zufolge wegen der «Entfremdung» des Menschen unternommen wird); andererseits ist die Souveränität das, was sich immer entzieht, was niemand erlangt hat und niemand erlangen wird, aus dem definitiven Grund, daß wir sie nicht wie ein Objekt besitzen können, daß wir darauf beschränkt sind, sie anzustreben. Eine Art Schwerkraft entfremdet diese Souveränität stets zur Nützlichkeit (selbst die himmlischen Herrscher, die die Phantasie doch von jeglicher Knechtschaft hätte befreien können, sind Nützlichkeitszwecken unterworfen). In der ‹Phänomenologie des Geistes›, in der Hegel die Dialektik von *Herr* (dem Herrscher) und *Knecht* (dem durch die Arbeit unterjochten Menschen) verfolgt, auf die die kommunistische Theorie des Klassenkampfs zurückgeht, triumphiert der Knecht, doch seine scheinbare Souveränität ist nun nichts weiter als der autonome Wille zur Knechtschaft; der Souveränität gehört nur das Reich des Scheiterns zu.

Daher können wir von der verfehlten Souveränität Jean Genets nicht sprechen, als ob ihr eine wirkliche Souveränität entgegenstünde, deren vollendete Form aufzuzeigen möglich wäre. Die vom Menschen unaufhörlich angestrebte Souveränität war niemals erreichbar, und es gibt keinen Grund zur Annahme, daß sie es würde. Nach der fraglichen Souveränität können wir trachten ..., so der Augenblick es will, ohne daß eine vernunftbestimmte Bemühung wie die um unser Überleben vermöchte, uns ihr näher zu bringen. Niemals können wir souverän *sein,* doch wir unterscheiden zwischen den Momenten, in denen das Glück uns hold ist und uns göttlich mit dem flüchtigen Licht der Kommunikation erleuchtet, und jenen unglücklichen Momenten, in denen uns der Gedanke der Souveränität dazu treibt, sie wie ein Gut besitzen zu wollen. Die Haltung Genets, dem an Königswürde,

Adel und Souveränität im traditionellen Sinne liegt, zeugt von einer zum Scheitern verurteilten Berechnung. Man denke an jene, noch in unseren Tagen Legion, deren Lieblingsbeschäftigung in der Genealogie besteht. Was Genet ihnen voraushat, ist ein sowohl spielerisches als auch pathetisches Vorgehen, doch dieselbe Ungeschicktheit findet sich bei dem von Titeln faszinierten Gebildeten und bei Genet, wenn er folgende Zeilen über seine Landstreicherzeit in Spanien schreibt:

«Weder die Guardia civil noch die städtische Polizei verhafteten mich. Was ihnen unter die Augen kam, war kein Mensch mehr, sondern das sonderbare Produkt des Unglücks, auf das die Gesetze nicht anwendbar sind. Ich hatte die Grenzen der Abscheulichkeit überschritten. Beispielsweise hätte ich, ohne Verwunderung zu wecken, einen Prinzen von Geblüt, einen spanischen Grande empfangen, ihn «mein Cousin» nennen und in wohlgesetzten Reden mit ihm sprechen können. Das hätte niemanden überrascht.

– Einen spanischen Grande empfangen. Aber in welchem Palast?

Damit Sie besser verstehen, in welchem Ausmaß ich die Einsamkeit erreicht hatte, die mir die Souveränität verlieh, benütze ich diese Redeweise, weil sie mir durch eine Lage, einen Erfolg aufgedrängt wird, die den höchsten Triumph zum Ausdruck bringen sollen. Die Sprachverwandtschaft zeigt die Verwandtschaft meiner Herrlichkeit mit der Adelsherrlichkeit. Verwandter von Prinzen und Königen war ich durch eine Art heimliche, der Welt verborgene Verbindung, jene, die es der Schäferin erlaubt, den König von Frankreich zu duzen. Der Palast, von dem ich spreche (denn es gibt keine andere Bezeichnung dafür), ist das Gebäude aus immer zierlicheren Verfeinerungen, das die Arbeit des Stolzes an meiner Einsamkeit bewirkte.»[40]

Zusammen mit anderen, bereits erwähnten Zitaten verdeutlicht diese Stelle nicht nur das übermächtige Verlangen, zum souveränen Teil der Menschheit aufzusteigen; sie betont auch die Demut und Berechnung dieses Verlangens, das sich jener Souveränität unterwirft, deren äußerer Schein einst als historische Wirklichkeit angesehen wurde. Sie unterstreicht darüberhinaus die Entfernung zwischen dem durch seine Lausigkeit gekenn-

40. *Journal du voleur,* op. cit., S. 184 f.

zeichneten Prätendenten und den Scheinerfolgen der Großen und Könige.

UNPRODUKTIVE KONSUMTION UND FEUDALGESELLSCHAFT

Sartre ist sich der Schwäche Genets, seines mangelnden Kommunikationsvermögens, durchaus bewußt. Er stellt Genet als dazu verurteilt hin, sich als *Sein* zu wollen, als ein für sich selbst erkennbares Objekt, analog den Dingen, nicht dem Bewußtsein – welches Subjekt ist und sich insoweit nicht als Ding betrachten kann, ohne sich zu vernichten. (Er betont dies immer wieder, von der ersten bis zur letzten Seite seiner Untersuchung.) Genet gehört in seinen Augen der Feudalgesellschaft an, deren veraltete Werte ihm so sehr imponieren. Diese letztere Schwäche jedoch läßt Sartre nicht etwa an der Authentizität des Schriftstellers zweifeln, sondern gibt ihm ein Mittel zu seiner Verteidigung an die Hand. Er sagt nicht wörtlich, einzig die Feudalgesellschaft, die auf Grundbesitz – und Krieg – gegründete Gesellschaft der Vergangenheit sei schuldig, doch Genet erscheint ihm gerechtfertigt vor dieser archaischen Gesellschaft, die ihn, seine Missetaten und sein Unglück als Entsprechung zu ihrer Verschwendungssucht (zur Erreichung des Zwecks der Vernichtung der Güter, der Konsumtion) benötigte. Der einzige Fehler Genets besteht darin, moralisch das Geschöpf dieser Gesellschaft zu sein, die nicht tot, aber verurteilt ist (im Aussterben begriffen). Es ist jedenfalls der Fehler der alternden Gesellschaft gegenüber der neuen, die sich politisch durchzusetzen sucht. Sartre entwickelt allgemein den Gegensatz zwischen der verdammenswerten Gesellschaft, der «Konsumgesellschaft» nämlich, und der von ihm herbeigewünschten lobenswerten Gesellschaft, der «Produktionsgesellschaft», die auf die Bestrebungen der UdSSR hinausläuft.[41] Dann

41. Zu diesem Gegensatz vgl. u. a. *Saint Genet,* op. cit., S. 112–116 und vor allem S. 186–193. Selbst wenn diese Ideen jenen nahekommen, die ich selbst in *La part maudite. La consumation* (Paris: Minuit 1949) formuliert habe, unterscheiden sie sich doch wesentlich davon (ich betonte die Notwendigkeit der Verschwendung und die Sinnlosigkeit der Produktivität als Selbstzweck). Ich muß jedoch feststellen, daß der der Produktionsgesellschaft vorbehaltene Wert (während die Konsumgesellschaft unhaltbar ist) nicht in dem Maße das endgültige Urteil Sartres darstellt,

kann man gleich sagen, daß das Böse und das Gute dem Schädlichen und dem Nützlichen entsprechen. Wohlgemerkt gibt es Konsumtionsarten, die eher nützlich als schädlich sind, sie stellen aber keine reine Konsumtion dar, sondern eine produktive, im Gegensatz zur feudalen Einstellung der Konsumtion um der Konsumtion willen, die Sartre verurteilt. Sartre führt Marc Bloch an[42], der von «einem sonderbaren Verschwendungswettbewerb» berichtet, «dessen Schauplatz ein ‹Hoftag› in der Provinz von Limoges war. Ein Ritter läßt Silbermünzen in ein frischgepflügtes Feld säen, ein anderer unterhält sein Küchenfeuer mit Kerzen; ein dritter befiehlt ‹aus Prahlerei›, alle seine Pferde lebendig zu verbrennen.»[43] Sartres Reaktion hierauf kann nicht verwundern: es ist die gewöhnliche Entrüstung, die zwar der Entspannung ihren Teil noch zugesteht, sich aber ansonsten gegen jede nicht durch Nützlichkeit gerechtfertigte Konsumtion richtet. Sartre begreift nicht, daß sich gerade die unnütze Konsumtion zur Produktion so verhält wie der Souverän zum Untertanen, wie die Freiheit zur Knechtschaft. Er wird ohne zu zögern den Bereich der Souveränität verurteilen, dessen «grundsätzlich» verdammenswerten Charakter ich selbst zugestanden habe. Und die Freiheit?

DIE FREIHEIT UND DAS BÖSE

In der Freiheit das Böse entdecken zu wollen, widerspricht der konventionellen, konformistischen Denkweise, die so verbreitet ist, daß sie sinnvollerweise nicht bestritten werden kann. Sartre wird in erster Linie leugnen, daß die Freiheit notwendig das Böse sein müsse. Er schreibt der «Produktionsgesellschaft» einen absoluten Wert zu, bevor er ihre Relativität erkannt hat, dabei hängt dieser Wert von der Konsumtion und wesentlich von der unproduktiven Konsumtion, das heißt der Vernichtung ab. Überprüfen

daß er nicht 150 Seiten weiter zweimal den Begriff «Ameisengesellschaft» gebrauchen könnte, offensichtlich für jene «Produktionsgesellschaft», die er davor als Ideal hingestellt hatte. Das Denken Sartres ist bisweilen unsteter, als man meinen möchte.

42. Mare Bloch, *La société féodale.* Zitiert nach *Saint Genet,* op. cit., S. 186 f.

43. Sartre hätte in *La part maudite* weitere Beispiele für diesen Drang finden können, dessen Universalität ich gezeigt habe.

wir diese Vorstellungen auf ihre Stichhaltigkeit, so stellt sich schnell heraus, daß die Freiheit, selbst unter Annahme möglicher Beziehungen zum Guten, wie Blake von Milton sagt, «unwissentlich dem Lager der Dämonen angehört». Das Lager des Guten ist das der Unterwerfung, des Gehorsams. Die Freiheit bedeutet immer eine Öffnung zur Revolte hin, das Gute dagegen ist an die Geschlossenheit der Regel gebunden. Selbst Sartre gebraucht für das Böse Begriffe der Freiheit, wenn er von Genets «Erfahrung des Bösen» spricht: «...nichts von dem, was *ist,* kann mich erfassen oder begrenzen; ich existiere jedoch, ich werde der eisige Atem sein, der alles Leben vernichtet. Ich stehe also *über* der Essenz: ich mache, was ich will, ich mache aus mir, was ich will ...»[44] Keinesfalls kann man – wie Sartre das anscheinend beabsichtigt – von der Freiheit zur herkömmlichen Auffassung vom nützlichkeitsgemäßen Guten gelangen.[45]

Ein einziger Weg führt von der Ablehnung der Knechtschaft zur freien Begrenzung der souveränen Haltung: der der *Kommunikation,* den Sartre ignoriert. Nur wenn *Freiheit, Überschreitung der Verbote* und *souveräne Konsumtion* in der Form betrachtet werden, wie sie tatsächlich gegeben sind, offenbaren sich die Grundlagen einer Moral, die jenen angemessen ist, die die Notwendigkeit nicht völlig beugt und die auf die erahnte Vollkommenheit nicht verzichten wollen.

44. *Saint Genet,* op cit., S. 221. (Hervorhebungen von mir.)

45. Die größte Schwierigkeit für Sartre in seinen philosophischen Untersuchungen liegt zweifellos in seiner Unfähigkeit, von einer Moral der Freiheit zur gewöhnlichen Moral überzugehen, welche die Individuen untereinander durch ein System von Verpflichtungen verbindet. Einzig eine Moral der Kommunikation – und der Loyalität, die sich auf die Kommunikation stützt – geht über die Moral der Nützlichkeit hinaus. Für Sartre aber stellt die Kommunikation keine Grundlage dar; bevor er ihre Möglichkeit sieht, hat er bereits mit einem ersten Blick die Undurchsichtigkeit der Menschen füreinander wahrgenommen (für ihn ist das Einzelwesen grundlegend, nicht die Vielheit *kommunizierender* Wesen). Daher läßt sein seit dem Krieg angekündigtes Werk über Moral auch auf sich warten. Nur der aufrichtige, ungeheure *Saint Genet* könnte eine Vorstellung vom Stand dieser Arbeit vermitteln. Doch der erstaunlich reichhaltige *Saint Genet* ist alles andere als ein abschließendes Werk.

DIE AUTHENTISCHE KOMMUNIKATION, DIE UNERGRÜNDLICHKEIT ALLES DESSEN, *WAS IST*, UND DIE SOUVERÄNITÄT

Das Werk Jean Genets interessiert nicht wegen seiner poetischen Kraft, sondern wegen der Lehre aus seinen Schwächen. (Ebenso liegt die Bedeutung der Sartreschen Untersuchung weniger in einer perfekten Erhellung des Werks als in seiner Hartnäkkigkeit, dort zu suchen, wo Dunkelheit herrscht.)

In den Schriften Genets ist irgendetwas Kraftloses, Kaltes, Brüchiges, das nicht unbedingt die Bewunderung hemmt, aber keine Übereinstimmung aufkommen läßt. Genet selbst würde sie zurückweisen, wenn wir sie ihm durch einen unverzeihlichen Irrtum entgegenbringen wollten. Diese Kommunikation, die sich entzieht, wenn die literarische Funktion sie erforderlich macht, kann einen Eindruck der Heuchelei aufkommen lassen, selbst wenn das Gefühl des Mangels in uns das Bewußtsein jener Erschütterung weckt, die die authentische Kommunikation ist. Dieser unzureichende Austausch, bei dem eine Art Glasscheibe uns Leser vom Autor trennt, läßt eine Bedrückung aufkommen, die mir die Gewißheit gibt: die Menschheit ist nicht aus Einzelwesen gemacht, sondern aus der Kommunikation zwischen ihnen. Niemals sind wir gegeben, nicht einmal uns selbst, es sei denn in einem Kommunikationsnetz mit den anderen: wir sind in Kommunikation gehüllt, wir sind auf diese unaufhörliche Kommunikation angewiesen, deren Fehlen wir bis in die tiefste Einsamkeit hinein als Suggestion zahlreicher Möglichkeiten, als die Erwartung eines Augenblicks erfahren, in dem sie zu einem Schrei wird, den andere hören. Denn die menschliche Existenz ist in uns, an ihren periodisch neuralgischen Punkten, nur noch Schreien, qualvoller Krampf, unbändiges Gelächter, wo die Übereinstimmung aus der endlich geteilten Überzeugung[46] von der Unergründlichkeit unserer selbst und der Welt erwächst.

46. Die zumindest geteilt werden kann. Es ist mir hier nicht möglich, auf den tiefsten Aspekt der Kommunikation einzugehen, die paradoxe Bedeutung der Tränen. Ich möchte jedoch anmerken, daß die Tränen wohl den Höhepunkt kommunikativer Gemütsbewegung und der Kommunikation darstellen, dem die Kälte Genets diametral entgegengesetzt ist.

Die Kommunikation, in dem Sinne, wie ich sie verstanden wissen möchte, ist in der Tat niemals intensiver, als wenn sich die Kommunikation im schwachen Sinne, die der Profansprache (oder, wie Sartre es ausdrückt, der Prosa, welche uns selbst – und die Welt – scheinbar ergründbar macht), als vergeblich erweist, ähnlich der Nacht. Wir sprechen auf verschiedene Arten, um zu überzeugen und Übereinstimmung zu erzielen.[47] Wir wollen einfache Wahrheiten feststellen, die unser Denken und Handeln mit dem unserer Mitmenschen in Einklang bringen. Dieses unaufhörliche Bemühen, unsere Stellung in der Welt klar und deutlich zu bezeichnen, wäre offensichtlich unmöglich, wären wir nicht *von vornherein* durch das Gefühl einer *gemeinsamen Subjektivität* verbunden, die sich selbst unergründlich und der die Welt der äußeren Dinge unergründlich ist. Wir müssen unbedingt den Gegensatz zwischen zwei Arten der Kommunikation begreifen, doch die Unterscheidung ist schwierig, wenn man den Akzent nicht auf die starke Kommunikation legt. Selbst Sartre hat hier eine Unklarheit gelassen. Er sah wohl die Unergründlichkeit der Gegenstände (er besteht darauf in ‹La nausée›): es gibt keinerlei Kommunikation zwischen den Gegenständen und uns. Aber er hat den Gegensatz zwischen Subjekt und Objekt nicht genau bestimmt. Die Subjektivität ist klar in seinen Augen, es gibt nichts Klareres! Er neigt einerseits dazu, scheint mir, die Bedeutung der Begreifbarkeit der Gegenstände herabzuspielen, die wir in den Zwecken erblikken, die wir ihnen zuerkennen, und in ihrem Gebrauch zu diesen Zwecken. Andererseits widmet er den Momenten einer Subjektivität nicht genügend Beachtung, *die uns immer schon und unmittelbar im Bewußtsein der anderen Subjektivitäten gegeben ist,* wo gerade die Subjektivität unbegreiflich erscheint, verglichen mit der Begreifbarkeit der Gebrauchsobjekte und, allgemeiner, der objektiven Welt. Diesen Anschein muß er natürlich zur Kenntnis nehmen, aber er vernachlässigt die Momente, in denen wir gleichfalls vom Ekel gepackt werden, denn in dem Augenblick, in dem uns die Unbegreiflichkeit erscheint, kehrt auch sie einen unüberwindlichen Charakter hervor, den Charakter eines Ärgernisses. Das, was letztinstanzlich für uns ist, ist ein Ärgernis, das Seinsbewußtsein ist das Ärgernis des Bewußtseins, und wir können – und dürfen – uns nicht darüber wundern. Machen wir uns keine

47. Vgl. *Saint Genet,* op. cit., S. 509.

Illusionen: Ärgernis und Bewußtsein sind dasselbe, ein Bewußtsein ohne Ärgernis ist ein entfremdetes Bewußtsein, ein Bewußtsein, wie die Erfahrung zeigt, von klaren und deutlichen, begreifbaren oder dafür gehaltenen Gegenständen. Der Übergang vom Begreifbaren zum Unbegreiflichen, zu dem, was uns, weil nicht mehr erkennbar, plötzlich nicht mehr erträglich scheint, ist zweifellos die Ursache dieses Gefühls eines Ärgernisses, es handelt sich dabei jedoch weniger um eine Verschiedenheit der Ebenen als um eine in der höheren Kommunikation der Wesen gegebene Erfahrung. Das Ärgernis ist die – *unmittelbare* – Auswirkung dessen, daß ein Bewußtsein das Bewußtsein eines anderen Bewußtseins ist, der Blick eines anderen Blicks (es ist damit ein inneres Leuchten, das sich dem entzieht, was das Bewußtsein gewöhnlich an die dauerhafte und beruhigende Begreifbarkeit der Dinge fesselt).

Wenn man mir gefolgt ist, sieht man den fundamentalen Gegensatz zwischen der *schwachen Kommunikation,* der Grundlage der Profangesellschaft (der aktiven Gesellschaft – insofern Aktivität und Produktivität verschmelzen) und der *starken Kommunikation,* die die Bewußtseinswesen[48], die sich wechselseitig ineinander spiegeln, jenem Unergründlichen ausliefert, das ihre «letzte Instanz» ist. Man sieht zugleich, daß die starke Kommunikation die ursprüngliche ist, es ist eine einfache Gegebenheit, die höchste Erscheinungsform der Existenz, die sich uns in der Bewußtseinsmannigfaltigkeit und in ihrer Kommunikabilität offenbart. Die gewöhnliche Tätigkeit der Menschen – was wir unsere «Beschäftigung» nennen – trennt sie von den außerordentlichen Augenblicken der starken Kommunikation, die aus den Gemütserregungen der Sinnlichkeit und der Feste, aus dramatischen Begebenheiten, aus Liebe, Trennung und Tod erwachsen. Diese Augenblicke sind untereinander nicht gleich: häufig suchen wir sie um ihrer selbst willen (dabei haben sie nur ihren Sinn im Augenblick, ihre Wiederkehr bewirken zu wollen, ist ein Widerspruch in sich), was uns mit Hilfe armseliger Mittel auch gelingen mag. Trotzdem können wir auf das (selbst schmerzliche, herzzerreißen-

48 Der Ausdruck «Bewußtseinswesen», der zweimal in diesem Abschnitt vorkommt, wurde gewählt, um *les consciences* wiederzugeben und «die Bewußtseine» – einen im Deutschen unmöglichen Plural – zu vermeiden. An eine Fixierung des Bewußtseins in einer Art Bewußtseinsträger ist dabei also nicht zu denken. – A.d.H.

de) Wiedererscheinen des Augenblicks nicht verzichten, in dem sich ihre Unergründlichkeit den Bewußtseinswesen enthüllt, die sich grenzenlos vereinen und sich wechselseitig durchdringen. Lieber mogeln, um nicht endgültig oder allzu schmerzlich zerrissen zu werden: wir unterhalten eine unauflösliche Bindung zum Ärgernis, das wir um jeden Preis erregen wollen, dem wir nichtsdestoweniger zu entfliehen suchen – aber eine möglichst wenig schmerzliche in Form der Religion oder der Kunst (welche die Macht der Religion teilweise erbte). Das Problem der *Kommunikation* stellt sich in der literarischen Äußerung immer: diese ist in der Tat poetisch oder nichts (ist nur das Streben nach Einzelübereinstimmungen oder die Lehre untergeordneter Wahrheiten, die Sartre meint[49], wenn er von Prosa spricht).

DIE VERRATENE SOUVERÄNITÄT

Es gibt keinerlei Unterschied zwischen der so definierten starken Kommunikation und dem, was ich Souveränität nenne. Die Kommunikation setzt *im Augenblick selbst* die Souveränität der Kommunizierenden voraus, umgekehrt erfordert die Souveränität Kommunikation; sie muß als mitteilbar beabsichtigt sein, andernfalls ist sie nicht souverän. Betonen wir nochmals, daß die Souveränität immer Kommunikation und die Kommunikation im starken Sinne immer souverän ist. Von diesem Standpunkt aus gesehen, ist die Erfahrung Genets von exemplarischem Interesse.

Um die Bedeutung dieser Erfahrung zu umreißen, die nicht nur die eines Schriftstellers ist, sondern eines Menschen, der sämtliche Gesetze der Gesellschaft übertrat – sämtliche Verbote, auf denen die Gesellschaft beruht –, muß ich vom eigentlich menschlichen Aspekt der Souveränität und der Kommunikation ausgehen. Insofern sie sich von der Animalität unterscheidet, leitet sich die Menschlichkeit aus der Beobachtung von Verboten ab, von denen manche universell sind, wie die des Inzests, der Berührung mit Menstrualblut, der Obszönität, des Mords, des Verzehrs von Menschenfleisch. Vor allem die Toten sind Gegenstand zeitlich und örtlich verschiedener Vorschriften, gegen die

49. Ebd.

niemand verstoßen darf. Kommunikation wie Souveränität sind Gegebenheiten im von allgemein gültigen Verboten abgesteckten Lebensrahmen (zu denen noch zahlreiche lokale Tabus kommen). Diese diversen Begrenzungen widersprechen zweifellos, wenn auch in unterschiedlichem Ausmaß, dem Vollbesitz der Souveränität. Es ist daher nicht verwunderlich, wenn das Streben nach Souveränität mit dem Verstoß gegen ein oder mehrere Verbote verbunden ist. Als Beispiel führe ich die Tatsache an, daß in Ägypten der Herrscher vom Inzestverbot ausgenommen war. Gleichermaßen eignet der souveränen Handlung des Opfers etwas Verbrecherisches: das Opfer zu töten heißt, unter anderen Umständen gültigen Vorschriften zuwiderhandeln. Allgemeiner sind in der «souveränen Zeit» eines Festes Verhaltensweisen erlaubt oder geboten, die die Gesetze der «profanen Zeit» untersagen. Folglich stellt das Mittel zur Erreichung eines souveränen (oder heiligen) Elements – einer institutionellen Persönlichkeit oder eines der Verzehrung geweihten Opfers – die Negierung eines der Verbote dar, deren gewöhnliche Beobachtung uns zu Menschen und nicht zu Tieren macht. Das läuft darauf hinaus, daß die Souveränität, sofern die Menschheit sie anstrebt, von uns erfordert, uns «über das Wesen» zu stellen, das sie ausmacht. Das heißt ferner, daß eine höhere Kommunikation nur unter der Bedingung entstehen kann, daß wir uns des Bösen bedienen, nämlich der Verletzung des Verbots.[50]

50. Ich bin mehrfach auf das wesentliche Thema des Verbots und der Überschreitung (der Transgression) eingegangen. Die Anfänge der Transgressionstheorie sind Marcel Mauss zu verdanken, dessen Arbeiten die Entwicklung der Soziologie derzeit entscheidend beeinflussen. Marcel Mauss, der wenig dazu neigte, seinem Denken endgültige Form zu verleihen, beschränkte sich auf gelegentliche Andeutungen in seinen Vorlesungen, die Transgressionstheorie wurde jedoch von einem seiner Schüler meisterhaft dargestellt: Roger Caillois, *L'homme et le sacré*. Edition augmentée de trois appendices sur le sexe, le jeu, la guerre, dans leurs rapports avec le sacré, Paris: Gallimard 1950. Leider hat das Werk von Caillois – vor allem im Ausland – noch nicht das Ansehen, das es verdient. In vorliegendem Buch habe ich gezeigt, daß der Gegensatz zwischen Überschreitung und Verbot die moderne Gesellschaft nicht weniger beherrscht als die primitive. Es wird sich schnell erweisen, daß das menschliche Leben, das im Gegensatz zum tierischen aufs Verbot gegründet ist, außerhalb des Bereichs der Arbeit überall und jederzeit der Überschreitung verpflichtet ist, die den Übergang vom Tier zum Menschen vollendet. Vgl. meine Darstellung dieses Prinzips in *Qu' est-ce que l'histoire universelle? (Critique,* Nr. 111/112, Aug./Sept. 1956, S. 752–764).

Das Beispiel Genets entspricht insoweit genau der klassischen Haltung, als er die Souveränität im Bösen suchte und ihm das Böse tatsächlich zu jenen schwindelerregenden Augenblicken verhalf, in denen das Sein in uns aus den Fugen zu geraten scheint und, obwohl überlebend, dem es begrenzenden Wesen entgeht. Aber Genet verweigert sich der Kommunikation.

Weil er sich der Kommunikation verweigert, erreicht Genet den souveränen Augenblick nicht – in dem er aufhören würde, alles aus dem Blickwinkel der Interessen seines isolierten Wesens oder, wie Sartre es ausdrückt, eines «Wesens» schlechthin zu sehen. Da er sich *unbeschränkt* dem Bösen hingibt, entgleitet ihm die Kommunikation. Damit klärt sich alles auf: was Genet behindert, erklärt sich aus der Einsamkeit, in die er sich verschließt, in der das, was von den anderen noch da ist, stets verschwommen und gleichgültig ist; es liegt mit einem Wort daran, daß er das Böse, auf das er zurückgreift, um souverän zu existieren, zu seinem einsamen *Vorteil* tut. Das für die Souveränität erforderliche Böse ist notwendig begrenzt: es wird von der Souveränität selbst begrenzt. Sie widersetzt sich dem sie Unterjochenden, insofern sie Kommunikation ist. Sie widersetzt sich ihm mit der souveränen Geste, die die Heiligkeit der Moral zum Ausdruck bringt.

Zugegeben, Genet wollte *heilig* werden. Zugegeben, die *Lust* am Bösen übertraf in ihm das Vorteilsdenken, er wollte das Böse um eines geistigen Wertes willen und führte sein Experiment unbeirrbar durch. Kein niedriger Beweggrund könnte sein Scheitern erklären, sondern ein unheilvolles Geschick verschloß ihn in sich selbst, in seinen tiefsten Argwohn, einem Gefängnis gleich, das besser gesichert wäre als die der Wirklichkeit. Niemals überließ er sich rückhaltlos den unvernünftigen Leidenschaften, die die Menschen dank einer großen Verwirrung miteinander in Einklang bringen, allerdings unter der Bedingung, daß in ihnen kein argwöhnischer Blick den Unterschied zwischen sich selbst und dem anderen belauert. Sartre verzeichnet die hinterhältige Traurigkeit, die Genet verkrampft, in bemerkenswerter Weise.

Seine teilweise übertriebene literarische Bewunderung hat Sartre nicht gehindert – sie ermöglichte es ihm sogar –, über Genet Beurteilungen von einer oft ätzenden Schärfe abzugeben, gemildert durch eine aufrichtige Sympathie. Folgendes hob er besonders hervor: Genet, der von den Widersprüchen eines dem Schlimmsten geweihten Willens umgetrieben ist, sucht zwar «die unmögliche Nichtigkeit»[51], verlangt jedoch letztlich für seine Existenz das *Sein.* Er will seine Existenz *ergreifen,* er muß zum *Sein* gelangen, er muß sich selbst das *Sein* der *Dinge* verschaffen... Diese Existenz müßte «sein können, ohne ihr Sein spielen zu müssen: *an sich*».[52] Genet will sich «zur Substanz versteinern», und wenn zutrifft, wie Sartre schreibt, daß sein Streben auf jenen Punkt gerichtet ist, den Breton in einer der besten Annäherungen an die Souveränität als den definierte, «von dem aus Leben und Tod, Reales und Imaginäres, Vergangenes und Zukünftiges, Mitteilbares und Nicht-Mitteilbares, Oben und Unten nicht mehr als widersprüchlich empfunden werden»[53], kann dies nicht ohne tiefgreifende Veränderung erfolgen. Sartre fügt denn auch hinzu: «... Breton hofft, das Surreale wenn nicht zu ‹sehen›, so zumindest mit ihm zu verschmelzen in einem Amalgam, in dem Sehen und Sein eins sind...» Die «Heiligkeit Genets» jedoch ist «das als unzugängliche und *substantielle* Kehrseite der Existenz begriffene Surreale Bretons»[54], es ist die *konfiszierte* Souveränität, die tote Souveränität eines Menschen, dessen einsame Begierde nach Souveränität ein Verrat an der Souveränität ist.

51. Der Ausdruck ist von Genet, zitiert bei Sartre (op. cit., S. 226). Meiner Ansicht nach ist das Streben nach «unmöglicher Nichtigkeit» Genets Form des Strebens nach Souveränität.

52. *Saint Genet,* op. cit., S. 226. (Hervorhebungen von Sartre.)

53. Breton, *Die Manifeste des Surrealismus,* Reinbek: Rowohlt 1968, S. 55.

54. *Saint Genet,* op. cit., S. 229 f. (Hervorhebung von mir.)

NACHWORT

GERD BERGFLETH
DIE SOUVERÄNITÄT DES BÖSEN
Zu Batailles Umwertung der Moral

I

Die Philosophie hat mit dem Bösen ihre Schwierigkeiten, denn so wenig die Vernunft das Böse in der Welt leugnen kann, so wenig kann sie es doch anerkennen. Sie braucht das Böse, um ihre Ordnung als die gute hinstellen und sich als praktische Vernunft affirmieren zu können, aber eben darum befindet sie sich mit ihm in ewigem und unauflöslichem Widerstreit. Das Böse ist gesetzwidrig und widervernünftig, und einzig eine «boshafte Vernunft», wie sie Kant imaginiert, um den «schlechthin bösen Willen» als den gar nicht dem Moralgesetz unterworfenen zu kennzeichnen[1], könnte ihm vielleicht beikommen. Kant geht so weit, eine «Verderbnis der moralisch-gesetzgebenden Vernunft»[2] zu erwägen, um das so unerklärliche Böse zu erklären – eine Verderbnis, die die Bosheit einer Vernunft wäre, die sich selbst vom Moralgesetz freisprechen würde. Die kantische Vernunftgesetzgebung schlägt hier eine jener vernunftkritischen Volten[3], in denen sie unversehens auf dem Boden der heutigen Vernunftbezweiflung landet, indem sie uns die Frage suggeriert, ob nicht das eigentlich Böse in der Vernunftherrschaft selber liege. Natürlich

1. Kant, *Die Religion innerhalb der Grenzen der bloßen Vernunft,* B 32.
2. Ebd., B 31.
3. Eine andere jener Volten ist die Frage der Vernunft, die Kant Gott in den Mund legt: «aber woher bin ich denn?» (*Kritik der reinen Vernunft,* B 641) Vgl. dazu Walter Schulz, *Philosophie in der veränderten Welt,* Pfullingen 1972, S. 94. Schulz hat nachgewiesen, daß es sich hier um eine Frage der Reflexion an sich selber handelt.

beruhigt Kant uns oder wengistens sich selbst gleich wieder, indem er eine solche Selbstaufhebung der Vernunftgesetzgebung für denkunmöglich erklärt und sicherheitshalber noch hinzufügt, daß ein Subjekt, das sich darauf einlasse, kein Mensch mehr wäre, sondern ein «teuflisches Wesen». Wenn er in seinem ethischen Rigorismus das Böse so stark macht, so geschieht das letztlich, um das Gute, das in der Achtung vor dem Gesetz liegt, um so heller hervorleuchten zu lassen. Kant, der unter den Philosophen wohl den ausgeprägtesten Sinn für das Böse gehabt hat, muß sich schließlich damit bescheiden, dieses Böse nicht rechtfertigen zu können, sondern es verwerfen zu müssen. Sein Sinn resümiert sich in der Einsicht, daß es ein Radikal-Böses in der menschlichen Natur gebe, das dem Menschen angeboren sei und auch in dem besten Menschen nicht aufhöre, wirksam zu sein. Indem er das Böse derart heraufsetzt, aber desavouiert er es zugleich, da der Vernunft die Aufgabe zufällt, diesen bösen Hang so niedrig wie möglich zu halten.

Um zur Authentizität des Bösen vorzustoßen, wird man sich also wohl entschließen müssen, die Moralgesetzgebung der Vernunft für eine Weile auszuhängen. Der Sinn für das Böse setzt zwar nicht unbedingt voraus, daß man selbst Böses tut, aber er verlangt die Komplizität mit einem Verhalten, das sich moralisch nicht rechtfertigen läßt. Er verlangt genaugenommen eine Epoché, d. h. nicht die Abschaffung der Vernunftmoral, sondern ihre Einklammerung, denn vom Bösen können wir nur insoweit sprechen, als es die Negation des Guten ist, das also an sich betrachtet durchaus in Kraft bleibt. Das Böse verlöre allen Reiz für uns, wenn es nicht von einem Bewußtsein des Guten begleitet wäre. Dennoch würden wir das eigentlich Böse verdrängen, wenn wir uns mit dieser Atmosphäre von Reiz, Reaktion und Verführung begnügten. Den Besuch im Eros-Center oder den Griff in den Banksafe werden wir nicht als böse empfinden – das sind Aspekte eines Luderlebens, die uns eher als Akte ausgleichender Gerechtigkeit erscheinen. Das authentische Böse muß also noch etwas anderes sein –: eine *aktive, zerstörerische, dämonische Kraft,* die Begeisterung und Schrecken verbreitet und jedenfalls so außer aller Ordnung ist, daß sie mit normalen Maßstäben nicht mehr zu messen ist. Hier sinkt alles unter uns, unser kleines Gutes ebenso wie unser kleines Böses, weil wir vor einer *Leidenschaft* stehen, die sich souverän über alle Schranken erhebt.

Für ein solches Böses, das aus der Gewalt der Leidenschaft entspringt, fehlen uns alle Begriffe, denn daß es nicht mit den großen politischen Verbrechen dieses Jahrhunderts zu verwechseln ist, wird noch zu zeigen sein. Es ist eher umgekehrt so, daß die Systembrutalität dieser Verbrechen sich wie ein schwarzer Schleier über alle Gewalt der Leidenschaft gelegt hat, der uns das authentische Böse unsichtbar macht.[4] Inzwischen ist nahezu die gesamte zeitgenössische deutsche Publizistik dermaßen moralinisiert, daß ihr die Verteidigung des leidenschaftlichen Bösen, die Bataille unternimmt, geradezu unheimlich vorkommen muß. Sie hat sich so lange und so inständig im aufrechten Protestieren geübt, daß ihr paradoxerweise das Böse bis in den Begriff hinein entschwunden ist. Sie hat eine solche Berührungsangst vor diesem Bösen entwickelt, daß sie sogar das Wort eskamotieren mußte. Das Böse verbirgt sich in den «Verbrechen gegen die Menschlichkeit», an sich aber kommt dieses obszöne Wort nicht vor, und wenn es nach ihr ginge, wäre es schon ausgestorben. Jedenfalls hat das Wort ähnlich wie die aus dem Christentum überkommenen Begriffe des Teufels und der Sünde eine Patina der Vergangenheit angenommen, ungeachtet der Tatsache, daß der neudeutsche Moralkult sich bestens mit der Umweltzerstörung oder den alltäglichen Straßenmorden verträgt. Eine ganze deutsche Intelligenzschicht, über die man ringsum in Europa nur lachen kann, schläft seit Jahrzehnten den Schlaf der Gerechten auf dem Ruhekissen ihrer Vernunft. Um so mehr ist der Vorstoß Bohrers zu begrüßen, der mitten unter den Schläfern eine Wiederkehr des Verdrängten inszeniert.

Da das authentische Böse nun weder in der Vernunftmoral noch in der ihr entsprechenden, insbesondere deutschen gesellschaftlichen Realität auftaucht, wären wir, was seinen Nachweis betrifft, in einiger Verlegenheit, wenn es nicht *eine* Ausdrucksform gäbe, die als sein eigentliches Reich zu gelten hat: die Literatur, die Schöpfung der Poesie. Die große Literatur ist die Domäne

4. Karl Heinz Bohrer weist darauf hin, daß «der Eintritt des real Bösen, des Nationalsozialismus» die Imagination des Bösen, die im deutschen Sprachraum bereits durch die Tradition der philosophischen Theodizee tabuiert war, noch einmal tabuiert hat. Vgl. *Die permanente Theodizee. Über das verfehlte Böse im deutschen Bewußtsein,* in: *Merkur* 458, April 1987, S. 274. Vgl. auch meine Fragmentsammlung *Gewalt und Leidenschaft,* in: Panizza, *Die kriminelle Psychose,* München 1978, S. 239 ff., bes. S. 288 ff.

des Bösen, weil sie die Sprache der menschlichen Leidenschaft spricht. Wir wüßten von keinem authentischen, und das heißt für Bataille immer: leidenschaftlichen Bösen, wenn uns nicht schon die griechische Tragödie die heroischen Gesetzesbrecher vor Augen führen würde. Die menschliche Bedeutung der Literatur liegt darin, daß sie die Abgründe der menschlichen Natur aufdeckt, was die Philosophie aufgrund ihrer Vernunftbefangenheit nicht vermag. Akut wird diese Vorrangstellung der Literatur freilich erst, seit sie autonom geworden ist und sich anschickt, sich aus den großen Ordnungen des Christentums und des Feudalismus herauszulösen, weshalb Bataille sich, von Rückgriffen abgesehen, auf die individualistische Literatur der Moderne konzentriert. Mit dieser Unabhängigkeitserklärung beginnt ihre gesellschaftliche Gefährlichkeit, aber auch ihre menschliche Gefährdetheit, denn das stolze Bewußtsein, Statthalterin des Bösen zu sein, führt zugleich zu einer ungeheuren Belastung, die das Scheitern des Autors und seines Werks vorprogrammiert. Was der Dichter mit der Verkörperung des Bösen als Aufgabe übernimmt, ist nämlich in des Wortes strenger, christlicher Bedeutung eine *Gegenschöpfung:* «selbst wenn sie es wollte, könnte die Poesie nicht aufbauen, sie zerstört, sie ist nur in der Revolte wahr.»[5] Der alter deus, der der Dichter nach Shaftesbury ist, gehört, wie Blake von Milton sagte, dem Lager der Dämonen an.[6] Es liegt auf der Hand, daß ein Werk, das ein derartiges Zerstörungspotential beherbergt, den entzündeten Brand nicht als einziges heil überstehen kann. Im Verlauf der Moderne wird die Schaffung eines einheitlichen und vollendeten Werks immer problematischer, und Bataille weist darauf hin, daß sich in der Geschichte der Poesie nach Baudelaires Tod eine Tendenz zu progressiver Selbstzersetzung geltend macht.[7] Hinzu kommt, daß all das Böse, das früher religiös gebunden war, sich nun wie glühende Kohle auf dem Haupt des Dichters sammelt, der eine solche Pein kaum anders ertragen kann, als indem er sein Leben preisgibt, so symbolisch das auch immer geschehen mag. Das erste Opfer der bösen Literatur pflegt jedenfalls nicht die Gesellschaft und ihre Moral zu sein, sondern der Dichter selber, der seine Souveränität büßt, indem er sein Leben zerstört.

5. LB (= vorstehender Text *Die Literatur und das Böse*), S. 76.
6. Vgl. LB, S. 76 u. S. 176.
7. Vgl. LB, S. 51 f.

Dennoch ist die Freisetzung des Bösen, die es in eins mit der Unabhängigkeitserklärung der Literatur erfährt, die Vorbedingung für seine Authentizität. «Die Literatur allein konnte den Mechanismus der Gesetzestransgression ... *unabhängig von einer zu schaffenden Ordnung* aufdecken. Es kann nicht Aufgabe der Literatur sein, die kollektive Notwendigkeit zu regulieren.»[8] Die Transgression des Gesetzes, die die Grundform des Bösen ist, tritt erst rein heraus, heißt das, wenn sie nicht mehr wie im heidnischen Opfer und im christlichen Kult in Dienst genommen und zur Wiederherstellung des Gemeinwohls als des Guten umfunktioniert wird. Darum ist die *Souveränität* des Bösen, die in seiner Insubordination liegt, gebunden an eine gleichfalls souveräne, insubordinierte Literatur. Die scharfe Grenze, die die säkularisierte Literatur von der voraufgehenden religiösen Tradition scheidet, ist aber andererseits so durchlässig, daß Bataille die Literatur geradezu als Erben der Religion betrachtet. «Unsere Tragödien, unsere Komödien sind die Fortsetzung der ehemaligen Opferhandlungen...»[9], heißt es im Michelet-Kapitel, und im Genet-Kapitel wird die Poesie entsprechend zu einer «sakralen Handlung»[10] erhoben. Was mit solchen Aussagen intendiert ist, ist keine vage Kunstreligion, wie von naiven Kritikern hin und wieder vermeint wird, sondern etwas sehr Genaues, nämlich eine frappierende Gemeinsamkeit in der Verfahrensweise, die gerade die böse Ausrichtung der Literatur offenlegt. Es ist der anthropologische Konnex von Verbot und Überschreitung, von Tabu und Transgression, den die Literatur von der Religion übernimmt und den sie zwar ‹fiktiv›, aber dafür um so reiner zum Ausdruck bringt. Der Michelet-Essay stellt ausführlich dar, daß auch die Basis des alten Opferfestes ein Verbrechen ist: eine Überschreitung des Tötungsverbots, die nicht zu rechtfertigen ist, die aber um der Erfahrung des Heiligen willen nicht zu umgehen ist. Dieses *heilige Verbrechen,* das mutatis mutandis noch das Christentum begründet, von diesem aber verdrängt wird, ist zugleich der Gegenstand der höchsten Literatur, und die antike Tragödie wie die Liebestragödie von ‹Wuthering Heights› liefern erhabene Beispiele dafür. Um nicht mißverstanden zu werden –: das Heilige liegt nicht im Verbrechen, sondern in dem, was es eröffnet. «Der

8. LB, S. 21.
9. LB, S. 59.
10. LB, S. 167 Anm., 168.

verbotene Bereich ist der tragische Bereich oder, besser, der heilige Bereich. Die Menschheit schließt ihn zwar aus, aber nur, um ihn zu verherrlichen. Das Verbot vergöttlicht dasjenige, dessen Zugang es verwehrt. Es unterwirft diesen Zugang der Sühne – dem Tod –, aber das Verbot stellt nichtsdestoweniger eine Einladung dar, nicht nur ein Hindernis.»[11] Wenn Bataille im Blake-Kapitel der Poesie die Aufgabe der Heiligung der Welt zuschreibt, so ist das entsprechend nicht irgendeine hybride Verklärung, sondern gründet in der dem Opfer analogen Verzehrung ihres Dingcharakters. Die menschliche Bedeutung der Poesie ist darin zu sehen, daß sie solche Fundamente eines souveränen Menschseins wie das Heilige offenlegen kann – ein Heiliges, das uns in unserer nachchristlichen Epoche allein im Bösen zugänglich ist.

II

Das Beunruhigende an Batailles Fragestellung liegt darin, daß er nicht das bloß literarisch Böse untersucht, sondern *das Böse als solches,* das dem Menschen innewohnt und dem er noch dazu Souveränität zuspricht. Würde er sein Unternehmen auf das bloß ästhetisch-literarische Böse beschränken, würde es für ihn überhaupt irgend etwas bloß Literarisches geben, so würde er auch die Literatur entwerten, die an einer vermeintlichen Wirklichkeit gemessen zu einer sekundären Realität herabsänke. Das Mißliche an allen Fiktionalitätstheorien ist, daß sie schon vom Begriff her den Vorrang der Faktizität behaupten. Gerade wer das Eigenrecht des Ästhetischen betont, desavouiert die Poesie, denn er beschränkt sie auf eine *Disziplin,* die mit anderen Disziplinen zu konkurrieren und sich den stärkeren unterzuordnen hat, und die stärkste Disziplin ist heute allemal die Praxis (die politisch-gesellschaftlich-technokratische Realität des profanum vulgus). *Die Autonomie des Ästhetischen ist per definitionem Heteronomie.*[12] Bataille widersetzt sich

11. LB, S. 18.

12. Bohrers ästhetische Analysen kranken daran, daß er das nicht sieht, weshalb ihm auch die versuchte Ehrenrettung des ästhetisch Bösen zu einem inkonsistenten und illusionären, eben ‹ästhetischen› Unternehmen gerät. Dieses ästhetisch Böse wird denn auch ganz selbstverständlich am «real Bösen» gemessen und damit abgewertet, was dem Leser suggeriert: Du brauchst keine Angst zu haben, es ist alles bloß Literatur.

diesem *disziplinarischen Denken,* weshalb es für ihn unmöglich ist, die Literatur auf das Ersatzleben im Kurpark des Ästhetischen einzuschränken. Die gleiche Entwertung der Literatur wäre es natürlich, wenn er eine moralische Untersuchung über Gut und Böse anstellte und danach die Literatur als Beispiel heranziehen würde für ein Böses als solches. Das Böse, das im Titel steht, läßt sich also weder bloß ästhetisch noch bloß ethisch erfassen, und genaugenommen auch nicht in einer ästhetisch-ethischen Wechselwirtschaft, sondern es ist etwas, das sich den Grenzen der Disziplinen überhaupt entzieht. Es gehört zu seiner Souveränität, daß es alle Schranken hinter sich läßt. Und doch wird es dadurch nicht diffus und ungreifbar, sondern es tritt hervor als das, was es ist: «eine Triebkraft göttlicher Trunkenheit..., die die berechnende Vernunftwelt nicht ertragen kann».[13] Es manifestiert sich als heillos-heilige Leidenschaft der menschlichen Natur, die in der Literatur die Sprache findet, in der sie sich zugleich feiert und begreift. Dieses nichtinstitutionelle Denken hat zur Folge, daß in jedem Batailleschen Werk seine ganze Welt versammelt ist, und so dürfen wir uns nicht wundern, wenn wir in ‹Die Literatur und das Böse› nicht nur ästhetisch-moralischen Analysen begegnen, sondern ebenso etwa religionsphilosophischen oder ökonomischen Erörterungen. Alle Zugänge haben ihren Wert, soweit sie uns der menschlichen Wirklichkeit des Bösen und seiner Sprache näherbringen.

Auf diese menschliche Bedeutung der Literatur, in der sich eine *Erfahrung des Bösen* ausspricht und mitteilt, kommt es Bataille an, und das dürfte der Grund dafür sein, daß er sich so sehr für die Schöpfer der Literatur interessiert – ein Interesse, das sich schon in den Titeln der acht Essays bekundet. So eingehend Bataille auch jeweils das Werk analysiert, will es uns doch scheinen, daß er allzu unbedenklich vom Werk auf das Leben zurückschließt. Seine Perspektive ist die eines Beteiligten, eines Komplizen des Bösen, und sie ist zudem die des Autors, der in Romanen wie ‹Abbé C.› und ‹Das Blau des Himmels› und in seinen erotischen Récits geradezu strangulierende Darstellungen des Bösen geliefert hat. Wie aber in diesen obsessionellen Werken der Gesichtspunkt der Selbstdarstellung gar nicht zu leugnen ist, so geht Bataille auch an seine Lieblingsautoren – und das sind sie bis auf Genet allesamt – mit der Hauptfrage heran: Wie haben sie das

13. LB, S. 18.

authentische Böse erfahren? Sie konnten es nur so darstellen, wie sie es getan haben, weil sie es zuvor intensiv erfahren hatten. Es ist zuzugeben, daß alle Autoren von ihrem Thema besessen waren; wer sich in seinen Schriften so offenkundig dem Anerkannt-Guten, dem Gesellschaftlich-Richtigen widersetzt, von einem solchen Gesetzesbrecher müssen wir annehmen, daß er tragischerweise nicht anders konnte.

In den Entwürfen zu einem 1950 geplanten ‹Système de la morale› führt Bataille beinahe alle Autoren auf, die er in ‹Die Literatur und das Böse› behandeln wird, und nennt sie «diejenigen, die eine tiefe Leidenschaft zu Verteidigern des Bösen gemacht hat».[14] Die Schöpfungen, in denen das Böse Gestalt gewinnt, gehen also nicht aus dem unmittelbaren Leben hervor, sondern aus der Leidenschaft, einer Leidenschaft, die es bei sich nicht aushält und so auf das Werk übergreift. Es ist sicher richtig, daß die behandelten Autoren allesamt leidenschaftliche Naturen waren, aber was wüßten wir von dieser Leidenschaft, wenn sie sich nicht im Werk ausspräche? Von den meisten sind heftigste Reaktionen bekannt, und Bataille tut alles, um sie ausgehend vom Werk auch im Leben aufzuzeigen (wobei er sie bei Emily Brontë, die ein ausgesprochen stilles Leben geführt hat, nur supponieren kann). Von daher zu einem Vorrang des Lebens zu gelangen, wäre aber ein Trugschluß, und dies schon deshalb, weil die Leidenschaft nicht ohne weiteres mit heftigen Gefühlsaufwallungen gleichzusetzen ist. Wir haben eher Ursache, das Gegenteil anzunehmen: daß die Leidenschaft mit dem faktischen Leben überhaupt nichts zu tun habe. Die wahre Leidenschaft, so steht zu vermuten, ist keine Emanation des Lebens, sondern des Todes, kein Elan vital, sondern ein Elan mortel, eine heillose Passion, die das Maximum der Heillosigkeit, die Gegenwart des Todes, in sich verkörpert. Entsprechend heißt es im Brontë-Kapitel: «Es ist immer der Tod – zumindest der Zusammenbruch des Systems des isolierten Individuums, das Glück in der Dauer sucht –, der den Umbruch herbeiführt, ohne den niemand den Zustand der Verzückung erreicht.»[15] Die authentische Leidenschaft entspringt aus der überwundenen Todesdrohung und darf insofern *Todesleiden-*

14. O. C. VIII, S. 639. – Das geplante Werk sollte *'La sainteté du mal* heißen. Unter den erwogenen Titeln taucht aber auch *La souveraineté du mal* auf.

15. LB, S. 22. Vgl. auch Gerd Bergfleth et al., *Zur Kritik der palavernden Aufklärung,* München 1984, S. 25.

schaft genannt werden. Sie wirkt sich zwar im Leben aus, aber so, daß sie es aus seinen Verschanzungen heraustreibt und seine Prätentionen auf Erhaltung und Dauer zunichte macht. Es gibt also sehr wohl eine Erfahrung des Bösen, des Heillos-Heiligen, aber sie ist keine Lebenserfahrung, sondern eine Todeserfahrung. Das Leben kann sich sein Übersichhinaussein nicht zuschreiben; auch wenn es sich ‹willentlich› überschreitet, so vollbringt es das nicht als Leistung, sondern weil es unter der Gewalt des Todes steht.

Für das Verhältnis von Literatur und Leben ist das insofern wichtig, als damit alle Ansprüche des Lebens auf die Urheberschaft des Werks abgewiesen werden. Das Werk schreibt sich zwar nicht selbst, für solchen Okkultismus, wie ihn der Literaturkult Blanchots nahelegt, ist Bataille nicht zu haben. Aber die Literatur geht nicht aus dem Leben des Autors hervor, sondern aus seiner *Todeserfahrung,* die eben nicht die seinige ist, sondern sein Leben fortwährend verzehrt. Was wie eine traditionelle literarische Hermeneutik aussieht, die aus Lebensspuren das Werk rekonstruieren zu können meint, ist letztlich etwas anderes. Bataille mißversteht sich selbst, wenn er diesem biographischen Impuls so weitgehend nachgibt und die entgrenzende Erfahrung, die die Literatur vermittelt, im Leben des Schriftstellers nachzuweisen sucht. Ginge das Werk aus dem faktischen Dasein hervor, so wäre es wiederum etwas Sekundäres, etwas, was zum Leben noch hinzukäme – eine Auffassung, die Batailles Betonung der Heiligkeit der Poesie diametral widerspräche. Wir gewinnen daher mit dem Gesichtspunkt der Todeserfahrung ein doppeltes Resultat, das so formuliert werden kann: Weder die rein *ästhetische* Literaturdeutung, die sie als Fiktion begreift, noch die *existentialistische,* die sie als Autobiographie auffaßt, werden der *menschlichen Bedeutung* der Literatur gerecht. Diese menschliche Bedeutung tritt erst hervor, wenn der Mensch ins Zentrum der Literatur gerückt wird, und zwar der Mensch nicht, wie er faktisch ist oder wie er sein soll, sondern der souveräne Mensch, der sich den äußersten Möglichkeiten des Menschseins zuwendet. Daß dies nichts mit einem vagen Humanismus zu tun hat, dürfte schon daraus hervorgehen, daß dieser souveräne Mensch zugleich der heillose, der böse, der unmögliche Mensch ist. Der Humanismus der Vernunftzöllner kann sich dem, der die Knechtschaft der Autonomie nicht anerkennt, nur als Repression offenbaren.

Daß wir Batailles Literaturtheorie nicht mit einem Terminus technicus bezeichnen können, der sie den bekannten Methoden zuordnen würde, ist zwar irritierend, bezeugt aber zugleich ihren Ausnahmecharakter. Ihre Besonderheit hat sie in ihrem Bestehen auf der unmöglichen, heillos-heiligen, entgrenzenden und entrückenden Erfahrung, die sich in der Literatur Ausdruck verschafft und ihr zugleich ihre menschliche Authentizität und eine unendliche Bedeutung verleiht. In der unendlichen Bedeutung liegt die Wahrheit der Poesie beschlossen, und soweit der Akzent darauf fällt, ist es erlaubt, von einem *metaphysischen Zug* der Theorie zu sprechen, wenn man nicht vergißt, daß diese Wahrheit ganz und gar in die Erfahrung eingebettet und von ihr nicht abzulösen ist. Bataille hat die Literatur lieber mit der *Mystik* verglichen, sofern die mystische Erfahrung der literarisch vermittelten durchaus analog ist.[16] Zwar ist auch die mystische Erfahrung schon gleichsam literarisch, da sie sich nicht sprachlos vollziehen kann, aber was die Hauptsache ist: Darüber hinaus ist sie eine *wirkliche* Entgrenzung, eine ekstatische Versenkung, die wir unter Einhaltung entsprechender Bedingungen jederzeit realisieren können. Das mystische Experiment weist uns darauf hin, daß die Literatur nicht der einzige Ort der entgrenzenden, entrückenden Erfahrung ist. Das, wofür die große Literatur eintritt: die Erfahrung eines exzessiven Daseins, das ist eo ipso die höchste Möglichkeit des Menschen, zu der er sich jederzeit erheben kann, das große Anthropinon, das ihm zusteht und das ihn erst wahrhaft zum Menschen macht. Bildlich können wir uns das so vorstellen, daß die exzessive Erfahrung eine Quelle ist, die sich nach zwei Richtungen ergießt: in die Welt des Menschen ebenso wie in die Welt der Literatur, doch so, daß keine einen Vorrang vor der anderen behauptet, da es in beiden Sphären um dasselbe geht. Der Einklang mit der literarischen Wirklichkeit, den ich als Leser erlebe, beruht darauf, daß sie eine menschliche Wirklichkeit ist. In diesem Sinn kann Bataille sagen, daß «die eigentliche Aufgabe der Literatur nur im Streben nach echter Kommunikation mit dem Leser gesehen werden kann».[17] Das Gesamtgeschehen der Literatur ist ein Kommunikationsprozeß, der vom Autor ausgehend über das Werk zum Leser führt. Was in dieser durchgängi-

16. Vgl. LB, S. 22.
17. LB, S. 21 f.

gen Bewegung kommuniziert wird, ist die menschliche Erfahrung, die sich im Werk ausspricht.

III

In keinem Augenblick aber ist zu vergessen, daß es ein letztlich *Inkommunikables* ist, was zu kommunizieren ist: eine Erfahrung, die keine allgemein-menschliche ist, sondern die Gesetze dieses Allgemeinen, die Richtlinien des Vernünftigen, Guten und Nützlichen, souverän überschreitet. Die Erfahrung, die Bataille im Blick hat, ist zwar keine privilegierte, sofern sie «jeder für sich erreichen muß»[18], aber sie ist dermaßen entgrenzt, daß sie die Schranken der Endlichkeit sprengt. Diese schrankenlose Freiheit hat Bataille als *Souveränität* bezeichnet: «Souveränität ist die Fähigkeit, sich unbekümmert um den Tod über die Gesetze zu erheben, die die Erhaltung des Lebens gewährleisten.»[19] Man erkennt, daß die höchste Möglichkeit des Menschen zugleich die gefährlichste und die gefährdetste ist –: die gefährlichste, indem sie mit der Transgression der Moral zusammenfällt, die gefährdetste, indem sie selbst die Todesangst überwunden hat. Die Souveränität ist eigentlich *Todesfreiheit;* eine so schwindelerregende Möglichkeit, daß unsere gewöhnliche Freiheit: die vernunftbestimmte Autonomie, ihr gegenüber zur Knechtschaft herabsinkt. Niemand kann sich auf dieser Höhe halten, gesetzt den Fall, daß er sie einmal erreicht hat, denn sie ist uns allenfalls auf Augenblicke zugänglich. Die Souveränität kann nicht intendiert werden –: Sie ist kein Ziel, das beharrlich verfolgt werden könnte, bis es erreicht wäre. Gerade wenn wir nach ihr streben, verfehlen wir sie, weil wir sie dann zu einem Projekt herabwürdigen, das dem Vernunftkalkül der Machbarkeit unterworfen ist.

Dennoch ist die Souveränität nicht nur der Traum jedes Menschen, sondern zugleich der vornehmste Gegenstand der Literatur. Und der Autor, der sie in seinem Werk verkörpern will, muß etwas schier Unmögliches bewerkstelligen: eine *«Opération souveraine»,* d.h. ein Unternehmen, das kein Unternehmen sein

18. LB, S. 157 Anm.
19. LB, S. 161.

kann, weil die Souveränität nicht geplant werden kann.[20] Wie das geschehen soll, ist nicht eigentlich zu erklären, so wenig wie die Souveränität zu erklären ist. Jedenfalls steht für Bataille fest, daß eine souveräne Schöpfung die *Souveränität des Autors* voraussetzt: «Ein literarisches Werk zu schaffen kann meiner Ansicht nach nur ein *souveränes Unternehmen* sein, insofern, als das Werk vom Autor erfordert, in sich die unzulängliche Person, die ihren souveränen Augenblicken nicht gewachsen ist, zu überschreiten. Anders gesagt, der Autor muß durch sein Werk und in ihm das suchen, was ... nicht teilhat an seiner inneren *Knechtschaft*... Sich literarisch betätigen heißt der Knechtschaft den Rücken kehren, wie überhaupt jeder denkbaren Erniedrigung, es heißt die souveräne Sprache sprechen, die vom Souveränen im Menschen ausgeht und sich an die souveräne Menschheit wendet.»[21] Der Leser ist hier in seiner Faulheit und Knechtsgesinnung betrachtet, daher tritt die souveräne Menschheit für ihn ein. Soweit er sich über seine Beschränkungen erhebt, hat aber auch er teil an der souveränen Bewegung. Zwar kann man sich nicht vornehmen, auf diese Hochebene zu gelangen, aber man kann sich ihr annähern, indem man sich selbst progressiv überschreitet. Und diese Selbstüberschreitung wiederum vollzieht sich auf dem Wege der Negation des jeweils erkennbaren Partikularen. Bataille geht so weit, von einer Selbstausschaltung zu sprechen: «der Autor [war] dazu da, sich in seinem Werk auszuschalten, und er wandte sich an einen Leser, der um seiner eigenen Ausschaltung willen las (oder wenn man will, um durch diese Ausschaltung seines isolierten Daseins souverän zu werden).»[22] Wie man sieht, handelt es sich bei der Souveränität um eine Erfahrung äußersten Anspruchs, die in der Konsequenz nichts bestehen läßt, denn nichts bietet eine Gewähr dafür, daß die Selbstverzehrung nicht am Ende in Selbstzerstörung mündet.

Der Sinn dieser wechselseitigen Erhebung zur Souveränität ist nicht in ihr selbst gegeben, sondern in der Aufsprengung der Isolierung, d. h. in der «intensiven Kommunikation».[23] «Literatur

20. Die «Opération souveraine» ist der Zentralbegriff der *Méthode de méditation* von 1947, auf die Bataille im Genet-Kapitel zurückgreift. Sie umfaßt dort nicht nur die Poesie, sondern auch Ekstase, Trunkenheit, Erotik, Lachen und Opfer.

21. LB, S. 170.

22. LB, S. 167.

23. LB, S. 8.

ist Kommunikation»[24], erklärt Bataille lapidar im Vorwort seines Buchs und im Genet-Kapitel, und das meint im wesentlichen zweierlei, was man auseinanderhalten muß, auch wenn Bataille das nur sehr implizit getan hat. Die Kommunikation vollzieht sich einmal *innerhalb des Werks* in einer Fülle von Formen, die die einzelnen Kapitel des Buchs entfalten –: als Einssein der Liebenden im Tod (Brontë); als Identität von Mensch und Welt in der Partizipation von Subjekt und Objekt (Baudelaire); als Verschmelzung der Individuen im Opfer (Michelet); als Wiederfinden der grenzenlosen Welt und als Hochzeit von Himmel und Hölle (Blake); als Aufhebung des Unterschieds von Subjekt und Objekt in der Todeslust (Sade); als profanierende Erotik (Proust) und als Wiedergewinnung der kindlichen Souveränität im Tode (Kafka). Genet ist für Bataille das große Negativbeispiel, weil er sowohl die Souveränität wie die Kommunikation verfehlt hat. Deshalb entwickelt er in diesem mit Abstand schwierigsten Kapitel, das noch kompliziert wird durch die gleichzeitige Auseinandersetzung mit Sartre, seine eigene Kommunikationstheorie[25] so weit, daß Sartre und Genet sozusagen die Probe darauf bilden, die sie beide nicht bestehen. Was Genet im besonderen verweigert, ist die Kommunikation zwischen sich und seinen Lesern, die er verachtet und verspottet. Und das ist nun die zweite Grundform, die die literarische Kommunikation auszeichnet: die intensive Verbindung *zwischen Autor und Leser,* die zwar nur über das Werk zustande kommt, aber von der bloßen Rezeption desselben noch getrennt werden muß. Es handelt sich dabei um eine Lieblingsidee Batailles, die er immer wieder betont hat. So schreibt er in ‹Sur Nietzsche›: «Wer du auch seist, der mich liest: spiele *deine* Chance aus. Wie ich es tue, ohne Ungeduld, ebenso wie *ich* im Augenblick, in dem ich schreibe, *dein Spiel spiele.*»[26] Dieser Gedanke geht nicht nur über die Rezeption und die Applikation des Gelesenen hinaus, er kann auch nicht auf das Glück des Verständnisses reduziert werden, das sich der Autor wünscht, und nicht einmal auf das Geliebtwerden, das Roland Barthes als Movens seines Schreibens angab. Wenn der Autor das Spiel des Lesers

24. LB, S. 8 u. S. 166.

25. Von «Kommunikationstheorie» kann man in dem Maße sprechen, in dem man nicht vergißt, daß sie eine Theorie nichttheoretisierbarer Erfahrung darstellt. In der wirklich erfahrenen Kommunikation löst sich die Theorie auf.

26. Bataille, *Sur Nietzsche,* Paris: Gallimard 1945, S. 146.

spielt, dann ist an Individuelles offenbar überhaupt nicht zu denken, sondern geradezu an die Aufhebung des Unterschieds zwischen beiden. Da die Voraussetzung, oder vielmehr der Ausgangspunkt der Kommunikation die souveräne Selbstzerreißung des Individuums ist, muß ihr Ergebnis den gleichen Intensitätsgrad aufweisen. Die Kommunikation, die aus der Berührung und Wechseldurchdringung zweier ‹Souveränitäten› entsteht, muß selbst souverän sein. Für den Autor Bataille ist es der Traum von einer *hohen Freundschaft* gewesen, von einer Gemeinschaft, die die Fremdheit unter den Menschen nicht vergißt, sie aber für Augenblicke aufhebt.

Die Fremdheit unter den Menschen? Woher soll sie kommen, wenn die intensive Kommunikation uns ergreift, und welches Recht kann sie noch haben? In Batailles Kommunikationstheorie hat *diese* Art der Fremdheit, die zwischen den Menschen besteht, keinen Ort. Sie bildet nicht die Voraussetzung für die Kommunikation, sondern fällt, unsouverän, wie sie ist, ganz auf die Seite des Negativen, in die Sphäre der isolierten Individuen, von der aus es keinen Weg zur intensiven Kommunikation gibt. Wenn wir Batailles Kommunikationstheorie verstehen wollen, müssen wir alles vergessen, was wir in den letzten Jahrzehnten von kommunikationstheoretischen Gesellschaftsanalysen vernommen haben, und insbesondere deren Basis, die dialektische Interaktion, verabschieden. Es gibt bei ihm keine Distanz, die auf rätselhafte Weise die Innigkeit hervorbrächte, kein Einssein im Anderssein oder wie die dialektischen Formulierungen immer lauten mögen. Die Bataillesche Fremdheit ist nicht nur anderer Art, nämlich überdialektisch und positiv, sondern sie ist auch woanders angesiedelt: Sie steckt im kommunikativen Zusammensturz, d. h. *in der Innigkeit selber.* Wenn die authentische Kommunikation uns bis in unser Wesen hinein erschüttert, so liegt das an dieser «fremden Fühlung», die in der *gemeinsamen Todgetragenheit* besteht. Von der intersubjektiven Kommunikation, in der wir uns alltäglich verständigen, sind wir ebenso weit entfernt wie von allem ästhetischem Erlebnis. «Die volle Kommunikation ist den Flammen vergleichbar, der elektrischen Entladung im Blitz. Was in ihr anzieht, ist die Unterbrechung (la rupture), die sie begründet, die ihre Intensität in dem Maß vermehrt, als sie tiefgreifend ist.»[27] Was

27. Bataille, *Le coupable,* Paris: Gallimard 1961, S. 198.

hier unterbrochen, abgebrochen wird, ist gerade die intersubjektive Verständigung, die alltägliche Fremdheit, die Normalbeziehung der Beziehungslosigkeit. Die Unterbrechung ist der zerreißende Einbruch der Souveränität, der unmittelbar den Blitz der Kommunikation erzeugt. Läßt sich die Unterbrechung noch als dialektische Distanz mißverstehen, so macht der Zusammensturz deutlich, daß es sich um ein überdialektisches, mystisches Denken handelt, denn an die Stelle der Vermittlung tritt die *Koinzidenz*. Das geht aus einem anderen Fragment hervor, das im gleichen Kontext steht: «Die Kommunikation verlangt einen Fehler, einen ‹Riß›; sie tritt wie der Tod durch einen Riß in der Rüstung ein. Sie verlangt die Koinzidenz zweier Zerrissenheiten, in mir und im anderen.»[28] Der exzessive, ja ekstatische Charakter, den die so verstandene Kommunikation mit sich bringt, läßt sich nicht bestreiten.

Batailles Kommunikationstheorie geht bis in die Mitte der dreißiger Jahre zurück, wie sich an ‹L'expérience intérieure› nachweisen läßt. Schon damals bekundet er, «daß die Existenz *Kommunikation* ist – daß von daher alle Vorstellung vom Leben, vom Menschen und von ‹Etwas überhaupt› zu revidieren ist».[29] Der Zusammenhang solcher Äußerungen mit den existenzphilosophischen Theoremen von Jaspers und Heidegger ist offensichtlich, doch unterscheidet sich Batailles ‹existentielle› Orientierung von allem Anfang an durch die Vehemenz, mit der er sowohl das alltägliche In-der-Welt-sein Heideggers wie die intersubjektive Kommunikation von Jaspers rigoros ablehnt. Daß das nicht nur eine Radikalisierung bedeutet, sondern die Entdeckung einer neuen Dimension des Menschen, haben die bisherigen Hinweise hoffentlich zur Genüge gezeigt. An dieser Grunddifferenz hat Bataille immer festgehalten, und im Genet-Aufsatz von 1952 bezeichnet er sie insbesondere dadurch, daß er den Gegensatz zwischen einer *schwachen* und einer *starken Kommunikation* einführt. Die schwache Kommunikation deckt den ganzen Bereich der Profangesellschaft, also die prosaische Welt nützlicher Arbeit ebenso wie die des vernünftigen Handelns und der geschwätzigen Interaktion; sie umfaßt mithin genau den Raum jenes «kommunikativen Handelns», für das heute Habermas zuständig ist. Die starke Kommu-

28. Ebd., S. 35.
29. Bataille, *L'expérience intérieure*, Paris: Gallimard 1943, S. 153.

nikation dagegen hat es mit dem zu tun, was den Menschen wirklich bewegt: mit den intensiven Augenblicken, «die aus den Gemütserregungen der Sinnlichkeit und der Feste, aus dramatischen Begebenheiten, aus Liebe, Trennung und Tod erwachsen».[30] Dies ist zugleich die Welt, mit der uns die Poesie in Berührung bringt.

Wie Bataille sich aber früher von der Existenzphilosophie abgegrenzt hat, so setzt er sich jetzt mit dem Existentialismus Sartres auseinander, und das verleitet ihn zu allgemeinen Überlegungen, die die intensive Kommunikation entschieden aufzuweichen drohen. Bataille erkennt genau das Grundproblem des Existentialismus, das im cartesianischen Subjektivismus liegt, wenn er schreibt: «Für Sartre... stellt die Kommunikation keine Grundlage dar; bevor er ihre Möglichkeit sieht, hat er bereits mit einem ersten Blick die Undurchsichtigkeit der Menschen füreinander wahrgenommen (für ihn ist das Einzelwesen grundlegend, nicht die Vielheit *kommunizierender* Wesen).»[31] Wenn Sartre dennoch im Hinblick auf Genet von Kommunikation redet, so gelangt er entsprechend zu der geradezu unsinnigen Behauptung, daß sich die Kommunizierenden «in ein Ding verwandelt fühlen»[32], was Bataille mit Recht kritisiert. Da Sartre vom Einzelsubjekt ausgeht, wird auch das Intersubjektive für ihn zu einem Außersubjektiven und Objektiven, also zum Ding. Um diese Absurdität zu widerlegen, holt Bataille zu kommunikationstheoretischen Erörterungen aus, die ihn weit in das bisher von ihm gemiedene Gebiet der Intersubjektivität hineinführen. Bataille zeigt zunächst den Vorrang der Kommunikation vor den Kommunizierenden auf, der darin besteht, daß diese sich in ihren souveränen Augenblicken selbst in Kommunikation verwandeln und somit ihre Isolierung und Verdinglichung hinter sich lassen. So weit ist alles in Ordnung; von da aus aber wagt sich Bataille zu einem Gedankengang vor, der dahin tendiert, die Allgemeingültigkeit seiner eigenen, also der starken Kommunikation zu beweisen. Da heißt es dann: «die Menschheit ist nicht aus Einzelwesen gemacht, sondern aus der Kommunikation zwischen ihnen. Niemals sind wir gegeben, nicht einmal uns selbst, es sei denn in einem Kommunikationsnetz

30. LB, S. 179.
31. LB, S. 176 Anm.
32. Sartre, *Saint Genet,* Paris 1952, S. 508; zit. nach LB, S. 167.

mit den anderen: wir sind in Kommunikation gehüllt...»[33] Das hätte auch Habermas sagen können, dem freilich die Folgerung daraus nicht im Traum einfallen würde. Bataille schließt nämlich aus dieser Allgegenwart der Kommunikation: «Denn die menschliche Existenz ist in uns, an ihren periodisch neuralgischen Punkten, nur noch Schreien, qualvoller Krampf, unbändiges Gelächter...»[34] In der Folge verläßt Bataille denn auch die *inter*subjektive Sphäre, indem er zu dem überschwenglichen Entwurf einer *«gemeinsamen Subjektivität»* gelangt, die uns immer schon verbindet, die aber kein Außen kennt und insofern sich selbst *unergründlich* wird. Diese Allverbundenheit wird nicht als Glück aufgefaßt, sondern als ausgesprochenes Ärgernis, da wir sie aufgrund ihrer Unergründlichkeit nicht vor uns hinstellen können. Da sie aber zugleich das Höchste ist, was wir erleben können, unsere letzte Instanz, können wir nicht anders, als dieses Ärgernis des Bewußtseins immer wieder hervorzurufen. In dieser Unergründlichkeit aber erreicht Batailles Kommunikationstheorie wieder die Inkommunikabilität, von der sie ausgegangen ist und die sie allein vor den Versuchungen der Wissenschaft und der Philosophie bewahrt.

In einem letzten Schritt postuliert Bataille die unauflösliche Bindung der starken Kommunikation an die Souveränität: «Die Kommunikation setzt *im Augenblick selbst* die Souveränität der Kommunizierenden voraus, umgekehrt erfordert die Souveränität Kommunikation.»[35] Intensiv kommunizieren *kann* ich nur, soweit ich mich über die Schranken der normalen Interaktion erhebe, soweit ich derart unbeschränkt-souverän bin, aber *muß* ich kommunizieren. Denn allein kann ich nicht souverän sein, weil die Souveränität Insubordination ist, also alle Macht und Selbstherrschaft ausschließt. «Souverän ist etwas nur unter der Bedingung, die Wirksamkeit der Macht nicht zu besitzen, die Aktion ist, Primat der Zukunft vor dem gegenwärtigen Augenblick...»[36] Dennoch schwebt die Souveränität nicht haltlos im luftleeren Raum des Idealen, sondern sie konstituiert zugleich die innigste *Gemeinschaft*, die jeden vernunfterzeugten Konsens übersteigt. Der Wechselbezug von Souveränität und Kommunikation

33. LB, S. 177.
34. Ebd.
35. LB, S. 180.
36. LB, S. 139.

enthält somit ein Doppeltes: Liegt in der intensiven Kommunikation der Grund für den *Abweis der solitären Souveränität,* so liefert die Souveränität die Begründung dafür, daß die Kommunikationstheorie Batailles *keine Theorie des Gemeinwohls* ist. Sie errichtet zwar das Fundament für eine unableitbare Gemeinschaft, die wir in unseren intensiven Augenblicken erleben, ja sie erhebt sich sogar zu der Perspektive der Verbundenheit aller Menschen, aber sie dient nicht den gemeinen Besten, dem gesellschaftlich sanktionierten Guten. Und das ist es, was sie von allen anderen Kommunikationstheorien und insbesondere von der kommunikativen Gesellschaftstheorie eines Habermas unterscheidet.

Soll man aus dieser Inkompatibilität schließen, daß beide Sphären überhaupt nichts miteinander zu tun haben? Ähnlich wie Hamann die Poesie die «*Muttersprache* des menschlichen Geschlechts» nennt, die alles Menschliche umfaßt, sagt Bataille, daß die starke Kommunikation, diese Poesie des Lebens, die *ursprüngliche* sei, «die höchste Erscheinungsform der Existenz»[37], die allen anderen Äußerungen voraufgeht. Im Michelet-Kapitel setzt er sich mit der These Durkheims auseinander, daß das Opfer den sozialen Zusammenhalt konstituiere, die er zwar nicht explizit ablehnt, aber einschränkt. »Die Tatsache, daß intensive Augenblicke des Lebens nötig sind, um den sozialen Zusammenhalt zu fundieren, ist von sekundärem Interesse. Sicher muß der Zusammenhalt fundiert werden, und wir begreifen leicht, daß das durch die Opferhandlung geschah: denn die intensiven Augenblicke sind die Augenblicke des Exzesses und der *Verschmelzung* der Einzelwesen. Aber die Menschen wurden nicht zu ihrem Schmelzpunkt getrieben, *weil* sie Gesellschaften zu bilden hatten.»[38] Das besagt, daß der starken Kommunikation *unter ursprünglichen Verhältnissen* durchaus eine Mitwirkung am Gemeinwohl zugestanden werden kann, eine Mitwirkung, die zwar nicht als eigens beabsichtigt aufzufassen ist, weil das eine Indienstnahme wäre, die aber dafür um so intensiver war. Wir wissen, welche Rolle das Fest im sozialen Leben vorchristlicher Völker gespielt hat, und das nicht nur bei den Primitiven, sondern in allen alten Hochkulturen (denken wir nur an die Azteken oder an die tragischen Festspiele Athens). Dennoch wäre es natürlich tollkühn, in der

37. LB, S. 179.
38. LB, S. 60.

heutigen Gesellschaft des Produktions- und Destruktionswahns solche konstitutiven Momente aufsuchen zu wollen. Die Poesie des Lebens ist zwar merkwürdigerweise noch nicht ausgestorben, aber ein scharfer Einschnitt trennt sie von der Prosa des Lebens. Und nur darum kann eine Theorie der schwachen Kommunikation wie die Habermassche solchen Einfluß gewinnen und sogar ihren Universalitätsanspruch behaupten. Es bleibt aber festzuhalten, daß Batailles Theorie der souveränen und kommunikativen Erfahrung im Vergleich dazu eine *primäre Theorie* ist, die die vorrangigen Interessen der Menschen bedenkt und deren Stärke in ihrem Außerhalb liegt. Das sekundäre Feld der Gesellschaft hat er zwar immer wieder analysiert, auch in ‹La littérature et le mal›, aber er hat ihm keine Souveränität zugestanden.

Entsprechend billigt er auch der Poesie selber keinerlei Auswirkung auf die gesellschaftliche Realität zu. «Die Poesie kann die etablierte Ordnung verbal mit Füßen treten, aber sie kann sie nicht ersetzen. Wenn der Abscheu vor einer ohnmächtigen Freiheit den Dichter mannhaft in die politische Aktion treibt, so gibt er die Poesie preis.»[39] Er vergreift sich nicht nur an der Heiligkeit der Poesie, sondern zugleich an der menschenmöglichen Souveränität, die er in seinem Werk darzustellen hat. Denn die Souveränität ist nicht mit der politischen Befreiung zu verwechseln, die immer nur eine Herrschaft durch die andere ersetzen kann und insofern unwiderruflich subordiniert ist. Darin liegt einer der stärksten Einwände gegen Sartre, der die Literatur ausdrücklich auf das politische Engagement verpflichtet hatte. Demgegenüber erklärt Bataille: «Die Haltung des Engagements ist untragbar, weil sie in der Tat die Sensibilität einer nützlichen Aktivität unterordnet.»[40] – «Niemals schrieb ein Engagierter etwas, was nicht Lüge war, oder was nicht das Engagement überschritt... Es ist klar, daß der authentische Schriftsteller, der nicht aus erbärmlichen oder uneingestehbaren Gründen schreibt, aus seinem Werk keinen Beitrag zu den nützlichen Vorhaben der Gesellschaft machen kann, ohne in Plattheit zu verfallen. Genau in dem Maß, in dem es dienen würde, würde ein solches Werk die souveräne Wahrheit verfehlen. Es beschritte die Richtung einer resignierten Unterwerfung, die nicht nur das Leben eines Menschen

39. LB, S. 32.
40. O. C. VIII, S. 648.

oder einer großen Zahl tangierte, sondern das, was menschlich souverän ist.»[41] Dem läßt sich nichts hinzufügen.

IV

Dennoch ist die Aufgabe der Poesie für Bataille die Revolte, aber eine Revolte besonderer Art: *der Aufstand des Bösen gegen das Gute.* Bataille unterscheidet gleich zu Anfang seines Buchs zwei Arten der Revolte: die gewöhnliche, vernunftgeleitete Revolte des Guten gegen das Böse, das in Gewaltakten und überlebten Grundsätzen gesehen wird, und die leidenschaftliche, ausdrücklich unvernünftige Revolte des Bösen gegen das Gute. Man erkennt, daß in diesem Koordinatenwechsel der Prozeß zwischen der Leidenschaft und der Vernunft anhängig ist, deren Moralgesetzgebung zu allen Zeiten den Ausbruch der Leidenschaft verurteilt hat. Dennoch hat diese verworfene Leidenschaft immer wieder ihren Anwalt in der Literatur gefunden, und Bataille beweist das an einer Linie, die, geschichtlich geordnet, vom 18. Jahrhundert (Blake und Sade) über das 19. Jahrhundert (Emily Brontë, Baudelaire und Michelet) ins beginnende zwanzigste (Proust und Kafka) führt und sich mit Genet bis in die Gegenwart fortsetzt. Im Hinblick auf Camus, den er auffallender-, aber verständlicherweise nicht aufnimmt, weil er nicht zu den Verteidigern des Bösen gehört, hält Bataille diese Anwaltschaft noch einmal fest, wenn er sagt: «Denn die Poesie – und die Literatur – unserer Zeit haben nur den einen Sinn: auszugehen auf einen souveränen Elan unseres Lebens. Und eben das ist der Grund, warum sie so beständig mit der Revolte verbunden sind.»[42] Diesen souveränen Elan findet die Literatur nur, wenn sie den Boden der Vernunftmoral verläßt und sich entschlossen der Leidenschaft des Bösen anvertraut. Was sie damit preisgibt, ist nicht nur das gute Gewissen, dem Gemeinwohl zu dienen, sondern in eins damit die moralische *Rechtfertigung* – dieses Ruhepolster der deutschen Entrüstungsduselei –, denn das authentische Böse läßt sich nicht rechtfertigen[43]; es ist im voraus verurteilt, weil es unvernünftig ist. Damit ist

41. Bataille, *Lettre à René Char sur les incompatibilités de l'écrivain,* in: *Botteghe Oscure,* n° VI, 1950. Zitiert nach: *René Char. Cahiers de l'Herne,* n° 15, 1971, S. 36.

42. *Le temps de la révolte* II, *Critique* 56, 1952, S. 40.

43. Vgl. LB, S. 98.

zugleich gesagt, daß das Böse, das die tapfere Literatur bejaht, nicht um des Guten willen da ist, sondern daß es trotz der unaufhebbaren Beziehung zum Guten seine Souveränität in sich selber hat. Wenn die Souveränität des Menschen darin besteht, sich keiner Herrschaft zu unterwerfen, dann kann er diese Herrschaftslosigkeit nur im Bösen erfahren. Diese Wahrheit ist zweifellos paradox, ja geradezu unerträglich, aber sie ist die einzige, die der tragischen Situation des Menschen gerecht wird, der sich nur selbst finden kann, indem er sich zerstört. Alles andere ist Kompromiß. Alle Vernunftwahrheit ist Knechtsgesinnung. Und in der Tiefe, in der Unterwelt unserer Natur wissen wir das sehr wohl, aber wir hüten uns, daraus die Konsequenz zu ziehen. Dafür haben wir die Literatur, die wir heiligsprechen, weil sie uns von Zeit zu Zeit daran erinnert.

Das Böse, das Bataille in den acht Studien untersucht, ist von einer zunächst verwirrenden Vielfalt. Wenn wir ein wenig schematisieren, finden wir aber doch verwandte Motive und übergreifende Gesichtspunkte. Die Formen des Bösen sind dann in etwa die folgenden:

bei Emily Brontë: das Bestehen auf der kindlichen Souveränität und die sich daraus ergebende tödliche Raserei der Liebesleidenschaft;

bei Baudelaire: die Faszination des Satanischen;

bei Michelet: die nächtliche Raserei des Hexensabbats;

bei Blake: die Revolte gegen die Moral im Namen der Sinnlichkeit;

bei Sade: die Todesleidenschaft als universeller Vernichtungswille;

bei Proust: der schwarze Eros des Sadismus;

bei Kafka: das sich schuldig wissende Bestehen auf der kindlichen Souveränität;

bei Genet: die ästhetizistische Verklärung der absoluten Abscheulichkeit.

Aus der Liste ergibt sich nicht nur die fundamentale Rolle, die der Komplex der Erotik für das Böse einnimmt, sondern ebenso, daß auch so unschuldige Vergnügungen wie die der Kindheit zum Schlimmen führen können. Was sich in allen Gestalten durchhält und sie allesamt konstituiert, ist die *Intensität der Leidenschaft* – die Intensität dabei aufgefaßt als eine Vermählung von Gewaltsamkeit und Glut. Eine nähere Bestimmung erhält die

Leidenschaft dadurch, daß Bataille einen grundlegenden Unterschied macht zwischen dem *leidenschaftlichen Bösen,* das interesselos ist, und dem *niederträchtigen Bösen,* das aus dem egoistischen Interesse des Gewinns oder Nutzens verübt wird. «Die *niederträchtige* kriminelle Tat (action criminelle crapuleuse) steht im Widerspruch zur *leidenschaftlichen* (passionnelle). Das Gesetz verwirft sie beide, doch die menschlichste Literatur ist eine Hochburg der Leidenschaft...»[44] Diese Differenz begründet nicht zuletzt die Abgrenzung gegenüber Genet, der die Authentizität des Bösen verfehlt, weil er es zu seinem persönlichen Vorteil tut, der also das leidenschaftliche Böse mit dem niederträchtigen verwechselt.

Die Grundform des Zugangs zum Bösen ist die *Transgression der Moral.* Das ist nicht so selbstverständlich, wie es scheinen mag, denn das Böse verliert allen Wert, wenn es nicht inmitten seiner Souveränität auf ein Gutes bezogen bleibt, wenn es sich nicht als Negation dieses Guten begreift. Diese Negation heißt christlich Sünde, moralisch Schuld, und in anthropologischer Allgemeinheit Verbotsüberschreitung, Transgression des Tabus. Erst das Verbot macht die Anziehungskraft des Bösen aus, das ohnedem gar nicht als solches empfunden werden könnte, und Bataille geht so weit, zu sagen, daß das Verbot zugleich die Quelle ist, die das Verbotene, das Böse heiligt. Eine Transgression, die das Verbot nicht anerkennt, muß scheitern, da sie sich als Transgression nicht fühlbar machen kann. Das belegt abermals das Beispiel Genets, dessen Transgression keine ist, weil er sich in seinem bedingungslosen Willen zum Bösen keines Guten mehr bewußt ist; sein Böses wird zum (schlechten) Guten, weil er in seinem Haß auf das Verbot jede Differenz überspringt. Das Verbot stellt also keine Einschränkung des Bösen dar, sondern macht es allererst möglich.[45]

Wenn wir von hier aus weitergehen, wird es allerdings gleich recht kompliziert. Bataille sagt im Vorwort, das souveräne Böse erfordere nicht das «Fehlen von Moral», sondern eine *«Hypermoral»,* die er gleich darauf als «strenge Moral» definiert, die in einer «Komplicenschaft in der Kenntnis des Bösen» gegeben sei.[46] Es ist

44. LB, S. 26.

45. Ein Satz, der nach wie vor und aller «sexuellen Befreiung» ungeachtet auch für die Erotik gilt: Eine erlaubte Erotik ist keine Erotik mehr, sondern nur noch eine Sexmaschine.

46. LB, S. 8.

offensichtlich, daß die Hypermoral nicht mehr in der alten Moral des Verbots besteht, sondern daß sie eine *neue Moral* darstellt, die an die Transgression der (alten) Moral gebunden ist und aus ihr hervorgeht. Selbstverständlich ist die neue Moral keine Moral des Bösen, da es so etwas nicht geben kann; aber sie ist eine Moral, die eine Komplicenschaft mit dem Bösen ermöglicht. Die Hypermoral, die Bataille anstrebt, ist eine Moral, die die Transgression der Moral einschließt und in sich aufnimmt, also eine Moral, die das leidenschaftliche Böse nicht mehr verbannt. Sie erhebt sich aber damit noch nicht zu einem Jenseits von Gut und Böse, weil die alte Verbotsmoral, die transgrediert wird, in der neuen durchaus erhalten bleibt. Das geht eindeutig aus der einzigen Stelle hervor, an der Bataille seine Hypermoral erläutert. Da heißt es: «Die vorübergehende Transgression ist um so freier, je mehr das Verbot für unantastbar erachtet wird. Somit erklären sich Emily Brontë wie Catherine Earnshaw, die beide im Licht der Transgression – und der Sühne – erscheinen, weniger durch die Moral als durch eine Hypermoral. Eine Hypermoral bewirkt die Herausforderung an die Moral, die der *erste* Sinn von ‹Wuthering Heights› ist.»[47] Es kommt Bataille auf eine *freie* Transgression an, die nicht zwanghaft Böses auf Böses häuft (wie das Genet passiert ist); daher muß das Verbot nicht nur in Kraft bleiben, sondern sogar streng festgehalten werden. Bataille unterstreicht in diesem Zusammenhang eine Äußerung Jacques Blondels, der Emily Brontës Befreiung von der Moral darauf zurückführt, daß die ethischen Werte in ihr am stärksten verankert waren. Wie die Verführung zur Sünde am ehesten die Heiligen ereilt, so zieht das authentische Böse am intensivsten die wirklich Guten an, während es in der konventionellen Alltagsmoral, der wir gewöhnlich gehorchen, keine Kraft hat. Die Hypermoral läuft also auf ein Paradoxon hinaus: daß gerade die strenge Einhaltung der Moral ihre Umkehrung ermöglicht. Bataille zieht daraus den Schluß: «Diese innere Übereinstimmung zwischen Transgression des Moralgesetzes und Hypermoral macht schließlich den *tieferen Sinn* von ‹Wuthering Heights› aus.»[48] Daß er in diesem Satz nicht, wie wir erwarten, von «Moral», sondern von «Hypermoral» spricht, ist irritierend, aber es bestätigt noch einmal, daß er inmitten der

47. LB, S. 18 f.
48. LB, S. 19.

Hypermoral an der Moral festhält. Die Hypermoral hat für Bataille zwei Aspekte: den ‹negativen›, in dem sie als Transgression der Moral erscheint, und den ‹positiven›, in dem sie sich als tiefere Moral darstellt.

In ihrer Konsequenz führt die Hypermoral zu einer *Korrespondenz des Entgegengesetzten,* zu einer Coincidentia oppositorum, in der dem Bösen ebensowohl sein Teil wird wie dem Guten. Denn: «In dieser Koinzidenz der Gegensätze ist das Böse nicht mehr das der natürlichen Ordnung unwiderruflich feindliche Prinzip, da es innerhalb der Grenzen der Vernunft darstellt. Da der Tod Voraussetzung für das Leben ist, ist das dem Tod wesentlich verbundene Böse seinerseits, in zweideutiger Weise, eine Grundlage des Daseins. Der Mensch ist dem Bösen nicht geweiht, doch er darf sich nicht durch die Grenzen der Vernunft beschränken lassen, wenn er es vermag.»[49] Damit ist das Böse nicht gerechtfertigt, aber es ist anerkannt, anerkannt nicht als Wirklichkeitsmacht, in seiner puren Tatsächlichkeit, sondern als eine äußerste Möglichkeit des Menschen, wenigstens eines Menschen, der auf seine Souveränität nicht ohne weiteres verzichten kann. Das Böse ist dem Guten zwar nicht gleich*berechtigt,* da es prinzipiell rechtlos und verfemt ist, aber eine Hypermoral begreift, was die Vernunft für sich allein nie begreifen wird: daß die Leidenschaft ihr Teil werden muß, wenn der Mensch nicht verkümmern soll. Und sie erkennt darüber hinaus, daß das leidenschaftliche Böse inmitten seiner Rechtlosigkeit höherrangig als das Vernunftgute sein muß, da es die souveränen Impulse des Menschen verkörpert. Man ersieht daraus, daß die Hypermoral zwar an die Vernunftmoral gebunden bleibt, aber letzten Endes über sie hinausgehen muß.

Diese doppelte Ausrichtung stellt Bataille auch bei Baudelaire fest, der alternierend oder gar gleichzeitig vom Bösen und vom Guten fasziniert war, und sie läßt sich mühelos als die moralische Position William Blakes erkennen, der sie in seiner Hochzeit von Himmel und Hölle eigens affirmiert hat. In besonderem Maße entspricht sie aber der *großzügigen Moral,* die das Proust-Kapitel entfaltet. Bataille entwickelt hier nicht nur noch einmal die ganze Transgressionsdimension, die «Bindung der Moral an die Überschreitung des Moralgesetzes»[50], sondern er grenzt darüber hinaus die Hypermoral von der traditionellen Moral ab. Die her-

49. LB, S. 25 f.
50. LB, S. 118.

kömmliche Moral ist nicht nur in der Vorstellung von unverletzlichen Gesetzen befangen, sondern in eins damit in der Angst vor der Verschwendung, die sich im Geiz manifestiert. Die Vernunftmoral wähnt sich zwar absolut, aber in Wirklichkeit hat sie durchaus dienende Funktion, indem sie der Zukunftsvorsorge untergeordnet ist, die wiederum dem Prinzip des Geizes gehorcht. «Die traditionelle Moral steht im Einklang mit dem Geiz, sie sieht in der Bevorzugung des unmittelbaren Genusses die Wurzel des Bösen. Die geizige Moral begründet das Einverständnis zwischen Recht und Polizei. Gebe ich dem Genuß den Vorzug, verabscheue ich die Unterdrückung. Das Paradox der Gerechtigkeit besteht darin, daß die geizige Moral sie mit der Borniertheit der Unterdrückung verbindet; die großzügige Moral erblickt in ihr den spontanen Antrieb dessen, der will, daß jeder das Seine bekomme...»[51] Während die geizige Moral in Repression mündet und damit zum Ausgangspunkt eines *niederträchtigen* Bösen wird, das sich juridischer und etatistischer Formen bedient, ist die großzügige Moral von der Leidenschaft geprägt – denn «die Großmut geht über die Vernunft hinaus und ist immer leidenschaftlich»[52] – und kann daher unter Umständen sogar ihre Stimme zur Verteidigung einer Untat erheben, die im Exzeß der Leidenschaft verübt wurde. Die große Literatur hat ihre Aufgabe stets in einem solchen Plädoyer für die Leidenschaft gesehen, die die disziplinierende Vernunft nur verurteilen kann.[53] Auf die Drehung, die sich hier ankündigt, wird noch einzugehen sein.

Im Rahmen des Buchs gibt es nur eine Moralposition, die über die bisherigen Stationen hinausweist, und das ist die, die das Michelet-Kapitel entwickelt. Sie läßt sich zwar gleichfalls von der hypermoralischen Korrespondenz der Gegensätze her verstehen, geht aber in einigen Punkten darüber hinaus. Die erste und vielleicht wichtigste Neuerung ist die, daß sie die *Intensität* ins

51. LB, S. 125 f.
52. LB, S. 126.
53. Selbst ein dem Bösen so wenig ergebener Dichter wie Gottfried Keller beendet die erste Fassung von *Romeo und Julia auf dem Dorfe* mit den Worten: «Was aber die Verwilderung der Leidenschaften angeht, so betrachten wir diesen und ähnliche Vorfälle, welche alle Tage im niedern Volke vorkommen, nur als ein weiteres Zeugnis, daß dieses allein es ist, welches die Flamme der kräftigen Empfindung und Leidenschaft nährt und wenigstens die Fähigkeit des Sterbens für eine Herzenssache aufbewahrt...» (Sämtliche Werke, München: Hanser (1957), Bd. II, S. 1261.)

Zentrum stellt – den Begriff also, den wir bisher der Leidenschaft des Bösen zugeordnet hatten, der aber hier in einem gleichsam neutralen Sinn genommen wird. «Die Menschheit verfolgt zwei Ziele: das negative, das Leben zu erhalten (den Tod zu vermeiden), und das positive, seine Intensität zu steigern... Aber die Intensität kann nicht ohne Gefahr gesteigert werden; die Intensität, nach der die Mehrheit (oder der Sozialkörper) verlangt, ist dem Bestreben untergeordnet, am Leben und seinen Werken festzuhalten, und das hat unbestrittenen Vorrang. Wird sie jedoch von Minderheiten oder Individuen erstrebt, so kann das ohne Hoffnung geschehen, jenseits des Verlangens nach Dauer.»[54] Nach der Intensität verlangen alle, Individuen wie Gruppen, weil sie die Souveränität des Menschen ausmacht, und diese ist das einzig Wertvolle im Leben, der «Wert an sich». Das Streben nach Lebenserhaltung und Fortdauer ist daneben nur ein relativer Wert, den Bataille als das Gute definiert. Von dem absoluten Wert der Intensität heißt es nun: «Der *Wert* ist *jenseits von Gut und Böse* angesiedelt, aber in zwei einander entgegengesetzten Formen, von denen die eine mit dem Prinzip des *Guten* verbunden ist, die andere mit dem Prinzip des *Bösen.* Das Verlangen nach dem *Guten* begrenzt die Bewegung, die uns veranlaßt, nach dem *Wert* zu streben. Wohingegen die Freiheit zum Bösen einen Zugang zu den exzessiven Formen des *Werts* eröffnet. Dennoch kann man aus diesen Angaben nicht schließen, daß der authentische *Wert* auf der Seite des *Bösen* angesiedelt wäre.»[55] Wir haben hier also eine *Jenseitsmoral* vor uns, die sich in zwei Polen auskristallisiert, die einander aber – anders als bisher – kaum die Waage halten können. Vielmehr ist das Böse ausgesprochen starkpolig, da es mit dem äußersten Intensitätsgrad geladen ist, während das schwachpolige Gute daneben kaum ins Gewicht zu fallen scheint. Es kann nicht unser Interesse gewinnen, weil es die Intensität der Selbsterhaltung unterordnet. Und selbst wenn wir uns bewußt machen, daß die Selbsterhaltung eine ungeheure Macht darstellt, die uns hinter unserem Rücken immer schon bestimmt, die stärkste Lebensmacht, die noch vor der Sexualität zu liegen scheint – stets bleibt sie eine endliche Größe, aus der kein Funken Souveränität herausspringt. Dennoch setzt Bataille die Intensität nicht

54. LB, S. 63 f.
55. LB, S. 64.

ohne weiteres mit dem Impetus des Bösen gleich, was auf dieser Stufe heißen kann, daß er auch dem schwachen Guten eine Chance einräumt, an diesem absoluten, an sich moralisch unbestimmten Wert teilzuhaben.

Aus der Maßgabe der Intensität entwickelt Bataille schließlich eine Moral, die zu einer Entgegensetzung von Individuum und Gesellschaft führt: «Das Prinzip des *Werts selbst* verlangt, daß wir *so weit wie möglich* gehen. In dieser Hinsicht ermißt die Beziehung auf das Prinzip des Guten das *Weiteste* des Sozialkörpers...; die Beziehung auf das Prinzip des *Bösen* das *Weiteste,* das die Individuen – oder die Minderheiten – *vorübergehend* erreichen; *weiter* kann niemand gehen.»[56] Dieses Schema ist zweifellos etwas abstrakt, da weder die gute Seite des Individuums noch die böse Seite der Gesellschaft darin vorkommen; sie sind aber natürlich mitzudenken, da sonst die Entgegensetzung jeden Sinn verlöre. Die gute Seite des Individuums bedeutet, daß es sich in seinem Streben nach der Intensität des Bösen zugleich des Gesellschaftlich-Guten bewußt sein muß, des Moralgesetzes, das es zu brechen gewillt ist. Die böse Seite der Gesellschaft könnte bedeuten, daß sie sich in ihrer Angst vor dem Bösen der Individuen und Minoritäten zu einer Feinderklärung entschließt, die bis zur Ausrottung führt, daß sich also ihr Gutes in ein eigentlich Böses verkehrt. Michel Surya hat darauf hingewiesen, daß es sich hier eigentlich um zwei verschiedene Moralen handelt, nämlich um eine Individualmoral und eine Gesellschaftsmoral. Und er hat zugleich den Grund genannt, aus dem Bataille sich im Michelet-Essay von 1946 erstmals zu dem Ansatz einer Gesellschaftsmoral entschlossen haben könnte: die Erscheinung des Radikal-Bösen, das Auschwitz und Hiroshima markieren. In diesem geschichtlichen Augenblick stellt sich für ihn das Problem – so lautet diese plausible These –, «daß das, was er auf einer strengen und souveränen Gratlinie zu halten wußte (das *Spiel* mit dem Bösen, das Spiel mit dem Tod), keinen Vorwand abgäbe für weniger Skrupulöse, die davon Gebrauch gemacht hätten gegen andere, ohne sich selbst im geringsten zu gefährden».[57] Daran ist so viel richtig, daß die *souveräne* Entfesselung des Einzelnen in der Tat nicht gleichzusetzen ist mit der *machtmäßigen* und stets subordinierten Entfesselung der Ge-

56. Ebd.
57. Michel Surya, *Georges Bataille, La mort à l'œuvre,* Paris: Séguier 1987, S. 414.

sellschaft, weshalb alles zu tun ist, um dieses gefährliche Machtpotential zu binden. Daß die Souveränität nicht mit der Macht zu verwechseln ist, hat Bataille immer wieder betont. In der Auseinandersetzung mit Genet weist er überdies darauf hin, daß die *Souveränität* des Bösen nicht darin besteht, Böses auf Böses zu häufen, weil eine Kette böser Handlungen die souveräne Freiheit des Augenblicks notwendig verfehlen und darüber hinaus in ein kalkuliertes Projekt verwandeln muß.[58] Es wäre aber naiv, anzunehmen, Bataille hätte unter dem Eindruck des Radikal-Bösen der Geschichte seine Konzeption einer Souveränität des Bösen im geringsten eingeschränkt. Mit einer Moral der Mäßigung, wie sie Camus entwirft, konnte seine Revolte der Leidenschaft nichts anfangen, auch wenn er nicht umhin kann, *auf der Ebene der Gesellschaft* für eine Begrenzung der Intensität im Sinne solcher Mäßigung einzutreten. Der Ansatz zu einer eigenen gesellschaftlich-politischen Moral ist denn im wesentlichen auch ohne Folgerungen geblieben. Damit ist aber nun nicht gesagt, daß Bataille hinfort einer reinen, womöglich heroisch-wölfischen Individualmoral das Wort geredet hätte. Ich habe ausführlich dargestellt, daß die Souveränität zugleich intensive Kommunikation ist und daß entsprechend der isolierte Einzelne nicht souverän sein kann.[59] Bataille hat nicht zuletzt deshalb so um seine Leser geworben, weil er Teilnehmer seiner Entgrenzung suchte, Menschen, die nicht bloß abständig-rezensierend lasen, sondern die einen verwandten souveränen Elan in sich spürten.

Die ethische Grundlage von ‹La littérature et le mal› bleibt letzten Endes die Hypermoral, die so offen angelegt ist, daß sie auch die Jenseitsmoral des Michelet-Kapitels noch bestimmen kann. Sie besteht in einer Korrespondenz der Gegensätze, in der das Böse und das Gute wechselseitig aufeinander verweisen und sich gegenseitig anerkennen. Diese Wechselseitigkeit ist ganz und gar unumgänglich, sie liegt in der Natur der Sache, da ohne sie weder das Gute noch das Böse in Erscheinung treten könnten. Sie muß daher sogar da vorausgesetzt werden, wo das Böse ein solches Übergewicht hat, daß vom Guten kaum noch geredet werden kann. Das gilt für die verfehlte Souveränität Genets, und es gilt insbesondere für die maßlos übersteigerte Souveränität des Bö-

58. Vgl. LB, S. 182.

59. Auch im Michelet-Essay spricht Bataille nicht von *dem* Individuum, sondern von Individuen und Minoritäten.

sen, die Sade anstrebte, aber nicht erreichte. Das Paradox Sades besteht darin, daß er trotz aller aufeinandergetürmter Greuel das Böse nicht sinnfällig machen kann, und zwar deshalb, weil ihm jede Beziehung zum Guten mangelt. Seine Zerstörungswut erscheint als sinnlose Raserei, «da ihm die höchste Lust des moralischen Bewußtseins fehlte, das den Verbrechen die frevelhafte Würze verleiht».[60] Trotzdem müssen wir ihm eine solche Beziehung unterstellen, denn sonst hätte er nicht immer erneut versucht, das Böse zu rechtfertigen, d. h. es gegen das verhaßte Gute zu verteidigen. Daß das Böse nicht zu rechtfertigen ist, hat aber auch Sade gewußt, und Bataille zeigt, daß sich das besonders in der Verfluchtheit und Verfemtheit der geschilderten Scélératesse durchsetzt. So stellt zuletzt sogar Sade die Moral wieder her, indem er gegen seinen Willen das, was er liebt, verdammen muß. In dieser Selbstverurteilung könnte einer der stärksten Gründe für den nach wie vor rätselhaften Vernichtungswillen liegen, der Sades Werk kennzeichnet – einen Willen, der nichts weniger will als ein universales Nichts und für den alle Lust der Grausamkeit wohl nur ein Umweg gewesen ist. Evident in dieser Perspektive ist jedenfalls, daß die Sadesche Zerstörungswut keine Mordlust ist, sondern einer authentischen *Todesleidenschaft* entstammt. Bataille gibt eine der entscheidenden Quellen an, die auf diese Todessehnsucht hinweisen: Sades Testament.[61] Wenn Sade die Souveränität des Bösen in seinen Greueln verspielte, so gewinnt er eine um so höhere Souveränität wieder dadurch, daß er sich selbst aufs Spiel setzt. Denn die eigentliche Souveränität ist nichts anderes als Todesleidenschaft.

Halten wir fest: Sade hat sich verurteilt und sich eben dadurch ‹gerettet›, d. h. seine wahre Souveränität wiedergefunden. Dasselbe läßt sich von Kafka sagen: Kafka hat seine kindliche Souveränität verurteilt, weil er sie schuldig wußte, aber er hat in der Todesbereitschaft diese verlorene Souveränität zugleich wiedergewon-

60. LB, S. 125.

61. Es existiert noch eine andere Quelle, ein Zeugnis, das ebenso ergreifend ist: sein Gefängnistraum von Laura de Sade, die Petrarca gefeiert hat und die der Marquis als seine Vorfahrin betrachtete. Der Traum, in dem Laura ihm rät, ihr zu folgen («Komm zu mir. Kein Leid, kein Kummer, keine Unruhe sind in dem unendlichen Raum, in dem ich wohne. Habe den Mut, mir zu folgen.»), ist überliefert in dem Brief vom 17. Februar 1779 an Madame de Sade. Das Zitat nach: Marquis de Sade, *Briefe*, Düsseldorf = Rauch 1962, S. 62.

nen, wie es Batailles geniale Deutung des ‹Urteils› nahelegt. Er hat die Schuld gesühnt, weil er das Sterben bejahte, und darin eine neue *Unschuld* gefunden. Dasselbe läßt sich von den Helden Emily Brontës sagen: Sie erlangen die Souveränität der Kindheit wieder, indem sie die Schuld, die darauf gefallen ist, wie griechische Tragödienhelden sühnen durch den Tod, durch freiwilliges Sterben. Der Gedanke, daß die Souveränität des Bösen Schuld bedeute, trifft sich in mehr oder weniger expliziter Form aber auch bei den anderen Autoren (Genet wiederum ausgenommen). Ein so umfassendes Zeugnis deutet darauf hin, daß es sich bei dieser Schuldzuweisung um mehr handeln muß, als um eine persönliche, womöglich christlich motivierte Marotte Batailles. Wenn die Souveränität im Bösen liegt, dann ist der Schuldspruch freilich fast eine Tautologie, denn böse sein und sich dabei gut fühlen, das schließt sich aus.

Trotzdem ist das eine Wahrheit, die uns heutzutage, im Zeitalter der *moralischen* Revolte, schwer eingeht. Die moralische Revolte, die hierzulande die Studentenbewegung kanonisiert hat, verletzt zwar auch Gesetze, aber sie hat ein gutes Ziel, die Verbesserung des Gemeinwohls oder die Weltveränderung, um derentwillen die Rechtsverletzung a priori gerechtfertigt ist. Der Friedensbewegte begeht Landfriedensbruch und geht erhobenen Hauptes davon. In seiner moralgeschwellten Brust singt die rosige Zukunft sich ihr Wiegenlied: «Mit uns zieht die neue Zeit.» Damit verglichen ist die Bataillesche Revolte der Souveränität ausgesprochen *unmoralisch,* denn sie verstößt nicht nur gegen das Bürgerliche Gesetzbuch, sondern zugleich gegen das Sozialistische Gesetzbuch der Neuen Zeit, da sie auch den vernünftigsten Imperativ nicht anerkennt. *Sie unterwirft sich nicht, niemals,* darum ist sie nicht nur böse, sondern verurteilt, *verurteilt gerade von den Guten.* Denn wenn die guten Revolutionäre das BGB verletzen, so stellen sie doch darum die Gesetze einer sozialistischen Gesellschaft um so höher, und wer wollte nach den Erfahrungen dieses Jahrhunderts behaupten, daß das keine *strafende Gesellschaft* sei? Die Souveränität wird angeklagt und gerichtet von der Moral, und das ist heute nicht nur die bügerliche, sondern auch die kontestierende, sei sie nun sozialistisch oder menschenrechtlich ausgerichtet.[62]

62. Das übersieht z. B. Mario Perniola, der meint, Bataille würde durch die Verurteilung der Souveränität die traditionellen Werte der bürgerlichen Gesellschaft wiederaufrichten. Vgl. *L'instant éternel,* Paris 1982, S. 33.

Die Linke müßte also eigentlich zufrieden sein, da es *ihr Schuldspruch* ist, den Bataille übernimmt und ausdrücklich billigt.

Die Annahme der Schuld darf man nicht als Unterwerfung unter die Moral interpretieren. Der souveräne Mensch Batailles erkennt das Gesetz an, um sich selbst auszunehmen; er betrachtet gleichsam den Schuldspruch als Freispruch, da er eben dies gewählt hat: schuldig zu sein. Die Souveränität rechtfertigt sich nicht, sie verteidigt sich nicht, sie wählt mit vollem Bewußtsein das Untragbare, das, was Menschenkraft fast übersteigt: kein Recht zu haben. Sie geht nicht in sich und sucht sich zu bessern, sie übt keine Selbstkritik, sondern sagt ja zu ihrer Schuld *und verharrt in ihr.* Daher kann man strenggenommen auch nicht sagen, daß sie die Schuld sühnt oder abbüßt, denn damit würde sie der Schuld ja gerade verlustig gehen. Wenn Bataille schreibt: «die Souveränität muß gesühnt werden»[63], so heißt das: Sie muß ihre Verschuldung anerkennen und wohl auch den Preis bezahlen, den die Gesellschaft für das Verbrechen, sich über sie zu erheben, verlangt, aber sie darf nicht hoffen, sich damit losgekauft zu haben. Wer von der Schuld freikommen will, unterwirft sich und hört auf, souverän zu sein. Man hat, soweit ich sehe, gerade dies nicht begriffen: daß die Annahme der Schuld kein Tribut an die Gesellschaft und ihre Moral ist, sondern ein notwendiges Ingrediens der Souveränität. Ich muß meine Insubordination leibhaftig spüren, daher darf mir das Bewußtsein, auf bösen Wegen zu wandeln, auf keinen Fall fehlen. Das ist es, was Bataille meint, wenn er sagt: «Die Sünde, die Verdammung ist der Gipfel.»[64]

Dies ist der Rahmen dafür, daß Bataille im Vorwort seines Werks die Literatur – jene Literatur, die sich der Souveränität des Bösen verschreibt – auffordert, sich schuldig zu bekennen. Mit dieser provokanten These ist gerade nicht gemeint, daß die Literatur in sich gehen und moralisch werden solle, sondern daß sie ihre Aufgabe erst dann erfülle, wenn sie inmitten ihrer Verurteilung im Bösen verharre. Denn die Literatur erreicht ihr Höchstes erst, wenn sie sich nicht dem Handeln anbiedert, wenn sie sich nicht verantwortlich fühlen muß für die Gestaltung der Zukunft, wenn sie also den Mut aufbringt, vollkommen ungerechtfertigt dazustehen. Die Verurteilung ist zugleich ein Verhängnis und

63. LB, S. 26.
64. In der Vorstellung des Buchs auf der Rückseite der Erstausgabe.

eine Chance, denn indem sie die Literatur von der Moral abkoppelt, von der Sphäre des Rechthabens und Gutseins, erschließt sie ihr den einzigen Weg, auf dem sie hoffen kann, den Zugang zur Souveränität zu erlangen. Indem sie ihr den Boden der Moral unter den Füßen wegzieht, eröffnet sie ihr die Möglichkeit einer geradezu schwindelerregenden Revolte. Die Verfemung erlaubt ihr, unverantwortlich zu sein wie ein spielendes Kind. Deshalb kann Bataille die Schuldzuweisung damit *begründen,* daß er sagt: «Die Literatur ist... die endlich wiedergefundene Kindheit.»[65] In der Tat spielt die Wiedergewinnung der Kindheit in den Kapiteln über Baudelaire, Blake und Proust eine große Rolle, und in den Kapiteln über Emily Brontë und Kafka stellt sie sogar das Hauptthema dar. Wie Bataille in den beiden letztgenannten Aufsätzen ausführt, kann aber die Kindheit in der Erwachsenenwelt der Moral nicht ungebrochen festgehalten werden, so daß das Böse gerade aus einer ursprünglichen Unschuld hervorgeht. Die Souveränität der Kindheit wird jedoch dadurch, daß sie schuldig wird, nicht entkräftet, sondern sie wird auf eine höhere Stufe gehoben und schließlich wiedergefunden in der tragischen Versöhnung, die der Tod bewirkt. Die Todesfreude wird zum Repräsentanten einer höheren Kindheit, die nicht am Anfang steht, sondern erst am Ende, nach dem Durchgang durch das Heulen und Zähneklappern der Schuld, ihre Wahrheit enthüllt. So verwandelt sich der Fluch in Segen, und so eröffnet die Schuld den Zugang zu einer *neuen Unschuld.*

V

In der Wiederkehr der Unschuld manifestiert sich eine Drehung, die in ihrer Konsequenz zu einer *Umwertung aller Moral* führt, in der *das leidenschaftliche Böse als das eigentlich Gute* und *das vernünftige Gute als eigentlich Böses* erscheint. Bataille hat diese Umkehrung in ‹La littérature et le mal› zwar nicht mehr eigens dargestellt, aber wenn man die Kategorien des Werks weit genug verfolgt, so möchte man sagen, daß sie geradezu auf eine solche Umwertung hinauslaufen. Betrachtet man die entscheidenden Kategorien, mit denen das Böse eingegrenzt wird, so sieht man,

65. LB, S. 8.

daß sie allesamt positiv geladen sind –: die Leidenschaft, die Souveränität, die Revolte, die intensive Kommunikation, die Erotik, die Liebe, die Kindheit und Kindlichkeit – sind das nicht alles Phänomene, die wir zu unserem Besten zählen und die wir keinesfalls missen möchten? Wenn das leidenschaftliche Böse ein Abgrund der Niedertracht wäre, könnte Bataille es dann mit solcher Sympathie beschreiben? Und erscheint dieses Böse nicht vielfach nur als eine Radikalisierung, als die Übersteigerung eines ursprünglichen Guten, als maßlose Hybris? Freilich zeigt diese Überlegung auch schon, daß es eine Verfälschung wäre, wenn wir das Böse einfach zum Guten ernennen würden; es mag zwar wie Heathcliffs Bosheit aus einem ehemals guten Impuls hervorgehen, aber es *ist* damit noch nicht gut. Trotzdem brauchen wir an diesem Punkt die angekündigte Umwertung noch nicht aufzugeben, denn wir könnten uns fragen: Warum ist denn das ursprünglich Gute zum Bösen geworden? Und wir könnten antworten: Die Vernunftmoral ist schuld, die sich in jahrtausendelanger Arbeit zur Herrin aufgeschwungen und damit gleichzeitig alle guten, oder wenigstens neutralen, Impulse teils domestiziert, teils zu bösen umfunktioniert hat.

In diesem nietzscheanisch inspirierten Sinn hat Bataille vor allem in ‹Sade et la morale› argumentiert.[66] Bataille entwirft dort eine völlige Umkehrung der traditionellen, platonisch genannten Moral, «die das Böse in der Beherrschung der Vernunft durch die Leidenschaft sieht», zugunsten der Sadeschen Moral, «die das Böse in der Beherrschung der Leidenschaft durch die Vernunft sieht».[67] Und er kommt mit Sade zu dem Ergebnis: «Die Entfesselung der Leidenschaften ist das Gute, das niemals der kalten Nützlichkeit der Gesetze untergeordnet werden kann, dem vielmehr die Gesetze zu dienen haben. Die Entfesselung der Leidenschaften ist das einzige Gute.»[68] Bataille verteidigt damit nicht die Grausamkeiten der Sadeschen Ungeheuer, wie er ausdrücklich betont. Er fügt sogar hinzu: «Wenn man die Kontrolle der Ver-

66. Der Aufsatz, der 1948 erschien, ist die ausgearbeitete Fassung eines Vortrags über *Le mal dans le platonisme et dans le sadisme,* den Bataille 1947 im Collège Philosophique gehalten hat. Er hätte, wie ein Plan zeigt (vgl. O. C. VIII, S. 636), eine bedeutsame Rolle in dem großangelegten Entwurf von *La sainteté du mal* gespielt, wenn dieses Werk zustande gekommen wäre.

67. O. C. VII, S. 446.

68. Ebd., S. 451.

nunft über die Gewalt (das Heilige) verliert, verschwindet die menschliche Möglichkeit. Wer diese Kontrolle vollkommen verloren hat, ist kein Mensch mehr: er ist wahnsinnig.»[69] Damit ist aber nun nicht nur die Entfesselung der Leidenschaften bedeutend eingeschränkt, sondern es entsteht das Paradox, daß ein Böses, nämlich die Vernunftkontrolle, dem Guten zu seiner Möglichkeit verhelfen muß. Was vor allem hervortritt, ist jedoch die Tatsache, daß die Entfesselung der Leidenschaften so einzig gut, wie affichiert, nicht sein kann, wenn sie jede menschliche Möglichkeit zerstört und nur ein Wahnsinniger sich ihr ganz überlassen kann. Es spricht also einiges dafür, der entfesselten Leidenschaft den bösen Charakter zu belassen, den sie in ‹La littérature et le mal› besitzt. In Wirklichkeit ist diese böse Seite hier auch gar nicht geleugnet; sie ist nur umgewertet, und die Umwertung beinhaltet keine wirkliche Aufhebung des Bösen, sondern eine wertmäßige. Es wird also nicht das Böse durchgestrichen und schlichtweg durch das Gute ersetzt, sondern es wird affirmiert: Das, was wir nur als Böses kennen, ist *an sich* oder bedeutungsmäßig ein Gutes. Es wird gesagt: Das Böse hat einen guten Sinn, und dieser gute Sinn sollte in der Wirklichkeit mehr zur Geltung kommen als bisher.

Die Höchstschätzung der Leidenschaft hat Bataille nie aufgegeben, sie ist geradezu ein Wesenszug dieses souveränen Geistes. Nicht festgehalten hat er jedoch an dem von daher zu verstehenden Experiment, der positiv gewerteten Leidenschaft auch einen moralisch-guten Charakter zuzuschreiben. Der Versuch von ‹Sade et la morale› stellt einen Ausschlag des Pendels dar, wie wir ihn aus gutem Grund weder vorher noch nachher finden. Dieser Grund liegt aber nicht so sehr in der angedeuteten Gefährlichkeit der entfesselten Leidenschaft, als vielmehr darin, daß ihre Höchstschätzung parallel geht mit einer anderen Höchstschätzung, nämlich mit der Souveränität des Bösen. *Unser Höchstes muß böse sein,* damit es uns verlocken kann; denn wäre es das Gute, das die Vernunft für sich beansprucht, so wäre es nicht nur nicht souverän, sondern würde noch dazu zu einer Verpflichtung herabsinken, und etwas Langweiligeres, Beschränkteres als eine Pflichtenmoral läßt sich wohl kaum erdenken. *Unser Höchstes muß zugleich unerreichbar sein,* eine äußerste Möglichkeit, die wir nur

69. Ebd., S. 450.

auf Augenblicke erreichen und die unsere Existenz aufs Spiel setzt; denn wäre es alltäglich zu erlangen wie das Vernunftgute, so würde es uns gleichfalls nicht verlocken. Als dritte Erfordernis der Souveränität darf man hier anfügen: *Unser Höchstes kann nicht naturgegeben sein;* es muß zwar im Menschen angelegt sein, sich zu einem Höchsten hin zu überschreiten, aber eben das setzt voraus, daß es nicht schon im Triebchaos einfach vorliegt.

In Verfolgung dieser Grundannahmen gelangt Bataille zu einer *neuen Moral,* die das Böse und das Ansichgute zusammenzudenken sucht, indem sie das Beste des Menschen in das leidenschaftliche Böse setzt. In der Konsequenz dieses Neuansatzes liegt, daß das Gute sich gleichsam aufteilt: in ein *Ansichgutes,* das sich dem Bösen anheimgibt, und ein *Vernunftgutes,* das minderen Ranges ist, weil es an die höchsten Interessen des Menschen nicht heranreicht. Diese Umwertung sollte das Thema von ‹La sainteté du mal› sein, denn in dem überlieferten Entwurf heißt es gleich zu Anfang: «Die *große* Wahrheit: Das Böse in der Welt ist wichtiger als das Gute. Das Gute ist die Basis, aber der Gipfel ist das Böse.»[70] An die Stelle der ‹Sainteté du mal› ist dann ‹La littérature et le mal› getreten, die eben die «Verteidiger des Bösen» behandelt, die die ‹Sainteté› im Auge hatte, in der aber die eigentliche Umwertung nicht explizit thematisiert wird. Implizit ist die neue Moral, die das Böse als das Ansichgute erkennt und es zugleich höher bewertet als das Vernünftig-Gute, jedoch auf jeder Seite des Literaturbuchs präsent, denn wenn nur das leidenschaftliche Böse souverän ist, dann schließt das ein, daß es höheren Rangs ist als das Gute, das die Vernunft aufbringt. Daß diese Souveränität schuldig gesprochen wird, ist zwar insofern nicht auf die leichte Schulter zu nehmen, als sich darin die tragische Situation des Menschen verkörpert, aber sie kann die Verurteilung nicht zuletzt deshalb großmütig akzeptieren, weil sie von seiten einer *beschränkten Moral* kommt, die der Hypermoral nicht gewachsen ist.

Was die Umwertung der Moral anlangt, die das Literaturbuch voraussetzt, ohne sie ausdrücklich zu machen, so sind wir jedoch nicht nur auf Nachlaßäußerungen und Vermutungen angewiesen, sondern wir können auf die großartige Moraltheorie zurückgreifen, die Bataille in ‹Sur Nietzsche› konzipiert hat. Der zweite

70. O. C. VIII, S. 636.

Teil dieses Werks, der ‹Le sommet et le déclin› betitelt ist[71], entwickelt eine *Gipfelmoral,* die genau die Umwertung der Moral repräsentiert, die in der Hypermoral mitzudenken ist. Es würde zu weit führen, den ganzen Horizont auszubreiten, den die Gipfelmoral erschließt; ich beschränke mich daher auf diejenigen Grundbestimmungen, die die vollzogene Umwertung verdeutlichen, und lasse im wesentlichen Bataille für sich selber sprechen:

«Ich habe die Absicht, nicht mehr das Gute dem Bösen entgegenzusetzen, sondern den ‹moralischen Gipfel›, der vom Guten unterschieden ist, einem ‹Niedergang›, der nichts mit dem Bösen zu tun hat, dessen Notwendigkeit vielmehr die Modalitäten des Guten bestimmt. – Der Gipfel entspricht dem Exzeß, der Überfülle der Kräfte. Er bringt die tragische Intensität zu einem Maximum. Er verbindet sich mit maßlosen Verausgabungen von Energie, mit der Vergewaltigung der menschlichen Integrität. Er ist also dem Bösen näher als dem Guten. – Der Niedergang – der den Momenten der Erschöpfung und der Ermüdung entspricht – legt allen Wert auf die Sorge, das Wesen zu erhalten und zu bereichern. Von ihm stammen die Moralregeln.»[72]

Das wird zunächst an dem Gipfel der Kreuzigung Christi expliziert, der größten Sünde, die im Raum des Christentums gedacht werden kann, die aber unabdingbar notwendig ist, wenn Mensch und Gott sich finden sollen. Was für diese Begegnung gilt, gilt aber auch für die Liebe und jede andere Kommunikation:

«So wird die ‹Kommunikation›, ohne die nichts für uns existierte, gewährleistet durch das Verbrechen. Die ‹Kommunikation› ist die Liebe, und die Liebe besudelt die, die sie vereint ... Die ‹Kommunikation› kann nicht stattfinden zwischen einem erfüllten, intakten Wesen und einem anderen: sie verlangt Wesen, die ihr Dasein *aufs Spiel gesetzt,* es an den Rand des Todes, des Nichts gebracht haben; der moralische Gipfel ist ein Augenblick des Aufsspielsetzens, des Schwebens des Wesens jenseits seiner selbst, am Rande des Nichts ... Und das Böse erscheint in diesem Licht – als eine Quelle des Lebens! Indem ich in mir und im anderen die Integrität des Wesens zerstöre, öffne ich mich der Kommunikation, gelange ich zum moralischen Gipfel. Und der Gipfel besteht

71. Er geht auf einen Vortrag vom März 1944 zurück, auf den Bataille auch im Literaturbuch anspielt (vgl. LB. S. 165 Anm.).

72. *Sur Nietzsche,* a. a. O., S. 58.

nicht darin, das Böse zu *erleiden,* sondern es zu *wollen.* Es ist die freiwillige Zustimmung zur Sünde, zum Verbrechen, zum Bösen.»[73]

Man erkennt, daß der Gipfel genau dem entspricht, was sonst Souveränität genannt wird. Wie aber hinter jedem souveränen Augenblick schon die Subordination lauert, so ist mit jedem Gipfel auch der Niedergang gesetzt, der nicht erst in der Talsohle herrscht, sondern bereits mit dem ersten Schritt beginnt, der vom Gipfel wegführt. Und Bataille geht so weit, zu sagen, daß selbst die *Interpretation* des Gipfels schon dem Niedergang entspringt. Wie nämlich die Kreuzigung ein Böses ist, das um eines Guten willen geschieht, so wird auch jeder anderen Kommunikation geradezu zwangsläufig ein guter Zweck unterstellt, ein Bestreben, das dem Gipfel fremd ist. Bataille gelangt so zu einer scharfen Scheidung und zu einer Bestimmung der Gipfelmoral, die sie von jeder üblichen Moral absondert:

«Indem ich in der ‹Kommunikation› das Gute für das Wesen aufzeigte, bezog ich die ‹Kommunikation› auf das Wesen, das sie gerade überschreitet. Was das ‹Gute für das Wesen› anlangt, muß man in Wahrheit sagen, daß ‹Kommunikation›, Böses oder Gipfel auf eine Dienstbarkeit reduziert werden, die sie nicht vertragen. Schon die Begriffe des *Guten* oder des *Wesens* führen eine Dauer ein, für die zu sorgen dem Bösen – dem Gipfel – *essentiell* fremd ist. Was in der ‹Kommunikation› gewollt wird, ist *essentiell* die Überschreitung des Wesens. Was *essentiell* im Bösen verworfen wird, ist die Sorge für die Zukunft. Und genau in diesem Sinn ist das Verlangen nach dem Gipfel, *der Impuls des Bösen – in uns konstitutiv für jede Moral.* Eine Moral hat *in sich selbst* keinen anderen *Wert* (im starken Sinne) als den, daß sie sich für die Überschreitung des Wesens ausspricht – daß sie die Sorge für die Zukunft verwirft. *Eine Moral taugt nur insoweit, als sie uns vorschlägt, uns aufs Spiel zu setzen.* Andernfalls ist sie nichts als eine Vorteilsregel, der das Element der Begeisterung fehlt (der Rausch des Gipfels, den die Bedürftigkeit mit dem servilen Namen des *Imperativs* tauft).»[74]

Die Gipfelmoral, die hier proklamiert wird, behauptet sich also nicht nur als höhere Moral, sondern geradezu als die *einzige* – die einzige wenigstens, die etwas taugt. Die ganze traditionelle Moral

73. Ebd., S. 59, S. 60 u. S. 69.
74. Ebd., S. 70 f.

verfällt dem Niedergang und fällt so aus einer ernst zu nehmenden Moral heraus. In dieser Ausschließung des Vernünftig-Guten *aus der Moral selbst* geht die Gipfelmoral zweifellos über die Hypermoral, wie sie ‹Die Literatur und das Böse› vertritt, hinaus. Bataille verweigert dem Niedergang jedwede moralische Dignität, indem er alle Brücken zu ihm abbricht – denn die Gipfelmoral ist der Niedergangsmoral *nicht einmal mehr entgegengesetzt.* Die Kehrseite dieser Radikalisierung ist freilich, daß der Gipfel derart unzugänglich wird, daß er fast schon nicht mehr faßbar ist:

«Wie Kafkas Schloß ist der Gipfel am Ende nichts als das Unzugängliche. Er entzieht sich uns, wenigstens insoweit, als wir nicht aufhören, Menschen zu sein: zu sprechen. Man kann übrigens den Gipfel nicht dem Niedergang entgegensetzen wie das Böse dem Guten. Der Gipfel ist nicht das, ‹was man erreichen muß›; der Niedergang nicht das, ‹was man aufheben muß›. So wie der Gipfel am Ende nur das Unzugängliche ist, ist der Niedergang von Anfang an das Unvermeidliche.»[75]

Auch die Souveränität konnte, wie der Gipfel, nicht intendiert werden, aber sie hatte doch etwas, auf das sie sich negativ beziehen, von dem sie sich abstoßen und das sie sogar überschreiten konnte, und so war sie wenigstens auf Augenblicke durchaus zugänglich. Ihrer Definition nach gründet zwar auch die Gipfelmoral in der Überschreitung, und zwar in der Selbstüberschreitung des Menschenwesens, aber strenggenommen kann sie diese Transgression nicht mehr plausibel machen, da sie in ihrem Extremismus sogar den Begriff des Wesens ausschließt. Sie verliert damit jede Möglichkeit, auf die Niedergangsmoral Einfluß zu nehmen; und im Blick auf diesen unvermeidlichen, also unaufhebbaren Niedergang gesteht Bataille denn auch: «Ich träume nicht davon, die Moralregeln *aufzuheben.*»[76] In Wirklichkeit ist die Niedergangsmoral alles andere als verschwunden, und sie drängt sich in dem gleichen Maße auf, wie die Gipfelmoral sich von ihr löst.

75. Ebd., S. 81 f.
76. Ebd., S. 83.

VI

Die Gipfelmoral hat ihre große Wahrheit darin, daß sie das Böse als das Ansichgute expliziert und derart alles Vernünftig-Gute zu einem Niedergangsphänomen herabsetzt.[77] Da sie sich vom Niedergang abwendet, bekommt sie aber die andere Seite der Umwertung, die *das Vernunftgute als eigentlich Böses* erkennt, noch nicht zu fassen. Sie glaubt, genug getan zu haben, indem sie die Vernunftmoral auf die Ebene des Niedergangs verweist. Und in der Tat ist diese Abwertung der entscheidende Schritt, denn es liegt auf der Hand, daß ein abgewertetes Gutes nichts Rechtes mehr ist, vielleicht nicht unbedingt ein Böses, aber doch ein Gutes, das nicht mehr *an sich* gut ist. Es taugt noch immer dazu, einen Verhaltenskodex für das Alltagshandeln und das gesellschaftliche Zusammenleben abzugeben, aber unser wirkliches Interesse, das zugleich das ist, was die Unverzichtbarkeit der Moral ausmacht: die Ermöglichung der Freiheit, ist darin nicht mehr enthalten. Die Freiheit ist auf die Seite des Bösen übergewechselt, also bleibt für die Seite des Guten nur die Knechtschaft übrig. Die Freiheit liegt nicht in der Selbstgesetzgebung der *Autonomie,* in der ich mich auf dem Wege des Vernunftgehorsams als nützliches Glied der Gesellschaft bewähre, sondern sie besteht in der *Souveränität,* in der ich mich der Dienstbarkeit überhaupt entziehe. Genauer betrachtet, verhält es sich so: «Die Ausübung der Freiheit ist auf der Seite des Bösen angesiedelt, während der Kampf für die Freiheit die Eroberung eines Guts ist.»[78] Die entscheidende Barriere stellt hier der Kampf dar, der mich strategischen und taktischen Erfordernissen unterordnet, die mich in eben dem Maße von der erstrebten Freiheit entfernen, wie sie mich ihr anzunähern scheinen. Die politische Befreiung, sagt Bataille, ist in sich selbst durchaus ein nützliches Gut, und er sagt es nicht in einem beliebigen Augenblick, sondern mitten in der Befreiung Frank-

77. Wenn es auch unbezweifelbar ist, daß die Konstellation von Gipfel und Niedergang ohne Nietzsche nicht denkbar wäre, so bleibt doch festzuhalten, daß Batailles Umwertung der Werte nicht auf eine bloße Wiederholung zu reduzieren ist. Der *Nietzsche von heute,* der einzige Nachfolger, den Nietzsche je hatte, geht durchaus seine eigenen Wege, denn weder entspricht die Gipfelmoral dem Willen zur Macht, dem sie vielmehr einen «Willen zur Chance» entgegenstellt, noch ist der Niedergang mit Nietzsches Begriff der Décadence gleichzusetzen.

78. *Sur Nietzsche,* a. a. O., S. 24.

reichs von der deutschen Okkupation, aber in eben dem Augenblick wagt er daran zu erinnern, daß die Befreiung nicht alles und nicht das Höchste ist.

Die Niedergangsmoral ist eine *Moral der Nützlichkeit,* und darin behält sie ihr relatives Recht. *Wo aber die reine Nützlichkeit herrscht, da ist die Niedertracht nicht weit,* da es kein Ansichgutes mehr gibt, das das niederträchtige Böse im Zaum halten könnte. Die Nützlichkeit hat ihren einzigen Gegenbegriff in der (Gemein-)*Schädlichkeit,* weil sie nur an diesem Maßstab bestimmen kann, was nützlich ist, weshalb sie nur allzugern bereit ist, sich zum Organ einer Schädlingsbekämpfung zu machen. Wir leben in einem Zeitalter, in dem das Gute zum Nützlichen und das Böse zum Schädlichen herabgesunken ist, und das verblendet uns den Blick dafür, daß dieses Böse *aus der Nützlichkeit selbst stammt.* Es ist von entscheidender Bedeutung, zu erkennen, daß die Vernunftmoral gegen diese Vergötzung der Nützlichkeit nicht nur nichts einzusetzen hat, sondern geradezu mit ihr konform geht. Die Vernunft hat mir noch nie gesagt, daß ich nicht töten oder foltern solle – wenn dieses Verbot nicht *vor aller Vernunft* in mir lebendig ist, dann werde ich es auch aus einer noch so langen Überlegung nicht herausklügeln können. Schon die klassische Vernunftmoral, die die überlieferten Gebote untermauern wollte – und das auch mußte, da sie anders nicht autonom sein konnte –, hat damit ihre Schwierigkeiten. Denn zumindest aus der *allgemeinen Formel* des kategorischen Imperativs – «handle nur nach derjenigen Maxime, durch die du zugleich wollen kannst, daß sie ein allgemeines Gesetz werde»[79] – läßt sich kein Argument gegen den Mord herauspräparieren. Was sollte mich abhalten, meine Mord-Maxime zum allgemeinen Gesetz zu machen, zumal dann, wenn ich mich nicht selbst zu retten suche? Auch das Gleichheitsargument, das z. B. in Liedern gegen die Folter benutzt wird: «Was du nicht willst, das man dir tu, das füg auch keinem andern zu», dürfte noch keinen Folterer beeindruckt haben. Die großen politischen Verbrecher fanden fast immer Mittel, sich der rächenden Gerech-

79. Kant, *Grundlegung zur Metaphysik der Sitten,* B 50. – Allenfalls die zweite spezielle Formel, die die Menschheit und das Reich der Zwecke einführt: «Handle so, daß du die Menschheit, sowohl in deiner Person, wie in der Person eines jeden andern, jederzeit zugleich als Zweck, niemals bloß als Mittel brauchest» (ebd., B 66 f.), enthält einen Ansatzpunkt, der aus dem Dilemma herausführt.

tigkeit zu entziehen, und im Notfall haben sie, wie die Führungsspitze der Nazis, den Selbstmord vorgezogen. Es geht hier aber zunächst nicht um die ‹Vernunft in der Wirklichkeit›, sondern darum, ob die Vernunft gegen eine verbrecherische Wirklichkeit etwas Triftiges vorbringen könne.

Was für eine Frage, wird man sagen, wir haben doch die *Menschenrechte,* die die klassische Aufklärung für uns erstritten hat und die heute beinahe der ganze Inhalt unserer Moral sind. In der Tat, wie konnten wir das übersehen? Die aufgeklärte Vernunft beweist ihre elementare Nützlichkeit, indem sie allüberall einen heroischen Kampf für die Durchsetzung der Menschenrechte führt. Und diese Vernunft ist innerhalb gewisser Grenzen sogar wirklich, denn die wesentlichen Menschenrechte sind in den modernen Demokratien verfassungsmäßig garantiert. Freilich sind diese Grundrechte weder in sich vollkommen noch vollständig verwirklicht, und gelegentlich sind sie so bedroht, daß die Vernunft gar die Republik verteidigen muß. Da bewährt sie ihre gesellschaftliche Nützlichkeit auf das beste, indem sie sich gar nicht genug tun kann, die reaktionären Gemeinschädlinge zu denunzieren und moralisch zu erledigen. Daß diese zugleich politisierende und moralisierende Vernunft ihre schmutzige Seite hat, kann indes nicht verschwiegen werden –: die Seite der Macht, die sie mit den Institutionen verknüpft, die Geld, Erfolg und Einfluß zu vergeben haben – ein Syndrom, das auch den Universitären, der sich dem anpaßt, zum Lohnschreiber macht. Diese Knechtsgesinnung verrät sich am meisten in der gehässigen Arroganz und Intoleranz, die dieses Establishment entwickelt, wenn es angegriffen wird. Wer einmal den Zorn dieser Vernunftzensoren erregt hat, kann nicht umhin, vor der mörderischen Gewalt zu erschrecken, die auf dem Grund der Vernunft lauert, denn er macht die Erfahrung, daß die Menschenjagd kein Privileg finsterer Zeiten ist. Die nützliche Vernunft dekretiert, was schädlich ist, und unternimmt alles, was in ihrer Macht steht, um dieses Schädliche auszurotten. Sie verhält sich da um keinen Deut anders als die traditionelle Moral, die im Interesse des Gemeinwohls die an sich verbotene Tötung nicht nur zulassen, sondern sogar empfehlen kann. Der Kriegsfall ist dafür der klassische Beleg. «Wenn mein Leben auf dem Spiel steht für ein greifbares Gut – zum Beispiel für das Gemeinwesen, für eine nützliche Sache –, so ist mein Verhalten verdienstlich und wird gemeinhin für moralisch gehalten. Und aus den gleichen Gründen werde ich *gemäß der Moral* töten und zerstören.»[80]

Mit dem Niedergang des Christentums beginnt, wie es scheint, auch der Niedergang der Moral, sofern das, was früher göttlich begründet war, jetzt rein menschlich konstituiert werden muß, in der puren Immanenz sich aber kein fundamentum inconcussum finden läßt, das mir zweifelsfrei sagte, daß ich so und nicht anders handeln soll. Die Souveränität Batailles betrifft diese Schwierigkeit nicht, da sie in einer Erfahrung des Heiligen wurzelt, die sie über die Antithese von sakraler Transzendenz und profaner Immanenz hinausführt. Auf der Seite der profanen Vernunft hat dieses Begründungsproblem zwar vor zwei Jahrhunderten eine Hochblüte moralphilosophischer Spekulation ausgelöst, die in den Diskursen noch immer eine bedeutende Rolle spielt, aber in der Realität hat sich die klassische Vernunftmoral so wenig durchgesetzt, daß wir heute schon die Rede von Gut und Böse quasi als obsolet empfinden. Was sich statt dessen auf ganzer Linie behauptet hat, ist die Nützlichkeit, die ihr Vorbild in einer effektiven technischen Rationalität hat und in ihr den einzigen Maßstab des Handelns anerkennt – ein rein immanentes und rein profanes Prinzip also und eins der niedersten, die überhaupt denkbar sind. Es läßt sich nicht genau sagen, wann dieser rabiate Nihilismus begonnen hat. Seitdem aber ist es diskutabel geworden, ob man nicht ganze Völker ausrotten dürfe, ob man nicht ein Viertel der eigenen Bevölkerung preisgeben dürfe, um einen Atomkrieg zu überleben, ob man nicht ein Drittel der Menschheit opfern dürfe, damit der Rest nicht verhungere, usf., usf. Die Beispiele ließen sich beliebig vermehren, die belegen, daß eine reine *Nutzen-Schaden-Rechnung* die Stelle der Moral eingenommen hat. Kant hatte die richtige Intuition, als er von der «boshaften Vernunft» sprach, denn diese boshafte Vernunft ist heute das einzige, was von der Moral übriggeblieben ist. Die Vernunft repräsentiert das Gesellschaftlich-Gute, daran ist kein Zweifel; indem sie aber dieses Gute mit dem Nützlichen identifiziert, wird sie zur Bosheit selbst, und das mit bestem Wissen und Gewissen. Sie wird zum Organ der *niederträchtigen Moral der Nützlichkeit,* die eine Moral der Schädlingsbekämpfung ist und daher alle Prämien bekommt, die die Gesellschaft zu verteilen hat. Es ist sicherlich schwer, der boshaf-

80. *Sur Nietzsche,* a. a. O., S. 71.

ten Vernunft auf die Schliche zu kommen, das sie sich so durchaus nützlich weiß, so nützlich, wie der Pilot von Hiroshima nur sein konnte. Es steht jedoch fest, daß die großen Verbrechen dieses Jahrhunderts nicht nur rational geplant und durchgeführt wurden, sondern daß sie begangen wurden im Namen einer politisch-gesellschaftlichen Nützlichkeit, die die heutige Gestalt der Vernunftmoral ist.

Bataille wendet sich der Frage, die das Radikal-Böse aufwirft, in dem Augenblick zu, in dem Auschwitz und Hiroshima, Buchenwald und Nagasaki eine solche Frage unabweisbar machen. Worauf es ihm dabei vor allem ankommen muß, ist naturgemäß die Abgrenzung dieses niederträchtigen Bösen von dem souveränen Bösen, das in der Leidenschaft liegt und das er noch kurz zuvor in der Gipfelmoral proklamiert hat. Denn daß die Souveränität nicht den geringsten Anteil an diesen Gesellschaftsverbrechen haben kann, resultiert schon daraus, daß sie sich aus allen gesellschaftlichen Zusammenhängen herausbegibt. Die Niedergangsmoral spricht sie zwar schuldig, aber das ist gleichsam nur das Siegel auf ihre gesellschaftliche Unschuld. Oder sollte einer unserer Vernunftverteidiger die Naivität besitzen, dreist zu behaupten: Nach der Ursache der Gewaltverbrechen brauchen wir nicht länger zu suchen, da wir hier ein Böses haben, das sich ausdrücklich als solches bekennt? Sofern die Leidenschaft aber auch bei den Verbrechen im Namen der Nützlichkeit nicht unbeteiligt zu sein pflegt, wird die Sonderung zu einem dringenden Desiderat. Erhellend sind dafür besonders die Ausführungen, die Bataille bei seiner Auseinandersetzung mit der «Moral des Unglücks» von Camus macht. Ich zitiere zuerst die ganze Passage, da sie nur im Zusammenhang interpretiert werden kann.

«Niemand zweifelt daran, die Macht in Verbindung mit der Entfesselung der Leidenschaft ist für *ein mögliches Leben* eine fürchterliche Gefahr. Was gewöhnlich nicht bedacht wird, ist, daß das Böse dann nicht das Faktum der Leidenschaft, sondern das der Macht ist. Selbst bei Caligula könnte man nicht sagen, daß das Böse tief gingen, da seine Launen rasch seine Macht zerstören – und da er das weiß. Das Böse ist das Faktum der Lager-SS, die tötend Macht erwirbt, die tötend die Macht des Regimes vermehrt, das sie bedient. Man kann sogar nicht einmal exakt sagen, daß das Böse in der Macht liegt (sonst gäbe es das Böse im Tiger): Das Böse liegt in der Tatsache, daß die Leidenschaft sich verknechtet hat, sich in den Dienst einer legalen Macht gestellt hat, die nur kalt ausgeübt werden kann. Die reine Leidenschaft ist von Natur aus revoltiert und will niemals die legale Macht; im allgemeinen hat sie nicht die Macht zum Ziel, sondern sogar den Ruin, die maßlose Verausgabung, die schnell die Macht zerstört. – Darum kann man dem Paradox Sades nicht allzu große Wichtigkeit beimessen, der sagte, daß der Staat nicht töten kann (denn das *Gesetz,* das ihn gründet, ist kalt und der Leidenschaft fremd). Staat und Gesetz repräsentieren die Herrschaft der Vernunft, doch es gibt keine Herrschaft der Vernunft, wenn der Staat sich zu Anwandlungen der Leidenschaft hinreißen läßt und tötet. Nun ist es aber gerade die Angst vor dem Unglück, die die zum Mord benötigte Leidenschaft wieder in den Staat einführt. Die Sorge vor dem Unglück ist Erzeugerin einer ganzen haßerfüllten Moral, die dem Ankläger und Richter das gute Gewissen liefert. Sie ist vor allem der Ursprung der legalen Terrorakte, die jene schändlichen, feigen und knechtischen Leidenschaften freisetzen, die für die Leidenschaft sind, was der Verrat im Kampf ist... Muß man sagen, daß die Verkehrung, die in den negativen Leidenschaften liegt, in der Leidenschaft, zu töten und andere zu erniedrigen, nicht überraschen kann? Diese Leidenschaften können nicht bejaht werden – die Mörderin des ‹Malentendu› und Caligula sind erschreckende Ausnahmen –, diese Leidenschaften verpflichten zuerst zur Scham, zur Verheimlichung und dann zu einer entwürdigenden Unterwürfigkeit und dem genauen Gegenteil einer leidenschaftlichen Haltung: die SS-Leute blähten sich mit Verachtung und *legitimierten* ihre Verbrechen, indem sie in ihren Opfern die Ursachen des öffentlichen Unglücks sahen. Ein Verhängnis verbindet die Verneiner, die begierig sind, das Unglück der anderen zu genießen, mit Welten, in denen die Angst vor dem Unglück dominiert. Die Tugend der Leidenschaft ist diesen deprimierenden Möglichkeiten entgegengesetzt: sie nimmt einfach das *Spiel* für sich in Anspruch, wodurch die Sorge vor dem Unglück aufgehoben ist, da ich im Spiel das Risiko vorziehe.»[81]

Wie man sieht, läßt Bataille sich keinen Augenblick darauf ein, die Leidenschaft *an sich* für das niederträchtige Böse verantwortlich zu machen (wie es eine gewisse faule und dogmatische Vernunft in Deutschland zu lehren beliebt). Im Unterschied zum

81. *La morale du malheur: ‹La peste›,* in: *Critique* 13/14, 1947, S. 14f.

souveränen Bösen entstammt das niederträchtige Böse nicht der Leidenschaft, sondern der *Macht*, und zwar wiederum nicht der Macht an sich und überhaupt, sondern der politisch-gesellschaftlichen Macht, die sich in Recht und Gesetz und darüber hinaus im Gewaltmonopol verkörpert. Im Normalfall ist auch diese Macht nicht böse, sondern sie repräsentiert die «Herrschaft der Vernunft», also das Gesellschaftlich-Gute, das Gemeinwohl. In dem Augenblick aber, in dem die legale Macht terroristisch und damit verbrecherisch wird, tritt eine Veränderung ein, die nicht nur die praktische Vernunft von Recht und Gesetz korrumpiert, sondern auch die Leidenschaft. Der Terror kann nämlich, im Unterschied zur normalen Rechtsdurchsetzung, nicht kalt ausgeübt werden, sondern das schmutzige Handwerk bedarf speziell abgerichteter Leidenschaften. Die Terroragenturen müssen gedrillt werden in blindem Gehorsam, Menschenhaß und Verachtung, weil sie anders keine Mordlust entwickeln können. Und gerade darin, in diesem überlegten, rationalisierten Charakter des Bösen, liegt die eigentliche Niedertracht ihrer Verbrechen beschlossen. Die Mordkommandos *morden auf Kommando*, was ihre Verbrechen von jeder leidenschaftlichen Untat unterscheidet; sie sind, um Camus' Differenzierung aufzugreifen, keine crimes de passion, sondern crimes de logique, Verbrechen aus Überlegung.[82]

Indem Bataille diese Verbrechen nicht allein einer perversen Vernunft zur Last legt, sondern eine Mitwirkung der Leidenschaft annimmt, scheint er sich natürlich in größte Kalamitäten zu bringen. Denn er sieht sich genötigt, eine Dissoziation in der Leidenschaft vorzunehmen, in der das *gute Böse* und das *böse Gute* sich gleichsam auf Messers Schneide zu begegnen scheinen. Dennoch läßt sich eine Reihe von Charakterzügen angeben, durch die sich die beiden Leidenschaftsarten klar unterscheiden, so daß man keine Ursache hat, hier von einer grundsätzlichen Zweideutigkeit zu sprechen. Man kann ohne Mühe einen ganzen Katalog von Oppositionen zusammenstellen:

Die positive, ansichgute Leidenschaft ist souverän, die negative, ansichböse Leidenschaft ist servil;

82. Als Prototyp des entgegengesetzten leidenschaftlichen Verbrechers nimmt übrigens auch Camus den Heathcliff der *Wuthering Heights*, von dem er sagt, er «würde die ganze Welt umbringen, um in den Besitz Cathies zu gelangen, aber er würde nicht daran denken zu behaupten, daß dieser Mord vernünftig oder durch ein System gerechtfertigt sei» (*L'homme révolté*, in: *Essais*, Ed. Pléiade 1967, S. 413).

die positive verschwendet und zerstört in erster Linie sich selbst, die negative sucht sich prinzipiell zu erhalten und zerstört nur den anderen;

die positive ist spontan, grundlos, nicht intendierbar und passiv, die negative ist überlegt, rational begründet, vorsätzlich und aktiv;

die positive folgt einer großzügigen Moral, die negative einer geizigen und haßerfüllten;

die positive Leidenschaft überschreitet die Vernunft, die negative verknechtet sich an eine Vernunft, die sich selbst an die Herrschaft verknechtet hat.

Im übrigen ist die positive jeweils so einzig und ausschließlich, daß sie nur im Singular vorkommt, während die negative sich für sich allein gar nicht halten kann und sich auf andere Negativimpulse stützen muß, weshalb Bataille in diesem Fall überwiegend den Plural gebraucht.

In den Augen Batailles ist die Unterwerfung unter die Vernunft der entscheidende Differenzpunkt, der die niederträchtige Leidenschaft von der souveränen unterscheidet, weshalb er dieses Moment immer wieder betont hat. So sagt er in der Diskussion über seinen Vortrag ‹Le mal dans le platonisme et dans le sadisme›: «Die Entfesselung der Leidenschaften, die in Buchenwald und Auschwitz gewütet hat, war ganz und gar eine Entfesselung, die unter der Herrschaft der Vernunft stand.»[83] Die KZ-Schergen handeln nicht aus eigenem Antrieb, selbst dann nicht, wenn sie ganz ihrer Willkür folgen, sondern im Auftrag einer Vernunft, die die Ideologie des Terrors liefert und so das Verbrechen eigentlich begründet. Ist diese Vernunft einerseits in ihrem totalitären Charakter ein getreues Spiegelbild des gesamten Terrorsystems, so ist sie andererseits die Begründungsinstanz, die das Terrorsystem legitimiert, und das ist der Augenblick, in dem sie nicht bloß irrsinnig, sondern selber verbrecherisch wird. Der beträchtliche Anteil der Wissenschaften an den Naziverbrechen läßt sich ja gar nicht leugnen, und wer würde zu behaupten wagen, diese Wissenschaften seien nicht vernünftig strukturiert gewesen? Und wie sehr diese Vernunftwissenschaften noch immer fortfahren, verbrecherisch zu sein, sieht man an der progressiven Weltzerstörung, die sie uns aufzwingen. Trotzdem hat Bataille die

83. O. C. VII, S. 376.

Vernunft nicht schlechthin verurteilt, und wie könnte er das auch, da sie die Richtschnur alles verantwortlichen Handelns und argumentativen Redens bleibt. Aber er hat ihren Herrschaftsanspruch depotenziert, indem er ihr die sekundäre Rolle zugewiesen hat, die ihr gebührt. Umgekehrt hat er den Punkt, an dem diese Vernunftherrschaft niederträchtig wird, dadurch bezeichnet, daß er als Terminus a quo die Unterwerfung der Leidenschaft namhaft macht – eine Unterwerfung, die somit als Anfangspunkt aller Vernunftübel erscheint.

«Es kann sein, daß man niemals der Vernunft mehr vertraut hat, als wir es tun, aber eben darum, weil sie aufgehört hat, uns göttlich zu erscheinen. Daher akzeptieren wir die Vernunftprinzipien als Handlungsregeln, aber wir lassen nicht mehr zu, daß die Vernunft sich die Leidenschaften *unterordne;* wir erblicken sogar das Böse, das da beginnt, wo man das Unbeschränkbare in uns vollends beschränkt, in der Unterwerfung der Leidenschaften unter die Vernunft, wenn nämlich die Vernunft blinde Leidenschaften entfesselt, die ihren Zwecken dienen sollen.» In der Anmerkung dazu heißt es: «Wer sieht im übrigen heute nicht, daß das *Böse* auf elementare Weise in der Bestialität im Dienst der Staatsräson gegeben ist: Buchenwald wäre ohne diesen Charakter nicht das entscheidende, unbestrittene, unaufhebbare Zeichen des *Bösen.*»[84]

Es ist also nicht zu leugnen: Die großen Verbrechen dieses Jahrhunderts sind Vernunftverbrechen gewesen, die Verbrechen einer Vernunft, die sich die totalitäre Herrschaft anmaßt, sei es in Form der Staatsräson, sei es in Form juristisch legitimierter Repression, sei es schließlich in Form einer technokratisch verfaßten wissenschaftlichen Räson. Was Bataille aber vor allem erkennt, das ist der Hintergrund dieses ganzen boshaften Zur-Räson-Bringens –: Es ist, wie der Passus aus der ‹Morale du malheur› sagt, die Angst vor dem Unglück, die sich in einer haßerfüllten Moral äußert. Die Angst vor dem Unglück ist nicht nur politisch aufzufassen; sie besteht in einem allgemeinen Sicherungswahn, der überall Unsicherheit und Gefahr wittert, wo von einem engstirnigen Nützlichkeitsdenken abgewichen wird. Ist die traditionelle Moral eine Moral des Geizes, wie Bataille im Literaturbuch ausführt, so ist die Moral des terroristischen Jahrhunderts eine Moral

84. *Du rapport entre le divin et le mal,* in: *Critique* 10, 1947, S. 233 f.

des Hasses, in der das böse Gute gleichsam zu sich kommt. Beide entspringen aus der gleichen trüben Quelle: einer verallgemeinerten Maxime der Nützlichkeit, die immer schon repressiv war, die sich aber im Nazismus so verabsolutierte, daß das Wort vom «jüdischen Volksschädling» geboren werden konnte. Selbstverständlich hat die Nützlichkeitsmoral nach dem Ende jener Menschenverachtung nicht ihre Virulenz eingebüßt, und heute äußert sie sich in einem alles erfassenden Produktionswahn, der sich von der Destruktion nicht mehr unterscheiden läßt. Bataille knüpft aber gerade daran die paradoxe Hoffnung auf eine Wiederkehr der Souveränität:

«Wahrscheinlich verlangt die schnelle Veränderung der Welt heute von selbst eine andere Moral. Die Enwicklung der Industrie unterwirft von sich aus die Welt der Herrschaft eines ökonomischen Rationalismus, der jeder religiösen Souveränität feindlich gesonnen und in Wahrheit jedem souveränen Prinzip fremd ist. Aber eben deshalb entgeht der Wert des *Heiligen* der moralischen Rechtfertigung und übernimmt die reine entfesselte Freiheit und ruinöse Unschuld der Poesie.»[85]

85. Ebd., S. 234.

ANHANG

DANIEL LEUWERS

GEORGES BATAILLE UND DER HASS AUF DIE POESIE

Georges Bataille sollte seinem Titel von 1947 nicht treu bleiben und ihn 1962 durch ‹Das Unmögliche› ersetzen. Er erklärte, ‹Der Haß auf die Poesie› habe 1947 bedeutet, daß nur Empörung und Gewaltsamkeit einen Zugang zur Poesie ermöglichten. Da er zu der Ansicht gelangte, sein Titel sei von den Lesern nicht begriffen worden, wählte er statt dessen ‹Das Unmögliche›, was zugleich den Gipfel und die Quelle der poetischen Gewaltsamkeit bezeichnen soll. Bataille muß jedoch zugestehen, daß dieser «zweite Titel weit davon entfernt ist, klarer zu sein»[1] als der erste...

Das «Unmögliche» ist sicher nicht leicht abzugrenzen. Wie die Poesie ist das Unmögliche ein Knoten immer wieder neugestellter Fragen, und Bataille geht bei der Ausleuchtung dieser beiden einander widerspiegelnden Begriffe spiralenmäßig vor. Von der Poesie weiß Bataille zumindest, was sie nicht ist: «Poesie ist keine Selbsterkenntnis, noch weniger die Erfahrung eines fernen Möglichen..., sondern einfach die Beschwörung unerreichbarer Möglichkeiten durch die Worte.»[2]

1. Bataille, *L'impossible,* Paris: Ed. de Minuit 1962, S. 10. – Entsprechend deutschen Gepflogenheiten haben wir uns bemüht, die Zitate dieses Textes nachzuweisen, wobei gelegentliche Ungenauigkeiten stillschweigend verbessert wurden. (A. d. H.)
2. Ebd., S. 185.

In ‹Die Literatur und das Böse› bedient sich Georges Bataille einer Reihe von Schlaglichtern zur Entnebelung der Evidenz. Wenn er dem «Bösen» eine hervorragende Stellung einräumt, so niemals unter Mißachtung der Kommunikation, und man versteht seine Zurückhaltung gegenüber Jean Genet, der sich in der Souveränität des Bösen eingerichtet hat und seine Leser zu negieren scheint. Daher ist es nicht zu verwundern, wenn er schreibt: «seine Erzählungen interessieren, aber sie *begeistern* nicht.»[3] Genet bleibt nämlich bei der unmöglichen Kommunikation stehen, während die Poesie Kommunikation des Unmöglichen ist. Bataille verschmäht somit das abschätzige Adjektiv zugunsten des positiv magnetischen Substantivs. Die Auseinandersetzung Batailles mit dem Werk Genets entspricht gewiß seinem eigenen schriftstellerischen Anliegen, doch sie stellt auch eine Opposition zu Jean-Paul Sartre dar, dem Verfasser eines in seinen Augen höchst anfechtbaren ‹Baudelaire›. Sartre, der im poetischen Akt jenen Bereich erblickt, in dem das Objekt Subjekt und das Subjekt Objekt würde, hält Bataille entgegen, daß sich die Poesie nicht in derartigen Spiegelfechtereien gefallen könnte, sie, die dem Menschen gerade erlaubt, «dem Schicksal zu entgehen, das ihn auf den Widerschein der Dinge reduziert».[4]

Im Zusammenhang mit Baudelaire bemüht sich Bataille um eine Herausarbeitung dessen, was die poetische Schöpfung kennzeichnet. Als anfängliche Absetzung der Gegenstände, die sie wahrnimmt, vernichtet die Poesie jedes lästige Referenzsystem. «Doch während sie eine Ungreifbarkeit bewerkstelligt», fügt Bataille hinzu, «versucht sie zugleich, diese *Ungreifbarkeit* zu *ergreifen.*»[5] Diese bewundernswerte Definition verschleiert nicht eine ganze Reihe fruchtbarer Hindernisse. Wenn die Poesie in der Tat die ergriffenen Dinge leicht durch die Ungreifbarkeit zu ersetzen vermag, so gelingt es ihr nur mit Mühe, die Ungreifbarkeit wirklich die Stelle der Dinge einnehmen zu lassen. Daraus ergibt sich eine Situation, in der der antireferentielle Reflex unter seiner plötzlichen Vereinsamung leidet und sich in einer Art Beklemmung zu erhalten sucht, die der des erotischen Raptus vergleichbar wäre. Die einzige Tür, die sich öffnen könnte, führt zum Tod

3. Bataille, *La littérature et le mal,* Paris: Gallimard 1957, S. 210. (Oben, S 171.)
4. Ebd., S. 46. (Oben, S. 38.)
5. Ebd.

(der Orgasmus ist für Bataille ein «kleiner Tod»); es ist das Unmögliche.

Georges Bataille ist im übrigen der Ansicht, daß die Poesie das Unbekannte anstrebe; sie setzt das Unbekannte an die Stelle des Bekannten, sie führt frischweg vom Bekannten ins Unbekannte. Die Wirklichkeit ist ihr entzogen zugunsten des Nichts, aber eines Nichts, das unversehens sakralen Charakter annimmt: «Die Poesie ist in dem Maße heilig, wie sie *nichts* ist. Die Wahrheit der modernen Poesie besteht darin, die Poesie der *Substanz* beraubt zu haben.»[6] Das Heilige verzehrt die Dinge, aber aus dieser Verzehrung entsteht etwas anderes, ohne Gesetze, ohne Krücken, ohne Geländer. Es ist *«das Erwachen zum Unmöglichen»*[7], das keineswegs ein Unglück ist, sondern der wahre Beginn der *«Freundschaft* des Menschen mit sich selber».[8]

Die Poesie kann daher mit den Möglichkeiten nichts anfangen, die ihr winken; es ist Sache der Prosa, sie zu assimilieren und in Zeichen zu verwandeln. Die Poesie dagegen verachtet diese Möglichkeiten und zieht ihnen den Abgrund des Unmöglichen vor. Sie gibt sich vollkommen, nutzlos, fast selbstmörderisch dem Unmöglichen hin, das ihr als Gegenleistung (als Potlatsch) die außerordentliche Gabe gewährt, den Ausdruck dieses Unmöglichen möglich zu machen – nicht seinen Sinn, der ungreifbar bleibt, sondern seine Präsenz, deren Äquivalent der Todestaumel ist, das Untertauchen in einer Erotik, deren Exzeß alle Schranken durchbricht, die Blendung des Ödipus, das ausgestochene Auge. Diese ideale «Ökonomie» kann jedoch nur dann funktionieren, wenn sie kein unverbindliches Spiel darstellt. Nun ist aber die Poesie wesentlich Mogelei. Georges Bataille bemerkt scharfsinnig, «die verbleibende Poesie [sei] immer ein Gegensatz zur Poesie, da sie ja ihren Zweck, das Vergängliche, in Ewiges umgestaltet».[9] Nur jener Dichter mogelt nicht, der, wie Baudelaire, ein «unlebbares Leben» auf sich nimmt – eine «lange Agonie», die eigentlich, letztlich, die «Authentizität der Poesie» offenbart.[10]

Die Idee vom Leiden des Dichters als Beglaubigung seiner Kunst ist indessen gefährlich und tendiert dazu, eine Brücke zur

6. Trotz tagelangen Suchens in dieser Form nicht auffindbar. (A. d. H.)
7. Vgl. *La littérature et le mal,* S. 102. (Oben, S. 85.)
8. Bataille, *Le coupable,* Paris: Gallimard 1961, S. 188.
9. *La littérature et le mal,* S. 49 f. (Oben, S. 41.)
10. Ebd., S. 50 (Oben, S. 41.)

Opfermystik zu schlagen. Gäbe es bei Georges Bataille eine solche Fluchtperspektive? Sein Werk kann bisweilen diesen Eindruck vermitteln, schon durch das Heranziehen bestimmter Zitate wie beispielsweise von Therese von Avila. Aber bei Bataille erstreben gewaltsame Lust, Opfer und Tod eine Wahrheit, die nicht mit einem beliebigen transzendenten Jenseits zu verwechseln ist, sondern gerade die Hinnahme des Untergangs der transzendenten Wahrheit darstellt. Jean-Paul Sartre, der 1943 ‹L'expérience intérieure› aufs Korn nahm und ihren Autor einen «neuen Mystiker» nannte, antwortete Bataille, indem er den «gleichgültigen Scharfblick»[11] des Kritikers geißelte, der seine Suche nur von außen betrachtet hatte. Was Sartre als Taschenspielertrick erschien, um zu einer «netten, kleinen pantheistischen Ekstase» zu gelangen, war für Bataille die bittere Frucht eines «quälenden Schwindelgefühls»[12], das jedem unverständlich bleiben mußte, der es auf ein Ergebnis hin angelegt sehen wollte. Im Unterschied zu Sartre will Bataille nicht zu einem Ergebnis gelangen. Er erwartet keine Koordination seiner Bemühungen; er geht weiter. Und wenn Gott dabei erwähnt werden sollte, so nur als ein Markstein, und die folgende Welle hat Bataille bereits zu einem tragischeren, lachhafteren Punkt getragen – um auf den Wortschatz Nietzsches zurückzugreifen.

Georges Bataille lehnt den Punkt ab, an dem sich die Widersprüche angeblich auflösen. Das ist es, was ihn wesentlich vom Surrealismus unterscheidet, der allzu träge bei der Idee von der Auflösung der Gegensätze stehenblieb. Wenn es für Bataille eine Ekstase gibt, so wirkt diese nicht vereinigend, sondern bringt eher einen Riß an den Tag, einen Bruch. Dem Augenblick der Ekstase entspricht im übrigen nicht die empfundene sexuelle Lust (jener Sturz in die Lust, der das Gefühl einer Ganzheit vermitteln kann), er hat eher mit der gewährten Lust und der der Folter eigenen Konzentration zu tun. Der Gegenstand der Ekstase ist zerreißend: «Er ist schneidend wie die Schärfe des Rasiermessers».[13] Das Kastrationsphantasma ist sein integrierender Bestandteil. Man bringt die Lust, wie man den Tod bringt – und wie man sich ums Leben bringt. Und die Ekstase ist nichts anderes als eine Folter

11. Bataille, *Sur Nietzsche,* Paris: Gallimard 1945, S. 268.
12. Ebd., S. 271 f.
13. Bataille, *L'amitié* (1940), O. C. VI, S. 300.

zur Erlangung größerer Lust, die immer erwartet, immer verzögert wird.

Bataille ist sich natürlich bewußt, daß er damit nicht alle Menschen anspricht. Er schreibt ganz deutlich: «Demjenigen, der nicht nach Lust trachtet..., sondern nach Ruhe, könnte das Geschenk, das ich bringe, auf gar keinen Fall geben, was er braucht: Gleichgewicht, Befriedigung. Mein Geschenk ist die Ekstase: es ist der Blitz, der sich ereignet. Was ihm am fremdesten ist, ist der Friede.»[14] Während die Literatur im allgemeinen ein Mittel ist, die Konsequenzen aufzuschieben, schreibt Bataille Texte «zum Gebrauch jener, die *diese Konsequenzen suchen*».[15] Bataille erzeugt keine Konsumliteratur, sondern eine Literatur der Verzehrung – des Anreizes, das Unmögliche zu leben.

Für Bataille ist jedes positive Projekt ein Trugbild, als Projekt kann er nur «jenes negative [gelten lassen], die Macht der Wörter und damit des Projekts zu zerstören».[16] Das einzig in Frage kommende Projekt ist jenes, das das Projekt vernichtet. Es ist der Exzeß, das Opfer, die Sühne – das Unbekannte, das Unmögliche; es besteht darin, wie Bataille schreibt, «den torkelnden Betrunkenen zu spielen, der allmählich seine Kerze für sich selbst hält, sie ausbläst und, schreiend vor Angst, am Ende die Nacht zu sein glaubt».[17]

In sich selbst zu vernichten, was der Vernichtung entgegensteht, dies ist der Wunsch des Verfassers der ‹Expérience intérieure›. Aber ist das möglich mit Worten, durch die Poesie? Ein Gedicht Batailles zeigt dieses Dilemma:

«Ich will nicht mehr, ich stöhne,
ich kann mein Gefängnis
nicht mehr ertragen.
Ich sage dies
voll Bitterkeit:
Erstickende Wörter,
laßt mich,

14. Ebd., S. 306.

15. Nietzsche, *Mémorandum.* Maximes et textes recueillis et présentés par Georges Bataille. Paris: Gallimard 1945, S. 7.

16. Bataille, *L'expérience intérieure,* Paris: Gallimard 1943, S. 45. (Neuausgabe der 2. Aufl. von 1954: Paris 1967, S. 44.)

17. Ebd., S. 111. (Neuausg., S. 110.)

laßt mich los,
ich dürste
nach anderem.
Ich will den Tod
nicht dulden
die Herrschaft der Wörter,
Verkettung
entsetzenslos,
so daß das Entsetzen
begehrenswert würde;
nichts ist
dieses Ich, das ich bin,
wenn nicht
feige Annahme
dessen, was ist.
Ich hasse
dieses Leben als Instrument,
ich suche einen Riß,
meinen Riß,
um zerbrochen zu werden.
Ich liebe den Regen,
den Blitz,
den Schlamm,
ein weites Wasser,
die Tiefe der Erde,
aber nicht mich.
In der Tiefe der Erde,
oh mein Grab,
erlöse mich von mir,
ich will ich nicht mehr sein.»[18]

Mit Wörtern fleht Georges Bataille also die Wörter an, ihn loszulassen. Lieber den Tod und das Grab als die Wörter und das «Ich»! Bataille erträgt in keiner Weise den subjektiven Juckreiz der Poesie – sei es der alte, der von der Romantik, oder der neue, der vom Surrealismus ausgeht. Für ihn ist nichts verächtlicher als die Poesie in ihrer «engen Form», die nur auf den «einfachen Holocaust der Wörter» abzielt.[19] Die Poesie kann noch so sehr

18. Ebd., S. 92 f. (Neuausg. ebenso.)
19. Ebd., S. 210. (Neuausg., S. 212.)

ihre Selbstzerstörung spielen, so tun, als ob sie sich selbst in die Luft jagte, sie bleibt nur ein lächerliches Spiel. Wenn sie Bilder gebraucht, so zwar, um sie dem Bereich des Unterwürfigen zu entziehen, aber gleichzeitig auch, um ihnen «die innere Vernichtung, welche der Zugang zum Unbekannten ist»[20], vorzuenthalten. Soll man daher Schluß machen mit der Poesie, sie aufgeben, sie zum «endgültigen, eindeutigen, rückhaltlosen Opfer» nach Art Rimbauds bringen? Georges Bataille ist nicht dieser Ansicht, denn für ihn «blieb nichts oder fast nichts vom offenen Protest Rimbauds». Nicht nur brachte es der Dichter der ‹Illuminations› während seines afrikanischen Aufenthalts lediglich zu einer «ermüdenden Absurdität», sondern seinem Beispiel folgten manche Dichter, die sich auf ihn beriefen, in lächerlicher Weise, indem sie «einen bestimmten Lebensstil» annahmen.[21] Bataille schlägt daher vor, diese «enge Form» der Poesie – die verabscheuungswürdig ist – aufzugeben, zugunsten «eines weiteren, unbestimmteren Horizonts: dem der modernen ‹Tausendundeine Nacht›, die die Bücher Marcel Prousts sind».[22]

In einem Gedicht erreichen die Worte vielleicht die Gegenstände, aber viel schwieriger die innere Verfassung. Der ‹Suche nach der verlorenen Zeit› gelingt es indessen, sie durch ein doppeltes Vorgehen zu erfassen: zum Eindruck gesellt sich die Erinnerung. Die unmittelbare Kenntnis wird durch das «Wiedererkennen» verstärkt, der Wunsch, sich anzueignen, durch den Wunsch, mitzuteilen. Wenn aber zutrifft, daß «im poetischen Bild eine Unklarheit bestehen bleibt, die aus der Möglichkeit herrührt, das zu ergreifen, was sich wesentlich entzieht»[23], so findet sich dieselbe Unklarheit in der Erinnerung wieder – und Proust, dessen «Zwang zu besitzen, zu erfahren» sich mit soviel «zersetzendem Scharfblick»[24] verbindet, ist sich dessen bewußt. Das Gefühl des Triumphs, das am Ende der ‹Suche› zum Ausdruck kommt, ist nichts im Vergleich zu der Unbefriedigung, die den Verfasser so oft beklemmt. Und in dem Ablauf, «den die Tötung der Berma durch ihre Kinder, dann die des Autors durch sein Werk vollenden, ist das Sonderbarste, daß er das Geheimnis der Poesie ent-

20. Ebd., S. 226. (Neuausg., S. 229 f.)
21. Ebd., S. 227. (Neuausg., S. 230.)
22. Ebd., S. 210. (Neuausg., S. 212.)
23. Ebd., S. 219. (Neuausg., S. 221.)
24. Ebd., S. 213. (Neuausg., S. 215 f.)

hält», bemerkt Bataille, der abschließend feststellt: «Die Poesie ist nichts als eine heilsame Verwüstung.»[25]

Für ihn stellt also die Dichtung weder die «enge Form» dar, in die sie manche zwingen wollen, noch die Proustsche Erinnerung, die häufig als «unfreiwilliges Gedächtnis» qualifiziert worden ist (während sich doch darin eine voluntaristische Besitzbegierde bemerkbar macht, trotz aller Distanzierung), sondern sie wohnt jenen Momenten des Schwindels inne, in denen der Autor plötzlich zu halten glaubt, was sich ihm unerbittlich entzieht und immer entziehen wird. Infolgedessen ist «das poetische Genie... nicht die sprachliche Gabe (diese ist notwendig, weil es um Worte geht, führt aber oft auf Abwege): es ist das Erahnen der heimlich erwarteten Zerstörung, damit sich so viele erstarrte Dinge auflösen, verlieren, mitteilen. Es gibt nichts Selteneres.»[26]

Die «Abschweifung über die Poesie und Marcel Proust», die Georges Bataille ans Ende der ‹Expérience intérieure› stellt, möchte damit die Poesie aus gewissen hartnäckigen Illusionen befreien, insbesondere aus der von einer durch sie «wiedergefundenen einmütigen Existenz». Könnte die Poesie die Rückkehr zu einem verlorenen «Goldenen Zeitalter» ermöglichen? Bataille glaubt dieses keineswegs, im Gegensatz zu André Breton in ‹L'amour fou›. Und er kann es demselben André Breton nur verübeln, in Hegel den Mann der dialektischen Auflösung der Gegensätze gesehen zu haben, wo doch «niemand der Trennung der Menschen untereinander mehr Gewicht beimaß, als Hegel».[27] Hegel träumte zwar von einer Rückkehr der Menschheit zu einem der Verbreitung des Wissens förderlichen Zusammenleben, aber nicht die romantische Dichtung hielt er für fähig, eine solche Rückkehr zu beschleunigen, sondern die allgemeine Wehrpflicht! Der Dichter, das ist sein Los, entfernt sich langsam, aber unwiderruflich von den anderen. Und der berühmte Ausspruch Lautréamonts: «Die Poesie muß von allen gemacht werden, nicht von einem» kann die grundlegende Einsamkeit nicht ausfüllen, die dem poetischen Genie anhaftet.

25. Ebd., S. 224. (Neuausg., S. 227.)
26. Ebd., S. 229. (Neuausg., S. 233.)
27. Ebd., S. 230. (Neuausg., S. 233 f.)

ungreifbare Welt der Worte» und ist dazu im übrigen verurteilt: «Wenn er die Lust am verborgenen Schatz verlöre, würde er aufhören, Dichter zu sein.» Doch die große Gefahr besteht darin, daß der Dichter, wenn er über «ein Stückchen Genie» verfügt, zu glauben beginnt, «es ‹gehöre ihm› wie dem Bauern ein Stückchen Land».[28] Wie viele Dichter ruhen sich wirklich auf ihren Lorbeeren aus und liefern nur mehr einen Neuaufguß der ursprünglichen Intuition, der ersten Vernichtung! Jetzt sind sie plötzlich Eigentümer dessen, was Ungreifbarkeit war!

Die Poesie kann nur selten sein. Für Bataille bricht sie erst mitten in der Transkription seiner inneren Erfahrung auf, 1942–1943, mit den Gedichten von ‹L'archangélique›, in denen «das Unglück unsagbar» oder «der Gegenstand der Begierde entfernter» ist, wo «der Tod lacht der Tod ist die Freude».[29] In einem Vorwort von 1967 bemerkt Bernard Noël, daß es Bataille nicht mehr darum gehe, «zu erzählen, sondern aufzuwecken».[30] Trotzdem sind die kurzen Gedichte Georges Batailles mit ihrem schwierigen, hitzigen Rhythmus den paroxystischen Szenen seiner großen «Erzählungen» verwandt, von ‹Ma mère›, ‹Histoire de l'œil›, ‹Madame Edwarda›. Aber die Seelenverfassungen, die die Erzählungen erbeben machen, wirken in den Gedichten irgendwie blutloser. Letztere scheinen der Verstärkung durch die sie begleitenden Fiktionen zu bedürfen, sogar der beigegebenen kritischen Bemerkungen. Die Poesie dringt vielleicht am weitesten vor, aber erst nachdem die Instrumente der Vernichtung ihr Werk getan haben.

Georges Bataille zögert nicht zu erklären, daß «sich der Glanz der Poesie außerhalb der schönen Momente enthüllt, die sie erreicht: verglichen mit dem Scheitern der Poesie, kriecht die Poesie».[31] Damit schiebt der Verfasser von ‹L'impossible› nicht nur die ästhetischen Konventionen beiseite, sondern er stellt den Ausdruck der Poesie selbst in Frage. Erreicht die Poesie nicht ihren Höhepunkt in der Einsamkeit, im Schweigen, in der Unmöglichkeit des Sagens? Steckt sie nicht in den immer wiederbegonnenen

28. Ebd., S. 228 f. (Neuausg., S. 232.)

29. Bataille, *L'archangélique* (1944). Zusammen mit anderen Gedichten neu hrsg. von Bernard Noël, Paris: Mercure de France 1967, S. 62, 33, 81.

30. Ebd., S. 15.

31. Bataille, *La haine de la poésie*, Paris: Ed. de Minuit 1947, S. 54. (Vgl. die veränderte Fassung in *L'impossible*, a. a. O., S. 183.)

Szenen, in denen die Lust niemals befriedigt wird, nur angestachelt, angereizt, ohne jede Rast? «Nacktheit B.'s, solltest du mich von der Angst erlösen? Aber nein... gib mir der Angst noch mehr...»[32], ruft der Erzähler aus in ‹Histoire de rats› (ein Augenzwinkern zu Proust?), dem ersten der drei Teile von ‹L'impossible›. In Wirklichkeit ist die Erzählung allein schon poetisches Erwachen – eine Poesie, die sich bei Bataille mit ihrer «engen Form» schwertut. Es nimmt daher nicht wunder, daß Bataille im Werke Prousts eine erweiterte Definition der Poesie suchte. Der erste Eindruck, dann die Erinnerung erscheinen darin als Stufen zur triumphalen Eroberung der ‹Wiedergefundenen Zeit›. Doch dies ist nur eine Illusion für Georges Bataille, der zu der Ansicht neigt, «die letzte Unbefriedigung sei – mehr als eine vorübergehende Befriedigung – Triebkraft und Motivierung des Werkes» von Proust gewesen. Der Triumph der Erinnerungen sei nichts weiter als «eine Konzession an das Besitzbedürfnis», aber sie wird durch die eindringende Vernichtung durchbohrt, die «die im Salon der Guermantes wiedergefundenen Gespenster» kennzeichnet, «jene von innen ausgehöhlten Gegenstände, die zu Staub zerfallen, sobald man sie berührt».[33] Ist dies nicht eine beispielhafte, tragische und herrliche Art, «die Ungreifbarkeit zu ergreifen», ein Gleichgewicht zwischen dem Besitzverlangen und der hellsichtigen Erkenntnis der inneren Zerstörung zu sichern und zu akzeptieren, zu der ja gerade jede dieses Namens würdige «innere Erfahrung» führt?

Der «Haß auf die Poesie» ist der Haß gegen jene Vollendung, auf die sie in ihrer «engen Form» Anspruch erhebt. Für Bataille zögert die Poesie nicht, ins erzählerische Weite hinauszufahren, wo ihr der Wind der Vernichtung entgegenpeitscht. Sie taucht aus dem Haß der Elemente auf, aus ihrem wilden Kopulieren, um die unwahrscheinlichen Gestade des Unmöglichen zu erreichen. Sie ist Sodom und Gomorrha auf den schwelenden Ruinen ihrer gegensätzlichen Begierden.

32. *L'impossible,* a. a. O., S. 35.
33. *L'expérience intérieure,* a. a. O., S. 223 ff. (Neuausg., S. 226 ff.)

BIBLIOGRAPHISCHE HINWEISE

La littérature et le mal: Erstveröffentlichung Ende Juli 1957 im Verlag Gallimard, Paris. Eine Taschenbuch-Ausgabe erschien 1967 in der Coll. Idées desselben Verlags. Kritische Ausgabe in: Oeuvres Complètes IX, Paris: Gallimard 1979.

Die acht Kapitel des Buchs sind zuerst als Einzelstudien erschienen, zumeist in der von Bataille herausgegebenen Zeitschrift *Critique* und deren Prinzip entsprechend als kritische Charakteristiken eines Autors, die bedeutende Arbeiten von ihm oder über ihn zum Anlaß nehmen. Für die Buchausgabe hat Bataille diese Studien stilistisch und teilweise auch gedanklich überarbeitet, ohne jedoch ihren ‹okkasionellen› und disparaten Charakter anzutasten. Um dieser bewußten Antisystematik und Diskontinuität willen, die nicht vom ‹Selben› ausgeht, sondern es noch in der Komposition seiner Disparatheit überläßt, ist es angebracht, auch die Erstfassungen der Aufsätze in die Bibliographie aufzunehmen.

Emily Brontë ist der jüngste unter den Texten und erschien zuerst unter dem Titel *Emily Brontë et le mal* in: *Critique* n° 117, Februar 1957, S. 99–112.

Baudelaire wurde anläßlich von Sartres Einleitung zu einer Ausgabe von Baudelaires *Ecrits intimes* geschrieben (einer Einleitung, die wenig später als eigenes Buch herauskam) und erschien zuerst unter dem Titel *Baudelaire «mis à nu» – L'analyse de Sartre et l'essence de la poésie* in: *Critique* n° 8/9, Januar/Februar 1947, S. 3–27.

Michelet ist der einzige Text, der keine Vorstufe in *Critique* hat; er bildete ursprünglich die Einleitung zu: Jules Michelet, *La sorcière*, Paris: Ed. des Quatre-Vents 1946 und erschien im gleichen Jahr unter dem Titel *Le maléfice* in: *L'Age d'Or* n° 4, S. 3–12. (Eine deutsche Ausgabe von Michelets *Hexe*, in der auch Batailles Essay enthalten ist, kam 1974 bei Rogner & Bernhard in München heraus.)

William Blake erschien zuerst unter dem Titel *William Blake ou la vérité du mal* in: *Critique* n° 28, September 1948, S. 771–777; n° 30, November 1948, S. 976–985.

Sade geht auf die erste unter den mindestens fünf Sade-Studien zurück, die Bataille nach dem Krieg veröffentlicht hat. Der Aufsatz wurde anläßlich verschiedener Sade-Ausgaben und von Klossowskis *Sade, mon prochain* (1947) geschrieben und erschien unter dem Titel *Le secret de Sade* in: *Critique* n° 15/16, August/September 1947, S. 147–160; n° 17, Oktober 1947, S. 304–312.

Proust ist aus zwei *Critique*-Artikeln komponiert. Der Text beruht hauptsächlich auf *La vérité et la justice*, einer Vue d'ensemble, die anläßlich der Erstausgabe von Prousts *Jean Santeuil* erschien (n° 62, Juli 1952, S. 641–648), greift aber passagenweise auch zurück auf *Marcel Proust et la mère profanée* (n° 7, Dezember 1946, S. 601–611).

Kafka erschien zuerst unter dem Titel *Franz Kafka devant la critique communiste* in: *Critique* n° 41, Oktober 1950, S. 22–36.

Genet lautete zuerst *Jean-Paul Sartre et l'impossible révolte de Jean Genet* und bezog sich unter diesem Titel auf die *Oeuvres Complètes* von Genet, deren erster Band Sartres *Saint Genet* bildet; der Aufsatz erschien in zwei Abteilungen: *Critique* n° 65, Oktober 1952, S. 819–832; n° 66, November 1952, S. 946–961.

Der Aufsatz von Daniel Leuwers, der unserer Ausgabe als Anhang beigegeben ist: *Georges Bataille et la haine de la poésie*, ist erschienen in: *La Nouvelle Revue Française* n° 386, März 1985, S. 61–69.